SEXBOOK

Nacho M. Segarra
María Bastarós

SEXBOOK
UNA HISTORIA ILUSTRADA
DE LA SEXUALIDAD

Ilustrado por
Cristina Daura

Lumen

Papel certificado por el Forest Stewardship Council®

Penguin
Random House
Grupo Editorial

Primera edición: noviembre de 2021

© 2021 María Bastarós Hernández e Ignacio Moreno Segarra, por el texto
© 2021, Cristina Daura Mediano, por las ilustraciones
© 2021, Penguin Random House Grupo Editorial, S. A. U.
Travessera de Gràcia, 47-49. 08021 Barcelona

Printed in Spain - Impreso en España

ISBN: 978-84-264-0967-6
Depósito legal: B-12.895-2021

Compuesto por Fernando de Santiago
Impreso en Talleres Gráficos Soler, S.A.

H409676

ÍNDICE

Introducción 9

EDAD ANTIGUA 11

    Semen sagrado, papiros picantes y *doggy style*: el sexo en el antiguo Egipto 16

    Follar con instrucciones: manuales (hetero) sexuales en la Antigüedad 18

    Ser femenino en una sociedad patriarcal: el *kinaidos* o *cinaedus* 20

SIGLOS IV-XIV 23

    La Inquisición contra la diversidad 28

    Sodomía: el pecado que no se debe mencionar entre los cristianos 30

    De amantes corteses y gentiles y mujeres angélicas 32

SIGLOS XV-XVI 35

    Una historia de violencia: la mujer como objeto sexual en la invasión de Abya Yala (América) 40

    Los siglos del terror homosexual 42

    La extraordinaria vida de Eleno de Céspedes y otros rebeldes del género 44

SIGLOS XVII-XVIII 47

    El Japón del periodo Edo: barrios de placer, cortesanas y pulpos que hacen *cunnilingus* 52

    El sexo que no es uno: la invención de la diferencia sexual 54

    Sade y los infortunios del vicio 56

SIGLO XIX 59

    De 1800 a 1849 60

        Mirada blanca y criminal: la espectacularización de la sexualidad del «otro» 64

        De *cruising* por las Tullerías 66

        Poliamor y continencia sexual masculina: John Humphrey Noyes y los orígenes del *free love* 68

    De 1850 a 1899 70

        El mito de la lesbiana finisecular 74

        El teatro de las histéricas de Charcot 76

        Los juicios contra Oscar Wilde y el nacimiento del homosexual moderno 78

SIGLO XX 81

    Década de 1900 82

        El siglo de Freud: ¡orales, anales, todas bisexuales! 86

        El baile de los 41 y otros escándalos de principio de siglos del siglo XX 90

    Década de 1910 92

        El matrimonio, el amor y la sexualidad en el contexto de la Revolución rusa 96

        Hipersexualización, vigilancia y homofobia en los países colonizados 98

        Magus Hirschfeld: contradicciones del primer activista LGTBQ 100

Década de 1920 102

    El jazz y el blues como vanguardias sexuales 106

    Esterilizando a la nación: el triunfo de la eugenesia 108

    Petting, cocaína y maquillaje de rodillas: las *flappers* 110

Década de 1930 112

    Las décadas del triángulo rosa 116

    Muerte al pudor, muerte al bañador 118

    Reich: a un orgasmo de la revolución 120

Década de 1940 122

    Y libra(las) del mal: el Patronato de Protección a la Mujer 126

    El sexo en la Segunda Guerra Mundial 128

    La *butch*: el poder de la masculinidad femenina 130

Década de 1950 132

    Playboy y el nacimiento de la revista pornográfica *mainstream* 136

    El *camp* y la herencia cultural gay 138

    Alfred C. Kinsey y su escala sexual 140

Década de 1960 142

    Revolución sexual (o lo que sea) 148

    Los otros Stonewall: toda una vida de revueltas *trans* 150

    Anne Koedt: el clítoris sobre la mesa 152

Década de 1970 154

    Foucault: donde hay pelo, hay poder 158

    Un suspiro de oro: la era feliz de la pornografía 160

    Shere Hite y el placer de las mujeres 162

Década de 1980 164

    O sí, o no, o todo lo contrario: las Sex Wars feministas 170

    ACT UP, la revolución en medio de la tormenta 172

    Maryam Khatoon Molkara o la necesidad de cerrar los relatos 174

Década de 1990 176

    La perestroika y las sombras del destape ruso 182

    Viagra: la pastilla de la masculinidad 184

    Madonna: de «Like a Virgin» a embajadora del BDSM 186

SIGLO XXI 189

Década de 2000 190

    Sadomasoquismo y BDSM: de la pulsión al consenso 196

    Cerrando el paraguas *queer*: nuevas formas de lucha 198

    «I'm straight, but shit happens»: la erosión de la heterosexualidad masculina 200

Década de 2010 202

    Las asexualidades tienen muchos sabores 208

    El placer está servido: del *tuppersex* al *satisfyer* 210

    El caso de La Manada y el debate sobre el consentimiento sexual 212

    Auge y caída del *gluteus maximus*: del *twerking* a la distancia social 214

2020-2021 216

    COVID-19: sexo y afectividad en un mundo aterrado 216

Sobre los autores 218

INTRODUCCIÓN

Empezamos a escribir este libro con la pretensión de elaborar una memoria de los deseos, de las identidades y de las prácticas sexoafectivas condenadas al espacio privado y al silencio. Es por ese alejamiento de la historia oficial por lo que el resultado presenta una forma fragmentada y emplea una amplia variedad de fuentes: desde autos judiciales, biografías, enciclopedias, textos institucionales o fruto de la disidencia, noticias, mitos, folclore, tesis doctorales... hasta chismes. Muchas de las historias que relatamos no han sido nunca explicadas por sus protagonistas: porque no dejaron testimonios, porque estos fueron destruidos, porque no se les concedió el permiso para hablar. En la elaboración de este texto hemos sido conscientes de los silencios históricos de las mujeres y de las minorías sexuales, y de que esos silencios han sido rellenados con las palabras de la autoridad, siempre en las bocas y las mentes de hombres blancos expertos: los inquisidores, los invasores, los políticos, los psiquiatras, los historiadores, los científicos, los académicos.

En un intento de interpelar a los/las/les lectores de hoy, hemos querido que los personajes, situaciones y deseos retratados dialogaran con la época actual. La cuestión es: en ese afán de potenciar el carácter divulgativo del libro, ¿hemos cruzado líneas de obligado respeto? Dicho de otra forma: en este libro caleidoscópico, ¿cuál debía ser el pegamento utilizado para unirlas? ¿Un pegamento moderno basado en las identidades contemporáneas o una goma vieja que respetase los conceptos de cada momento histórico? Este es un debate clásico de la historia de la sexualidad que, como equipo, no era la primera vez que abordábamos: nos planteamos las mismas preguntas cuando realizamos el recorrido LGTBQ para el museo Thyssen-Bornemisza. En líneas generales, existen dos posiciones: para Michel Foucault, no se podría hablar de «homosexualidad» antes de 1870. Según él, la primera parte de este libro sería una osadía de escaso rigor académico. Frente a esta idea se

posicionan historiadoras *queer* como Judith M. Bennett, que ha analizado el lesbianismo en la Edad Media. Según ella, entonces existían identidades marcadas por la sexualidad y, teniendo en cuenta que nadie se escandalizaría hoy ante el uso del término *capitalista* para referirse a Jakob Fugger, el banquero más rico del siglo XVI, ¿por qué no podemos hablar de «homosexualidades» antes del siglo XIX?

Más allá de qué términos utilicemos, este libro recoge las ideas de Bennett respecto a las posibilidades emancipadoras de la historia. Hemos querido hacer una historia que tenga sentido para las personas que actualmente se identifican como transfeministas, bisexuales, lesbianas, *queer*, y para quienes se consideran aliadas y desean construir una historia compartida. Y con esa voluntad, las preguntas, en lugar de desaparecer, fueron surgiendo una tras otra.

Hemos debatido sobre si debía primar un tono de celebración o de denuncia, sobre si era más pertinente reflejar la disidencia o la normatividad, sobre si al tratar asuntos relacionados con culturas no europeas actuaríamos desde una mirada colonizadora, sobre si ante la duda era mejor contar o callar. Y, por supuesto, no hemos hallado respuestas a nuestros debates: estas cuestiones solo aspiran a recordarnos que trabajamos desde la incertidumbre, que toda historia es una narración condicionada por las decisiones personales de quienes la escriben. Sabemos que, al volver sobre este texto, encontraremos nuevas y variadas lagunas, y que en el hallazgo de esas lagunas estará la oportunidad de aprender sobre nosotras mismas, sobre qué no supimos, no acertamos o no quisimos contar, sobre qué condenamos a la invisibilidad en el proceso del querer contar. Porque la historia, más que de palabras, está construida de silencios, y es a esos silencios a los que hay que regresar, una y otra vez, para entender quiénes fuimos y quiénes queremos ser.

Nacho M. Segarra
María Bastarós Hernández

EDAD ANTIGUA

Ca. 2000-1974 a. n. e. Se elabora uno de los primeros textos que conocemos sobre la creación del mundo, el mesopotámico *Enki y el orden del mundo*. Stephanie Budin ha comparado las historias de creación en el antiguo Oriente, Egipto y los países mediterráneos y ha señalado el carácter heterosexual de estas historias. Además, ha llegado a la conclusión de que ya sea el dios Enki, Baal o Yahveh, los hombres son vistos como creadores de vida mediante el semen y las mujeres como receptoras e incubadoras de la vida. El único momento en que las diosas femeninas cobran importancia es cuando dan a luz a la raza humana, con la excepción clara del Génesis, en el que ninguna mujer está implicada en la creación de la humanidad.

371 a. n. e. Jenofonte completa su *Memorabilia*, una colección de diálogos socráticos en los que aparece la figura de una hetaira, una cortesana.

Siglo IV a. n. e.
La pareja de filósofos cínicos Crates de Tebas e Hiparquia de Maronea mantienen de manera desinhibida relaciones sexuales en público en Atenas para exponer sus ideas.

206 a. n. e. Con el inicio de la dinastía Han en China, la labor del historiador se profesionaliza y las historias de la nobleza china se llenan de jugosas historias homosexuales en la que las intrigas políticas se mezclan con la ternura.

375 a. n. e. ¿En el amor como en la guerra, o las dos cosas a la vez? Eso debió de pensar Górgidas, fundador del batallón sagrado de Tebas (Grecia): un cuerpo de élite formado por ciento cincuenta parejas de amantes varones. Se trataba de una tropa temible, invicta hasta la batalla de Queronea, cuando Alejandro Magno acabó con ella. El batallón, formado por jóvenes aristócratas educados en el gimnasio —donde eran habituales las prácticas homosexuales—, basaba su triunfo en la fidelidad y el amor que se tenían los amantes. Según Plutarco: «Un batallón cimentado por la amistad basada en el amor nunca se romperá y es invencible; ya que los amantes, avergonzados de no ser dignos ante la vista de sus amados y los amados ante la vista de sus amantes, deseosos se arrojan al peligro para el alivio de unos y otros». La primera mención del batallón la hallamos en 375 a. C., en alusión a la batalla de Tegira.

1650-1500 a. n. e.. Durante el periodo medio, los hititas ponen por escrito las primeras leyes contra el bestialismo o sexo con animales: «188: Si un hombre mantiene relaciones sexuales con una oveja, es una unión sexual no permitida y será condenado a muerte». Para Roland Boer, más que estar relacionada con la impureza, la prohibición nos hablaría del modo en que los hititas consideraban a los animales domésticos como parte de la familia extensa.

600 a. n. e. En torno a esta época vive y escribe Safo de Mitelene, conocida como Safo de Lesbos por la isla en la que nació. De Safo, la mayoría de cuyos poemas se han perdido, sabemos que fue alabada por Platón y retratada en cerámica, el equivalente a salir hoy en la portada de la revista *Time*. La poeta rechaza los temas épicos, habituales en la lírica griega, y escribe sobre el amor en todas sus formas. Aunque su procedencia (Lesbos) ha acabado dando origen a la palabra *lesbianismo*, sabemos que amó tanto a mujeres como a hombres. En este fragmento Safo habla de forma explícita de la belleza y de qué merece ser retratado en su lírica: «Ahora me hace recordar a Anactoria, / que no está conmigo, // ya la quisiera ver con su amoroso andar / y la radiante luz de su rostro / mucho más que a los carros lidios o las armas / con que combaten nuestros guerreros».

Siglo VII a. n. e. Según fuentes mitológicas, el fundador de Roma, Rómulo, organiza unos juegos deportivos en honor a Neptuno, a los que invita a los habitantes de Sabinia con la intención de secuestrar a sus mujeres: en Roma apenas hay féminas, y para que la ciudad crezca, se hace necesaria la descendencia. Las mujeres de Sabinia, que acuden a la competición con sus padres, son secuestradas por los romanos, mientras los sabinos duermen tras una fiesta en su honor en la que corre el vino. Inicialmente enfurecidas, las sabinas acaban cediendo a las proposiciones de los romanos, a cambio de tomar las decisiones en el hogar. Cuando los sabinos, expulsados de Roma, regresaron para vengarse, sus hijas se interpusieron entre ellos y los romanos: si ganaban los sabinos, ellas perderían a sus maridos e hijos, y si lo hacían los romanos, a sus padres y hermanos. Obedeciendo a las mujeres, ambos pueblos depusieron las armas. Aunque la veracidad de la historia se pone en duda, el episodio fue descrito por autores como Tito Livio, Plutarco y Ovidio.

41 a. n. e. En medio de un clima de guerra civil romana en Perusia, alguien se dedica a escribir grafitis sobre el clítoris de una tal Fulvia. Griegos y romanos, a pesar de conocer su existencia, no utilizaban la palabra *clítoris*, sino que recurrían a metáforas como «la ninfa». La palabra, considerada como una grave ofensa, que se utilizaba en la época romana para el clítoris era *landia* y solo aparecen en los grafitis callejeros, en frases como «Fulviae landicam peto» («Buscad el clítoris de Fulvia») o «Eupla laxa landicosa» («Eupla [tiene] un gran y flojo clítoris»). Debe mencionarse que los griegos consideraban feos y estériles los genitales de gran tamaño, incluidos los penes, tal como puede verse en la estatuaria clásica.

FULVIAE LADICAM PETO

391 Las lupercales y otros cultos y festividades no cristianos se prohíben en Roma, un primer intento de erradicación al que seguirá el del papa Gelasio, más vehemente, en 495. En el siglo V, las lupercales dejan de celebrarse, pero su espíritu desinhibido y de gran carga sexual continuará en los carnavales.

Hasta el siglo IV

Hacerlo como los perros: el sexo radical de los cínicos

Según Aristóteles, la vergüenza nacía de un comportamiento que revelaba vicios en el carácter personal. Frente a esto, la escuela de pensamiento cínico hizo de la desvergüenza, de la *anaiskyntia*, un modo de enseñar su filosofía mediante el cuerpo: sacaron los actos privados a las ágoras griegas (el más llamativo, claro está, fue el sexo en público). El nombre griego para el sexo en público era *kynogamia* («matrimonio de perros»), una asociación que perdura en la actual subcultura de sexo en público, el *dogging*. Pero, para los cínicos, la cosa iba más allá de follar en un descampado bajo las luces de un Seat León: era un acto de suma importancia ética. Follar, cagar o mear en público era un modo de atacar las costumbres y dar a conocer sus ideas sobre sexo. Sus principales filósofos, como Diógenes, atacaban el amor y el matrimonio (al que describían como cadenas para la libertad), la prostitución y la pederastia, por estar basadas en la desigualdad, y abogaban por una especie de amor libre en el que las mujeres son compartidas, pero siendo necesario su consentimiento. De hecho, podemos considerar la *kynogamia* uno de los pocos tipos de relación heterosexual de carácter igualitario en la Grecia clásica. Tal como, por otro lado, demuestra la presencia de una importante mujer filósofa dentro del cinismo: Hiparquia. De familia noble, se desposó con el viejo y deforme filósofo Crates —que había salvado a su hermano de querer suicidarse tras tirarse un sonoro pedo en público— y llevó una vida de privaciones. Crates, para disuadirla de su ambición, se desnudó delante de ella, pero Hiparquia no se vio intimidada: lo dejó todo y desarrolló una brillante carrera como polemista (hablando en simposios o follando en las calles). El ideal de la escuela cínica era la autarquía sentimental y sexual, como demuestra la anécdota de Diógenes masturbándose en público y diciendo: «Ojalá se me quitara el hambre frotando el estómago». ¡Ojalá!

La prostitución en la Grecia clásica

Tal como explica el clasicista Simon Goldhill, la mayoría de las personas que se dedicaban a la prostitución en Grecia y Roma entre el siglo V a. n. e. y el siglo IV eran mujeres (aunque también existía la prostitución masculina) y esclavas. Eso significaría que ejercían su oficio en una estructura de poder brutal y en unas condiciones deplorables, lo que influyó en su corta esperanza de vida y explicaría la escasez de testimonios con los que contamos. Las vidas de las prostitutas de la era clásica aparecen relatadas por otros: en las comedias, en los grafitis o en las escasas historias que las alaban. Además, en la definición de la prostitución siempre es importante pensar en la reciprocidad, el valor social, las regulaciones sociales y la expresión del deseo. Dentro de ese esquema, existirían las cortesanas como Teodota, que aparece en los *Memorabilia* de Jenofonte y que habla de aceptar regalos de amigos, ya fueran estos dinero, propiedades o presentes. Teodota, como hetaira reconocida, podía tener cierta capacidad de decisión, pero las prostitutas de menor rango, como una *pornē* en un burdel, no podían rechazar clientes. La *pornē* era una esclava a la que se contrataba por un corto periodo de tiempo y que pertenecía a un chulo (*pornoboscos*). Usualmente asociada a la pobreza y la suciedad, se diferenciaba en sus servicios de la *aulētris*, «la chica de la flauta», que era contratada para fiestas y banquetes, trabajando también a veces como prostituta. Junto a ellas estaría la *pallakē*, una mujer que tendría una relación a largo plazo en la que el intercambio tomaría la forma de mantenimiento. Según el seudo-Demóstenes, la *pallakē* se encargaría «del cuidado cotidiano de nuestros cuerpos». Finalmente, tendríamos a la hetaira, que podríamos traducir como «cortesana» y que también podría establecer relaciones duraderas caracterizadas tanto por los placeres sexuales como por la inteligencia, el ingenio y las capacidades musicales. Si bien todos estos términos se pueden solapar, estaban en contradicción con la figura de la esposa, basada en la legitimidad y cuyas transgresiones, como el adulterio, eran fuertemente castigadas.

Lupercales: desinhibición y fertilidad en la antigua Roma

Una vez establecida, la Iglesia se encargó de eliminar las festividades paganas. Para ello hizo coincidir con ellas los días grandes del cristianismo: las lupercales se convirtieron en San Valentín y las saturnales, en la Navidad cristiana. En la antigua Roma, ambas fiestas duraban doce días y eran muy apreciadas, tanto que los intentos de reducir su duración siempre fracasaron: Calígula, que gobernó en el siglo I, trató de acortar las saturnales a cinco días, pero el pueblo se opuso con tal vehemencia que se quedaron en una semana. En el caso de las lupercales, el jolgorio era una celebración de la fertilidad de orígenes remotos, tan antiguos como la propia Roma. Según el historiador Ovidio, durante el mandato de Rómulo —fundador de la ciudad—, las mujeres dejaron de quedarse embarazadas de pronto. Juntas acudieron al bosque sagrado de Juno, la diosa del hogar, que les dijo —ojo— que debían ser penetradas por el dios de los bosques, Fauno. Un sacerdote interpretó las órdenes de Juno, sacrificó a una pobre cabra y golpeó a las mujeres con su piel: al cabo de nueve meses, dieron por fin a luz. Por eso, del 13 al 15 de febrero, jóvenes desnudos o vestidos con pieles perseguían y azotaban con tiras de cuero a las mujeres por las calles, a veces con máscaras animales en honor a la loba Luperca, que había alimentado a Rómulo y Remo en su infancia. Según el ensayista Corrado Augias, es posible que la loba Luperca fuera en realidad una prostituta —ya que a estas se las llamaba *lupa* («loba»), de donde procedería la palabra *lupanar* («prostíbulo»)—, lo que redundaría en la historia de precariedad y posterior triunfo del fundador de Roma. Aunque en su afán por acabar con los ritos paganos la Iglesia eliminó las lupercales, su espíritu sobrevivió en los carnavales, fiesta en la que los disfraces y la desinhibición se entremezclan con una potente carga sexual. Y es que acabar con las ganas de divertirse es una tarea casi imposible.

El placer de compartir un melocotón y otras historias de la China antigua

Si bien se ha discutido mucho la escena de *Call Me By Your Name* en la que el joven Elio eyacula en un melocotón que luego es devorado por Oliver, poco se ha hablado de su origen tradicional chino. *Fen tao zhi ai*, traducido como «el placer del melocotón compartido», es un modo tradicional de referirse a la homosexualidad en China y tiene su origen en la historia del duque Ling, regente del estado de Wei (534-493 a.n.e.) y enamorado de un oficial de la corte, Mizi Xia. Mizi, tras probar un melocotón muy jugoso, dejó de comerlo para ofrecérselo al duque, que exclamó: «¡Qué amor tan sincero! Olvidaste tu apetito para ofrecerme algo bueno de comer». La historia, recogida en un libro de Han Fei Zi (240 a.n.e.) sobre las costumbres y la educación palaciega —muy parecido a *El príncipe*, de Maquiavelo—, acaba mal: el oficial pierde su belleza con el tiempo y el duque lo desprecia porque «un día me dio un melocotón medio mordisqueado». Junto con esta, la otra gran historia de amor homosexual es la del emperador Ai de la dinastía Han, que reinó a partir del siglo VI a.n.e. El emperador, que dormía con su amado, el bello Dong Xian, fue requerido por sus obligaciones y, para no despertarlo, decidió cortarse la manga de su vestido y aparecer así delante de la corte. La historia da origen a una expresión, «manga cortada», que denota las relaciones homosexuales en China. ¿Cómo terminó? Pues mal: a la muerte del emperador, la corte, escandalizada por sus deseos de hacer heredero a su amante, obligó a Dong Xian a suicidarse (un destino que no era ajeno a las cortesanas). Más adelante, en la dinastía Han (a partir de 206 a.n.e.), el gran historiador Sima Qian llegó a incluir en su trabajo historias de favoritos de emperadores y de otros jóvenes perturbadoramente bellos enviados a las cortes para desestabilizar a los gobernantes. Existe una historia que acaba bien: la del estudioso Pan Zhang y su alumno Wang Zhongxian, que compartieron la vida, murieron el mismo día y fueron enterrados juntos. De su tumba surgieron dos árboles entrelazados, otro de los símbolos de homosexualidad en China.

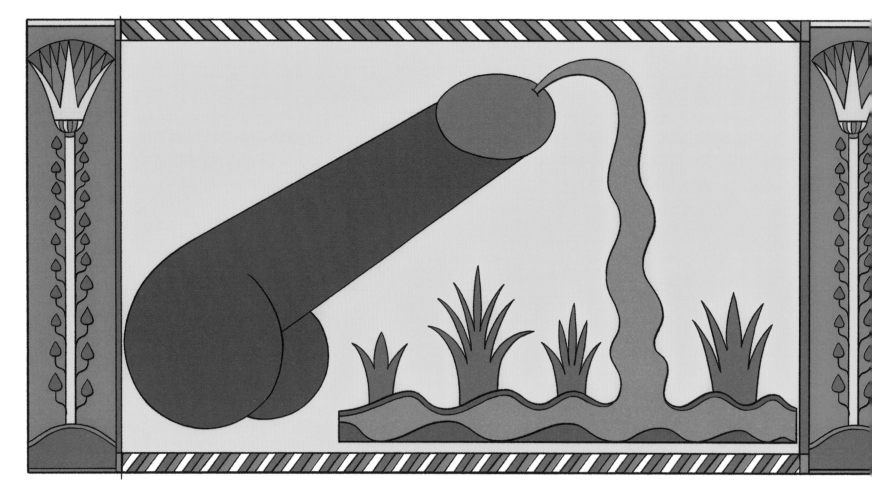

Semen sagrado, papiros picantes y *doggy style*: el sexo en el antiguo Egipto

Si pensamos en el antiguo Egipto, la mente se nos llena de pirámides, faraones, momias y jeroglíficos. Casi todo lo relacionado con el antiguo Egipto ha sido estudiado y a menudo tristemente expoliado y trasladado a museos occidentales. Hay un tema concreto, sin embargo, al que los primeros estudiosos de Egipto no dedicaron gran atención: el sexo. Quizá porque la egiptología nació en la pudorosa época victoriana y había asuntos sobre los que era mejor pasar de puntillas. Así pues, ¿podemos remontarnos miles de años atrás hasta la unificación de las ciudades del Nilo que dio lugar a la civilización egipcia en 3200 a. n. e., y sacar conclusiones sobre cómo entendían la sexualidad? Lo cierto es que sí: los egipcios, tan generosos, nos dejaron muchísimo material.

Un primer elemento que remite a la sexualidad en el antiguo Egipto son sus mitos fundacionales. El dios Atum fue quien creó el Nilo, y lo hizo del modo más placentero posible: tras una paja formi-dable, su semen dio lugar al río. Por eso, una vez al año, para fomentar la fertilidad, se celebraba una ceremonia en la que, primero el faraón y luego el resto de los asistentes, se masturbaban procurando que su semen cayera en las aguas del río. Y es que el sexo no era solo sexo: podía tornarse ceremonial con distintos objetivos. Heródoto describió así una orgía en honor a la diosa Sejmet Bastet, en Bubastis: «Las barcas, llenas de hombres y mujeres, flotaron cauce abajo por el Nilo. [...] Bebían mucho y tenían relaciones sexuales». Parece que sexualidad e intimidad no estaban muy ligadas en el antiguo Egipto y que mantener relaciones ante la mirada ajena no era problemático. Y no solo eso: las alusiones al sexo en papiros, tronos y lajas de piedra son comunes, ya sea mediante dibujos explícitos o por medio de juegos de palabras. Tal vez el legado pornográfico más explícito conservado sea el papiro Erótico (1150 a. n. e.), descubierto en Deir el-Medina. Muestra escenas or-

giásticas protagonizadas por la corte y altos mandatarios, salpicadas de frases como «¡Ven y métemela por detrás!». El pobre Jean-François Champollion —considerado padre de la egiptología por haber descifrado los jeroglíficos—, tan victoriano él, se quedó apabullado al estudiar el papiro, que encontró «de monstruosa obscenidad». Intuimos también que el coito *a tergo* (por detrás) era el más usual. El egiptólogo Marc Orriols i Llonch comenta que en los *Textos de los sarcófagos* se dice: «Él copulará en esta tierra de noche y de día; el orgasmo de la mujer llegará debajo de él». Y en un pasaje del papiro Louvre 3079 leemos cómo Isis se enorgullece de haber tenido relaciones estando encima: «No hay otro dios o diosa que haya hecho lo que yo he hecho. He ocupado el lugar de un hombre». De ahí po-

Mientras que en el siglo XIX la virginidad era la principal virtud femenina, en el antiguo Egipto no se le daba ningún valor.

demos extraer que, como en el resto de la historia, el papel de la mujer se consideraba inferior al masculino. Las representaciones del papiro Erótico no eran lo único que escandalizaba a los estudiosos victorianos: mientras que en el siglo XIX la virginidad era la principal virtud femenina, en el antiguo Egipto no se le daba ningún valor, y las parejas podían mantener matrimonios de prueba para comprobar si su unión funcionaba: a esta unión temporal se la denominaba «un año comiendo». Charlotte Booth añade que el divorcio estaba también contemplado y que era mucho más sencillo que las fórmulas actuales: bastaba con que la mujer pronunciara «Me voy» y el matrimonio quedaba disuelto. Parece que los antiguos egipcios eran, entre otras cosas, prácticos.

Follar con instrucciones: manuales (hetero) sexuales en la Antigüedad

El sexo heterosexual se intenta vender como natural e instintivo, pero los antiguos ya sabían que era un acto que requería entrenamiento, experiencia y conocimiento. Ahí entran los manuales sexuales de la Antigüedad, libros «técnicos» comparables a los de medicina o cocina. Libros que nos hablan de las normas eróticas de cada cultura en relación con la pasión heterosexual, ya que no nos consta que existieran libros similares para el sexo homosexual.

Uno de los primeros manuales sexuales occidentales que conocemos fue descubierto cerca de Oxirrinco (Egipto): se trata de una serie de papiros que incluían la introducción a un texto sobre Afrodita (siglo IV a. n. e.), supuestamente escrito por Astianassa, una sirvienta de Helena de Troya (nada menos). Durante la Antigüedad, la autoría de este tipo de literatura se ha asignado a mujeres esclavas o prostitutas que habrían recopilado saberes fruto de experiencias personales. A pesar de esto, uno de los manuales más famosos de la época clásica fue el de Ovidio, *Ars amatoria* (*ca.* 2 a. n. e.), un poema didáctico sobre cómo ligar —«No olvides su cumpleaños»—, los placeres del orgasmo simultáneo o las posturas que las mujeres deben adoptar en función de su cuerpo: si tienes una cara guapa no te des la vuelta; si eres muy alta no te subas encima. Para griegos y romanos, estos textos eran obscenos, pero no por sus representaciones sexuales, sino por incitar a una vida de desenfreno que no casaba con la moralidad vigente.

El *Kamasutra* es quizá el manual sexual más famoso de la Antigüedad por su enorme variación de posturas sexuales: ¡529! (aunque hemos de aclarar que una mano arriba o un codo abajo hacen cambiar la posición). Para el hinduismo, la literatura sexual o amatoria es de origen divino y habría sido recopilada por Prajāpati, el dios del cielo y la tierra, aunque el *Kamasutra* está fechado entre los siglos III y V d. n. e. La moral sexual del hinduismo es distinta a la del cristianismo: la pasión se celebra y el sexo se desvincula de la procreación, pero sigue centrado en el matrimonio y el hombre. El *Kamasutra*, por ejemplo, aconseja el uso de narcóticos o de la violencia ante las negativas femeninas. En manuales centrados en la mujer se habla de las zonas erógenas femeninas (pechos, pezones, cuello) y del *yoni* (la zona pélvica que incluye la vagina, labios, vello púbico, útero). El sexo es descrito como una batalla en la que el hombre ataca y la mujer resiste, pero en la que ambos deben alcanzar el placer. El orgasmo es celebrado como un esotérico fuego sacrificial, un elemento demasiado potente para controlarlo.

El otro gran manual de la sexualidad será el chino *Su Nu Jing*, traducido como *Clásico de la virgen*. Recopilado alrededor del siglo III d. n. e., cuenta cómo tres diosas, en el papel de cortesanas, enseñan al mítico emperador Huangdi prácticas sexuales y salud. Guiado por una visión de la sexualidad taoísta, habla del sexo como la conjunción de la fuerza masculina, el yang (exterior, calor, exceso, sol y penetración), y la femenina, el yin (interior, frío, oscuridad, luna y recepción). En el libro se enseña la importancia de la respiración, las razones por las que hay diferentes tamaños de «tallos de jade» (penes) y de distintas posturas sexuales. En manuales taoístas posteriores se profundiza en la importancia del intercambio de energía sexual, el qi, presente en el semen y los flujos vaginales.

Llamados «libros de almohada» entre los japoneses, este tipo de literatura, realizado en general para las clases pudientes y con una amplia influencia de preceptos religiosos, ha enseñado unas artes amatorias que no solían contradecir los ideales de género de las sociedades que las produjeron.

Uno de los manuales más famosos de época clásica fue el *Ars amatoria* de Ovidio, un poema didáctico sobre cómo ligar.

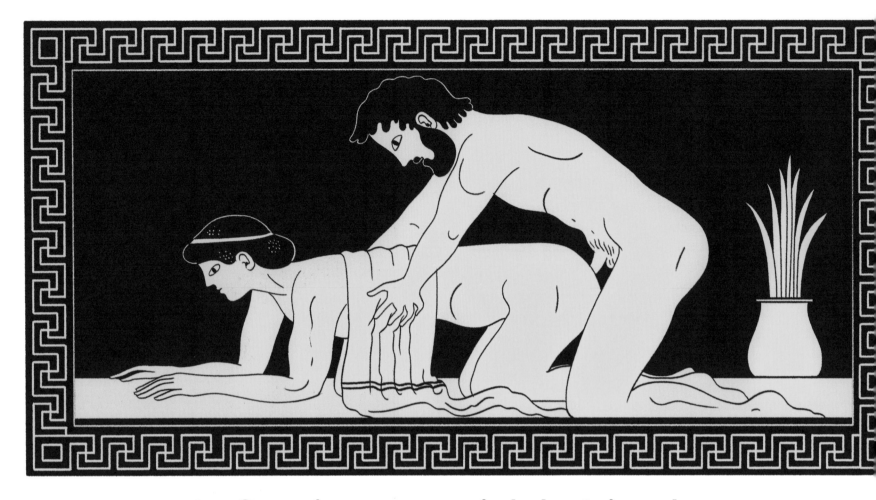

Ser femenino en una sociedad patriarcal:
el *kinaidos* o *cinaedus*

Los primeros estudios sobre homosexualidad en la Atenas clásica (510 a. n. e.-323 a. n. e.) señalaron que la única relación de este tipo socialmente permitida y hasta alabada en Grecia era la «pederastia». Un tipo de relación en la que el amante adulto (*erastés*) ejercía de tutor, protector y amante activo del amante joven (*erómenos*), cuya edad oscilaba entre los catorce y los veinte años. A cambio, el *erómenos* debía mostrar hacia su tutor (*erastés*) un fuerte amor filial, más que un deseo físico incontrolable. Según fue descrito por distintos historiadores, este nexo estaba basado en el acto de desigualdad social que suponía la penetración: la anal o intercrural (entre las piernas) aludía al mayor valor social del penetrador, mientras que el penetrado, que tenía menos poder, podía ser, por ejemplo, un joven o un esclavo. Este esquema se intensifica en Roma y podríamos decir que, en líneas generales, el ciudadano romano podía penetrar a cualquier persona sin per-

der su *pudicitia*, su inviolabilidad, siempre que esta fuera de un rango inferior: esclavos, extranjeros o prostitutas. ¿Qué pasaba, en cambio, si uno, siendo libre, deseaba ser penetrado por otro hombre libre, por un ciudadano?

Desear ser penetrado por un hombre siendo ciudadano era para estas sociedades patriarcales una clara inversión del orden natural: un hombre que quería ser tratado como una mujer. Las personas con este deseo recibían el nombre de *kinaidos* en Grecia y *cinaedus* en Roma. Etimológicamente, la palabra *kinaidos* podría provenir de *kinein ta aidoia* («mover las partes vergonzosas») o *kenos aidous* («vacío de vergüenza»). Según John J. Winkler, el *kinaidos/cinaedus* no era ni una identidad sexual ni hacía referencia simplemente a una serie de actos. Se trataba más bien de un estereotipo del desviado sexual y de género, una construcción fóbica que nos habla de la fragilidad de la masculinidad clásica. Según

este autor, la división de los géneros era difusa en época clásica, ya que lo masculino y lo femenino formaban un continuo. Mantener intacta la masculinidad requería de enormes sacrificios, virtudes y muestras de honor. Ser un perfecto ciudadano griego o romano constituía una tarea en la que muchos podrían fracasar, y el *kinaidos* era un recordatorio de ello. Según David M. Halperin, que ha estudiado extensamente esta figura, el *kinaidos* representaría aquello en lo que «cualquier hombre se podría convertir si fuera tan impúdico como para sacrificar su dignidad y estatus masculino por satisfacer los deseos corporales más odiosos y deshonrosos, pero, sin duda, voluptuosos». Dentro de estas culturas, la figura del afeminado simbolizaría la masculinidad fracasada, la del hombre que no se resiste estoicamente a los placeres y deja que otros hombres lo penetren. Este término también remitiría a la cobardía en los hombres, y así fue utilizado por el orador

ateniense Esquines para atacar a Demóstenes y llamarle débil, disoluto y femenino. El *kinaidos*, tal como aparece en los textos fisonómicos, estaba también construido como un monstruo, alguien congénitamente femenino en su constitución corporal, con una piel blanca y un culo amplio (*katapygon*, según Aristófanes). A pesar de la tentación de establecer comparaciones con la actualidad, el *cinaedus* no es un «homosexual pasivo», ni está exclusivamente definido por su papel receptor (podía tener sexo con mujeres y seguir siéndolo), sino que, producto de su cultura, era más bien un hombre fracasado que exhibía su feminidad en la ropa y la depilación, y mostraba el comportamiento hipersexual que las sociedades patriarcales asignan a las mujeres. Las prácticas sexuales siempre han sido clasificadas jerárquicamente y el papel del hombre que renuncia a sus privilegios ha sido utilizado como una broma eterna en las sociedades patriarcales.

SIGLOS IV-XIV

Siglo IV Comienza el periodo de expansión de los mochica, pueblo indígena que habitó el norte de Perú y que, entre dicha fecha y el siglo VII, generó un valioso y sorprendente legado de cerámica erótica que muestra una relación con el sexo mucho más natural que la europea.

Siglo VI (523) Matrimonio del emperador Justiniano y Teodora, actriz ducha en erotismo y famosa por su número de Leda y el cisne (el público le echaba maíz encima, que era devorado por las aves). Su matrimonio inicia la época más gloriosa de Bizancio. Teodora adquiere un gran poder e impulsa una regulación en favor de las mujeres, que facilita el aborto y se muestra contraria a la prostitución forzosa. Al mismo tiempo, Justiniano inicia una brutal persecución contra la homosexualidad, en la que une ley imperial y teología cristiana con la aniquilación de los vicios paganos.

1022 El poeta Ibn Hazm de Córdoba escribe *El collar de la paloma*, una de las obras amorosas más importantes de la Edad Media, que versa sobre todo tipo de deseos, incluidos los homosexuales. El libro es una mezcla de anécdotas y teorías generales sobre el amor, no como camino de perfección —tal como era teorizado por los griegos—, sino como una maravillosa enfermedad no exenta de dolor. En ese retrato no diferencia entre distintos tipos de afectos y muestra una sensibilidad erótica bisexual que es contradicha en un último capítulo de censura, lo que muestra las tensiones de la cultura de ese momento. Además, Ibn Hazm fue protector de Wallada bint al-Mustakfi, hija del califa de Córdoba, cuyos poemas lésbicos, muchos de ellos perdidos, hicieron que se la considerara la Safo árabe.

1132 El filósofo Pedro Abelardo escribe *Historia de mis desventuras* (*Historia Calamitatum*), una de las bases del amor romántico, en la que describe su relación con la intelectual Eloísa de Argenteuil (1101-1164). El tío de Eloísa contrató a Abelardo como tutor para ella, pero este último, un crápula, la sedujo, y ella se quedó embarazada. Cuando el niño nació, Eloísa se negó a casarse con Abelardo. Sin embargo, esta era la única fórmula social para salvar el honor de su tío, que por su parte ya estaba meditando una venganza mayor: castrar a Abelardo. Después de esto, ambos —Eloísa y Abelardo— decidieron llevar una vida casta y entraron en la vida monástica. Abelardo, en sus diferentes escritos, exploró una masculinidad menos agresiva y se convirtió en consejero de mujeres devotas.

1140 El monje jurista Graciano recopila las leyes cristianas anteriores en su famoso *Decreto*. La vida sexual de millones de cristianos quedará regulada así por el derecho canónico durante los siglos siguientes.

Siglo VII El médico bizantino Pablo de Egina escribe sus tratados de medicina, que tendrán gran repercusión durante los siglos posteriores. Siguiendo las enseñanzas de Aristóteles, explica que el cuerpo está formado por cuatro humores relacionados con distintos caracteres y partes del cuerpo: la bilis negra (melancolía), la bilis amarilla (cólera), la flema (flematismo) y la sangre (optimismo). Para que el cuerpo funcione debe estar equilibrado y, según Egina, el sexo hace que la sangre se aligere, promoviendo el crecimiento del cuerpo y haciéndolo más masculino, un remedio ideal para acabar con la melancolía. Además, aconseja el sexo por placer para las mujeres, pues lo considera el único medio para evacuar la semilla femenina presente en los líquidos vaginales.

Siglo VIII En el *Bundahishn* (libro del génesis de la religión zoroastriana, que se sigue practicando en el Irán actual), se avisa de la presencia de una divinidad malvada asociada a la menstruación: Jeh.

Siglo VII El obispo Donato de Besançon crea una normativa para las monjas del monasterio que fundó su madre, en la que advierte sobre posibles relaciones lésbicas en el convento. Si ya san Agustín (siglo V) aconsejaba a su hermana y futura monja «amar espiritualmente y no carnalmente a sus hermanas», Donato legislará contra la costumbre de ir cogidas de «la mano, pasear o sentarse juntas», y subrayará la importancia de «dormir en camas separadas y con la luz encendida». El carácter potencialmente lésbico de los conventos se mantiene hasta bien entrada la modernidad, tal como demuestra la autobiografía de la abadesa Benedetta Carlini (1591-1661), cuyas visiones místicas se entremezclan con sus experiencias lésbicas con su compañera Bartolomea Crivelli.

1394 Eleanor Rykener, mujer transgénero, es detenida en Londres por mantener relaciones sexuales con un hombre y se la acusa de sodomía y prostitución. Eleanor llevaba años trabajando como camarera y bordadora cuando una de sus compañeras le confeccionó ropa femenina y le presentó a sus clientes (le enseñó así el «detestable vicio a la manera femenina»). En su declaración, Eleanor explicó cómo se había prostituido con estudiantes de Oxford y con distintos curas y monjas. La estudiosa que descubrió estos documentos, Ruth Mazo Karras, ha señalado que los funcionarios que la juzgaron estaban preocupados en particular por su identidad de género y asocia su figura a la experiencia *trans*.

1399

1325 Se abre en Valencia el prostíbulo más grande de toda Europa, que atraerá a cientos de visitantes hasta su cierre en 1671.

De 300 a 1399

El sexo antes de Colón: un borrado cultural

La invasión del continente hoy conocido como América supuso la imposición de una sexualidad regulada según la fe católica, con principios muy distintos a los de los pueblos nativos. Esto no significa que antes de la llegada de Colón no existieran normas en determinados territorios; las civilizaciones precolombinas son variadas, y en cada una se aceptaban distintas expresiones sexoafectivas: los incas tenían «uniones de prueba» antes de casarse —eliminadas por los invasores y castigadas con latigazos— y no consideraban la virginidad una virtud; los aztecas eran polígamos, y en zonas como el norte de Perú se practicaba la homosexualidad. El conocimiento de las prácticas previas a la llegada de Colón es limitado, porque los invasores se encargaron de destruir las costumbres y representaciones de la vida sexual nativa, así como de imponer su propia ley. Un legado que ha sobrevivido es el de la cultura mochica, que habitó desde el siglo II hasta el VII en la costa norte de Perú. Los mochicas eran prolíficos ceramistas, y sus piezas —«huacos»— constituyen el repertorio erótico más variado de cuantos existen en el ámbito indígena americano. Las vasijas son un feliz *totum revolutum* de actividades relacionadas con la sexualidad: onanismo, *cunnilingus* y felaciones, parejas heterosexuales y homosexuales, sexo en grupo, animados sesenta y nueves... Toda esta iconografía hipersexual puede reflejar, sencillamente, la vida sexual mochica, aunque también podría estar relacionada con rituales para propiciar la fertilidad y las cosechas abundantes. Isabel Collazos, museóloga de la Universidad de Nueva York, afirmaba en BBC Mundo que: «Estas piezas [...] nos muestran no una sino muchas posiciones, un dominio del cuerpo y del acto de amar». La gran cantidad de escenas homosexuales parece indicar que, *a priori*, la procreación no era la única excusa para practicar sexo. Según narra Pedro Cieza de León en su *Crónica del Perú*, la homosexualidad era aceptada en el norte del país, «existiendo un prostíbulo masculino que atendía a las necesidades de la tropa. A estos servidores sexuales se les conocía como *pampayruna*». Dado el borrado cultural al que fueron sometidos los pueblos indígenas, hoy hay poco sobre lo que podamos tener certeza.

«Hola, soy tu Jeh»: menstruación y sexo

Durante el siglo VIII, en Persia, se crea uno de los principales textos sagrados de la religión de Zaratustra, el conocido como *Bundahišn*, una historia sobre el principio de los tiempos. Si bien el texto se centra en las habituales batallas épicas entre el bien y el mal, en su capítulo cuarto el dios Ahura Mazda consigue dormir al Espíritu Malvado, cuyos secuaces intentarán despertarlo durante tres mil años. La única que conseguirá levantar al demonio iraní, Ahrimán, será una demonia llamada «la Puta» o Jeh. Cuando el Espíritu Maligno se despierta, la besa, y justo entonces a ella le baja la regla. Según la tradición iraní, las mujeres fueron creadas por el Benefactor, Ahura Mazda, pero a través de este pasaje el mal logró introducirse en el ciclo reproductivo humano, siendo la regla un regalo del demonio (y, en vacaciones, al menos, lo parece). Jeh, como mujer que no se puede reproducir, es sinónimo de *bruja* o *promiscua* y posee la capacidad, ojo, de secar un tercio de los ríos y los vegetales y de marchitar un tercio de los buenos pensamientos, palabras y acciones. (Y todo eso con la regla y sin bolsita de agua caliente que valga). Hay que añadir que las principales religiones monoteístas, como el cristianismo, el judaísmo y el islam, coinciden en la prohibición de mantener sexo durante el periodo menstrual debido al poder y a la polución asociados a la regla. Burcardo de Worms, autor del *Decretum*, una de las primeras recopilaciones de derecho eclesiástico (siglo XI), especificaba penas contra las mujeres que utilizaban su regla en sus conjuros, como los del *Libro del amor de las mujeres*, una recopilación ginecológica y mágica que incluía una receta de pastel de regla para retener al amado. Ya en el siglo XII, el rabino Eleazar de Worms decía que las mujeres que respetaran el *niddah* debían evitar cocinar para el marido, bailar, hacer la cama o pasar líquidos de una jarra a otra, así como bañarse antes de volver a la sinagoga o a la cama. Sin embargo, si la regla parecía una maldición, su ausencia aún podía serlo más. Las mujeres medievales tomaban hierbas «reguladoras» y probablemente entendían la relación entre falta menstrual y embarazo. Un ejemplo es el de la abadesa Hildegarda de Bingen (1098-1179), que sabía cómo interrumpir un embarazo ya iniciado.

El prostíbulo más grande de Europa

La historia de la regulación del trabajo sexual en España comienza en el siglo XIV, cuando el rey Jaime II lo entiende como un «mal necesario» destinado a impedir que los hombres cometieran actos de abuso y violencia contra «mujeres honradas» y esposas ajenas. Sin embargo, no era de recibo que ese «mal necesario» se viera en las calles, por lo que en las ciudades más importantes de la Península —Sevilla, Murcia, Barcelona, Valencia— se fundaron grandes mancebías, en las afueras, donde se obligaba a ejercer a las trabajadoras sexuales.

Según un documento recogido por el historiador Manuel Carboneres, el rey lo advirtió con las siguientes palabras: «Que ninguna mujer pecadora se atreva a bailar fuera del lugar que ya tiene habilitado para estar». Muchas, sin embargo, se negaron a abandonar las calles y fueron perseguidas, sancionadas económicamente y maltratadas.

De todos los burdeles, el más grande fue el valenciano, creado en 1325: todo un pueblecito con sus calles, hostales y casas independientes, que, según relatan las crónicas de la época, las trabajadoras intentaban mantener limpias y embellecidas con flores en las ventanas. En el recinto mandaban los hostaleros, que contrataban a las trabajadoras y ejercían de caseros y prestamistas manteniéndolas sometidas a su autoridad.

Aunque la Iglesia aceptaba la existencia de los burdeles para canalizar las ansias sexuales lejos de la ciudad y las «mujeres honradas», las trabajadoras tenían prohibido ejercer los domingos antes de misa, y durante la Semana Santa eran enviadas al convento de San Gregorio (Casa de las Arrepentidas). Allí se intentaba convencerlas para que abandonasen la prostitución y se les mostraban las virtudes de la vida religiosa y del matrimonio. Muy pocas lo hacían.

En 1671, cuando fray Pedro de Urbina mandó cerrar el prostíbulo, a las últimas se las obligó a ingresar en dicho convento y a convertirse en religiosas, suceso que las crónicas narran con enorme entusiasmo: aquellas siete pecadoras se convirtieron en siete ángeles.

Follar como en el paraíso o como un mal cristiano

Las leyes cristianas sobre sexualidad se remontan al momento en que la Iglesia primitiva quiso diferenciar a sus fieles de los paganos: nada de orgías, poligamias o divorcios. Esta semilla fructificó en san Agustín (354-430), que se convirtió en el arquitecto de la moral sexual de los siglos siguientes. San Agustín señala que el sexo se aleja mucho de los planes de Dios para los cuerpos humanos, y el ejemplo que pone es el paraíso. Según el teólogo, cuando Adán y Eva estaban en el edén, follaban de una manera fría e intelectual, sin placer, y fue su expulsión lo que hizo que el sexo se convirtiera en algo sucio y pecaminoso. A partir de esta premisa, la idea básica era que el sexo solo se permitía con fines reproductivos dentro del matrimonio y sin mucha frecuencia (san Jerónimo decía que follar en exceso era pecado). La literatura para confesores que floreció en el siglo VII regulaba el sexo y afirmaba que no se debía follar durante los cuarenta días previos a la Cuaresma, la Navidad o la fiesta de Pentecostés. No se podía mantener relaciones sexuales los miércoles, los viernes y los sábados. Tampoco con la menstruación, durante el embarazo o durante la lactancia. Además, se prohibía el acto en las horas diurnas, completamente desvestidos o en cualquier otra posición que no fuera la del misionero (la mujer arriba trastocaba el orden social y hacerlo *doggy style* era de animales). Vamos, que había muy poco margen de maniobra. Todas estas regulaciones se sintetizaron en el *Decreto* de Graciano (1140), que sentó las bases del derecho canónico en un momento en que la Iglesia empezaba a presionar a los curas para llevar un vida célibe e intentaba imponer su visión del matrimonio. El sexo era una tentación que debía evitarse, incluso dentro del matrimonio, salvo para procrear, sortear la tentación de la infidelidad o satisfacer los impulsos pecaminosos del cónyuge. Si bien el sexo oral era malo, pero «extraordinariamente sensual», la masturbación era un pecadillo. Estas duras leyes se fueron relajando conforme las pestes y las guerras sumieron a Europa en una crisis demográfica, y la Iglesia se vio obligada a salir de la cama de los fieles. Aunque, como sabemos, lo de quedarse a mirar les encanta, y aún no se han resignado del todo a dejar de hacerlo.

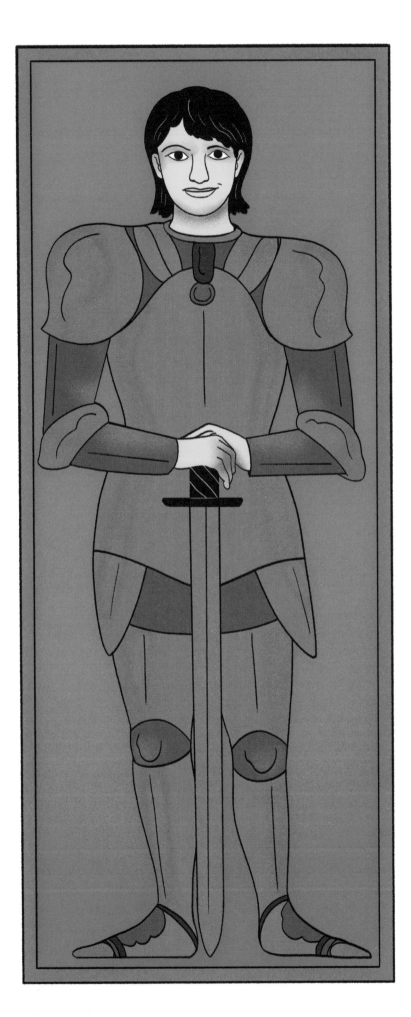

La Inquisición contra la diversidad

Al escuchar la palabra *Inquisición*, una piensa en brujas y hogueras. Sin embargo, la brujería no fue admitida por el papado hasta las postrimerías de la época conocida como Edad Media (cuyo fin suele situarse en 1492), y no es hasta 1484 cuando Inocencio VIII da por oficial su existencia mediante la bula *Summis desiderantes affectibus*. En ese momento, la Inquisición tiene una larga historia a sus espaldas: nace en 1184 para perseguir a los cátaros, y desde el principio otorga valor a la delación vecinal como herramienta para interrogar y condenar: «Que se obligue, [...], a toda la vecindad, a que bajo juramento indiquen [...] si conocen [...] herejes, o a algunos que [...] se aparten de la vida, las costumbres o el trato común de los fieles».

Como vemos, la diversidad es un objetivo primordial de la Inquisición: pero ¿cuál es la amplitud real de ese «apartarse de la vida, las costumbres o el trato común»? Un ejemplo muy ilustrativo lo tenemos en uno de los casos inquisitoriales más célebres (el de Juana de Arco), que es juzgada antes de que la brujería sea admitida por el papado y que está mucho más relacionado con su ambigüedad de género y su afectividad sexual.

En 1430, cuando Juana es traicionada por una facción del ejército francés y vendida a los ingleses, lleva cinco años vistiendo de hombre. Los soldados que la capturan se refieren a ella como *homasse* (mujer masculina), una suerte de protomarimacho. Desde el inicio de su procesamiento, los ingleses se centran en esto, y el rey Enrique VI escribe así sobre Juana: «Desde hace un tiempo [...] la Doncella Juana, dejando el vestido y la ropa propias del sexo femenino, algo prohibido a la Ley Divina y abominable a ojos de Dios, [...] llevó ropas y armaduras como las que llevan los hombres». Cuando los ingleses la entregan a la Inquisición, Juana sufre un acoso centrado, sobre todo, en el carácter herético de su travestismo. Ella rechaza abandonarlo: «Por nada del mundo juraré no armarme y no llevar ropas de hombre». Y es que, pese a su posterior canonización, la actitud de Juana es la contraria a la de las santas tradicionales. Estas son sumisas, se aíslan en conventos y defienden su virginidad como único bastión de su virtud. Juana es una líder que «se permite un tono de burla y escarnio como ninguna mujer en estado de gracia se permitiría» y acepta la devoción que los campesinos de Lorena le brindan creyendo que tiene el poder de curar. Es decir, no solo viste como un hombre, sino que se atreve a comportarse como tal. Además de su identidad ambigua y de su *cross-dressing*, se la acusa de haber frecuentado a prostitutas y dormir con mujeres. Según el estudioso T. Douglas Murray, los jueces mencionaron a dos mujeres, La Rousse y Catherine de la Rochelle, con la cual Juana admitió haber dormido en dos ocasiones. Identidad y diversidad sexual son el hueso duro de la acusación inquisitorial.

Ante las amenazas, el 24 de abril de 1431 Juana prometió no volver a llevar prendas masculinas; sin embargo, el 30 de mayo las volvió a usar. Como sostiene la antropóloga Margaret Murray, «fue la señal para su muerte. Llevó las ropas masculinas en domingo, [...] y el miércoles fue quemada». Este hecho demuestra hasta qué punto la división por roles de género se ha utilizado históricamente como instrumento para apuntalar el sistema social, y cómo los poderes se han esforzado en impedir su transgresión. Con el nacimiento del capitalismo en el siglo XVII, esta división enraizará todavía más como cimiento social: las mujeres mantendrán a los hijos y el hogar, sin percibir salario, lo que permitirá que el hombre pueda ocupar el espacio público y constituir su mano de obra.

Sexbook recomienda *Brujería y contracultura gay*, de Arthur Evans, un libro de culto que nos acerca a la historia de Juana de Arco como disidente de género.

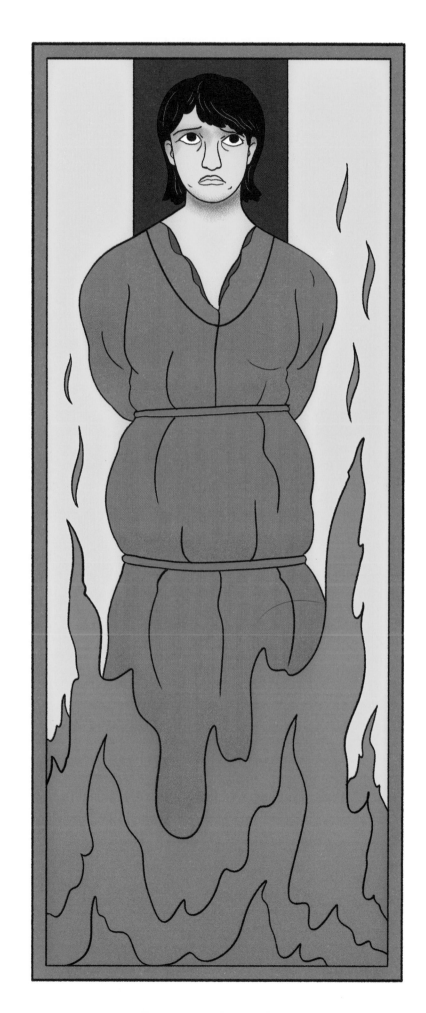

Sodomía: el pecado que no se debe mencionar entre los cristianos

El pecado de sodomía constituyó una complicada maquinaria de difamación y tortura que, aunque tardó en ponerse en marcha, demostró ser muy eficaz. Proveniente del pasaje de la destrucción de Sodoma y Gomorra (Génesis 18 y 19), originalmente la sodomía hacía referencia a un pecado mezcla de avaricia, lujo y falta de hospitalidad. A partir de san Agustín (354-430), su significado se fue sexualizando. En líneas generales, no se produce una persecución sistemática de la sodomía hasta bien entrado el siglo XII. Esto no significa que antes no existieran legislaciones contra los homosexuales —como la visigótica de 654—, sino que estas casi no se aplicaban. Tampoco significa que el sexo homosexual fuera desconocido, ya que existían numerosas noticias sobre prácticas sodomíticas en la Iglesia. Pese a los furibundos ataques de autores como san Pedro Damián en su *Liber Gomorrhianus* (1051), que denunció la molicie homosexual del clero, el papado creía que

tales proclamas eran exageraciones y que la mera enunciación del pecado ayudaba a propagarlo. La Iglesia estaba más centrada en vigilar el sexo heterosexual, pues por medio de él se tenían vástagos y estos heredaban los territorios, pilar del poder feudal.

A partir del siglo XII, el mecanismo represor de la sodomía se pone en marcha. El poder temporal (la realeza y los señores feudales) y el espiritual (el papado) se alían para homogeneizar la sociedad bajo su autoridad. Las leyes civiles se inspiran en las divinas, y se empieza a castigar la diferencia sexual o religiosa. Así, la acusación de sodomía aparece vinculada a sectores de la población considerados herejes —como los cátaros o los templarios, en cuya violenta persecución se utilizó este pecado—, los usureros —fue aplicado también a los judíos— o los enemigos religiosos —como los musulmanes—. Un ejemplo de esto último lo encontramos en la historia de san Pelayo, un niño cordobés que se resistió a los avances sexuales

del califa Abderramán III hasta su martirio. A estos factores se suma uno muy grave: la crisis demográfica debida a las oleadas de pestes que sufre Europa durante el siglo XIV, que impone la importancia del sexo reproductivo. En ese sentido, el teólogo Pierre le Chantre (Petrus Cantor), en su *Verbum abbreviatum*, explica que los sodomitas deshacen la obra de Dios al impedir la multiplicación de los hombres.

El pecado de sodomía era muy útil como arma arrojadiza, porque estaba revestido de suma gravedad pero de poca definición. Los penitenciales, libros en los que se indicaban las penas correspondientes a cada pecado, señalaban la sodomía como un pecado amplio en el que se incluía todo tipo de sexo no reproductivo, ya fuera hetero u homosexual. Según una clasificación de santo Tomás de Aquino (1225-1274), la sodomía estaría compuesta por tres niveles: el primero de ellos eran las molicies, que serían la masturbación, los tocamientos, el sexo oral y la penetración entre las piernas (interfemoral); estos actos raramente eran castigados. El segundo nivel era el de la sodomía, que haría referencia a la penetración anal, ya fuera tanto en el sexo heterosexual como en el homosexual; en la época moderna, la penetración anal entre hombres era llamada «sodomía perfecta», frente al sexo lésbico, definido como «imperfecto». Finalmente, encontraríamos el bestialismo o sexo con seres no humanos, como súcubos o íncubos (el demonio como el último depredador sexual). Este tipo de categorización, que se estableció como canónica, ha hecho señalar que lo importante del pecado de la sodomía eran los actos —el tipo de sexo que se practicaba—, no quienes los practicaban. A pesar de esto, en muchas de las condenas desde la Iglesia católica costaba diferenciar la denuncia del pecado de la del pecador, y en el siglo XIII el papa Gregorio IX describía a los homosexuales como «abominables despreciados por el mundo y espantosos para el concilio divino».

De amantes corteses y gentiles y mujeres angélicas

Seguro que alguna vez te has referido a alguien como tu «amor platónico». La novia de tu primo, el dependiente de esa gasolinera en la que siempre procuras parar, tu profesora de piano. Hoy entendemos por platónico el amor imposible, alimentado por la fantasía y la frustración. El verdadero amor platónico, sin embargo, el que se extrae de los textos de Platón, es algo más trascendental, que llega a olvidar lo sexual y acaba convirtiendo a quien lo vive en alguien más sabio. Gracias a ese amor, uno —no usamos el masculino porque sí— pasaría de la apreciación de la belleza física —de decir «¡Uau, está cañón!»— a ser capaz de ver esta en el resto de las cosas, y luego a ser sensible a la belleza espiritual, y finalmente a la de todo lo que es bueno en el mundo. El amor sería un pasaporte hacia el crecimiento personal. Esa idea es la que en la Edad Media acaba configurando el primer modelo de seudoamor romántico que hoy conocemos como «amor cortés».

Este es una rama de la literatura medieval, de origen francés, que al principio tiene una naturaleza bastante más erótica de lo esperable. En el siglo XI, cuando los matrimonios son concertados y la atracción sexual no se tiene en cuenta, estos textos nos hablan de pasión carnal, de adulterio: el amor cortés es un amor prohibido, que, además, reproduce la fórmula de vasallaje medieval, basado en la lealtad. Si en el vasallaje hay un noble que rinde servicios a su señor, en el amor cortés el enamorado considera a la dama su señora, a la que rinde pleitesía. Aunque de momento se limita a ficción literaria, el amor no impuesto comienza a estar sobre la mesa. Hay quien vería en el amor cortés una apreciación más igualitaria de la mujer, pero el poder concedido a esta es siempre imaginario, onírico, sin consecuencias sociales. Su existencia, de hecho, no tendría un peso por sí misma: serviría para modelar el carácter del varón y enseñarle los valores de contención, paciencia y lealtad, que luego le servirían en su vida.

Pese a que el papel social de la mujer no mejora gracias al amor cortés, sí comienza a flotar en el ambiente el asunto del consentimiento; ya en el siglo XII el papa Alejandro III establece que el de ambas partes es esencial para que un matrimonio sea válido, aunque durante siglos (y hasta en la actualidad) las mujeres se verán sometidas a las decisiones paternas.

Este sometimiento ficcionado del varón a la mujer y al amor puro continúa en el siglo XIII: los poetas del *dolce stil nuovo* —Guido Cavalcanti, Guido Guinizelli y Dante Alighieri— cantan al amor verdadero —al que denominan «gentil»—, purificador y no condicionado por la conveniencia, e intentan vivirlo en sus propias carnes. Cavalcanti y Guinizelli fundan la escuela de los *fedeli d'Amore* y celebran las virtudes de la llamada «mujer angélica», que aúna belleza física y pureza espiritual, cuyo *summum* es la Beatriz de Dante. La pasión de este último por la joven, a la que ve por primera vez cuando ella tiene nueve años —ojo—, y camina por una plaza junto a su padre, se retroalimenta hasta que vuelven a coincidir, pasados nada menos que nueve años. Así habla Dante de ella, «la gloriosa señora» de sus pensamientos, en un soneto incluido en su *Vida nueva*: «Ella se aleja, oyéndose alabada, / benignamente de humildad vestida, / y da la sensación de haber venido / desde el cielo, a manera de un milagro». Es el germen del amor a primera vista, del flechazo, de un amor basado en la nada y que, sin embargo, en su apasionamiento, a todo se impone. Huelga decir que el asunto sigue trayendo cola y que hoy distintos estudios se esfuerzan en desmontar el mito del amor romántico y en proponer relaciones más equilibradas, de compañerismo, basadas en el conocimiento y la confianza en el otro. Ahí es nada.

Pese a que el papel social de la mujer no mejora gracias al amor cortés, sí comienza a flotar en el ambiente el asunto del consentimiento.

SIGLOS XV-XVI

1400

1415 San Vicente Ferrer, en un contexto de delicada convivencia sexual entre las distintas religiones en España, predica en Zaragoza y habla sobre el trato carnal con personas de otros credos. Los cristianos «quieren probar de todo: musulmanas, judías, animales, hombres con hombres, no hay límites», se queja el predicador. Muy angustiado por el adulterio y la descendencia provocada por estas relaciones entre religiones, expuso que muchos hombres creen que sus hijos son suyos cuando, en realidad, los padres son «musulmanes o judíos». Esta predicación generó un pánico sexual en Zaragoza, hasta el punto de que originó la creación de patrullas para cazar a «infieles» susceptibles de entrar en contacto con mujeres cristianas.

1432 Bajo el influjo de oradores como san Bernardino de Siena, se crea en Florencia un tribunal específico de persecución de la homosexualidad: los *ufficiali di notte*. El modo de denuncia (anónimo o mediante espías) y las penas medianas que recibían los condenados como multas hacen que este tribunal se convierta en una maquinaria de difamación: caen en ella desde miembros de la nobleza hasta el propio Leonardo da Vinci, al que se acusa de mantener una relación con su aprendiz, Jacopo Saltarelli, en 1476. Tanta es la fama de la ciudad que en los estados germanos a los sodomitas se les llama *florenzers*.

1522

Martín Lutero redacta el *Sermón acerca del estado matrimonial*, que sienta las bases de la sexualidad de la reforma protestante. Martín Lutero califica al Papa católico como «la gran prostituta de Babilonia», señala al Vaticano como una tierra de excesos sexuales y dedica una enorme energía a atacar el celibato de los miembros de la Iglesia. Para Lutero, el deseo, concebido como heterosexual, era una necesidad que se debía satisfacer, pero siempre de manera adecuada, esto es, dentro del matrimonio y sin caer en el descontrol. Frente a la vigilancia de Dios o el párroco, van a ser la comunidad y los vecinos los que vigilen la moral colectiva en los territorios protestantes.

1527 La expansión de la imprenta está ligada también al nacimiento de la primera pornografía. En 1527, el grabador Marcantonio Raimondi ilustra unos sonetos «lujuriosos» de Pietro Aretino (*I Modi*), que darán nombre a las diferentes posturas del acto sexual. Más de un siglo después, en 1655, se publica en París la primera obra moderna considerada pornográfica, *L'Escole [École] des filles ou la Philosophie des dames*, del impresor parisino Louis Piot. La obra, sin ilustraciones, tenía en la portada la figura de una mujer vendiendo dildos.

1536 Enrique VIII, que había fundado su propia Iglesia para poder casarse con Ana Bolena, se encapricha de Juana Seymour, doncella de la corte. Para quitar de en medio a su esposa, Enrique VIII se une al fervor de la caza de brujas. En el caso de Ana, las acusaciones de brujería se mezclan con las de una sexualidad desatada y manipuladora: se la culpa de haber usado la brujería para convertir a Enrique en su esposo, de tener relaciones adúlteras con cinco hombres y de cometer incesto con su hermano Jorge. Ana, Jorge Bolena y el resto de los supuestos amantes son decapitados, y el rey se desposa con Juana. Seis años más tarde (1542) firma la Witchcraft Act, que castiga la brujería con la pena de muerte.

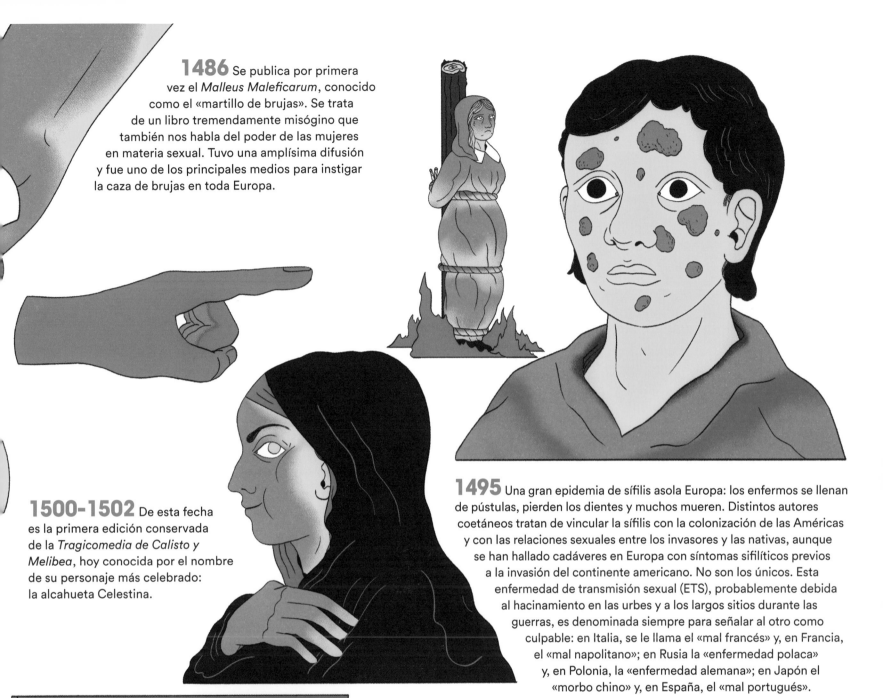

1486 Se publica por primera vez el *Malleus Maleficarum*, conocido como el «martillo de brujas». Se trata de un libro tremendamente misógino que también nos habla del poder de las mujeres en materia sexual. Tuvo una amplísima difusión y fue uno de los principales medios para instigar la caza de brujas en toda Europa.

1500-1502 De esta fecha es la primera edición conservada de la *Tragicomedia de Calisto y Melibea*, hoy conocida por el nombre de su personaje más celebrado: la alcahueta Celestina.

1495 Una gran epidemia de sífilis asola Europa: los enfermos se llenan de pústulas, pierden los dientes y muchos mueren. Distintos autores coetáneos tratan de vincular la sífilis con la colonización de las Américas y con las relaciones sexuales entre los invasores y las nativas, aunque se han hallado cadáveres en Europa con síntomas sifilíticos previos a la invasión del continente americano. No son los únicos. Esta enfermedad de transmisión sexual (ETS), probablemente debida al hacinamiento en las urbes y a los largos sitios durante las guerras, es denominada siempre para señalar al otro como culpable: en Italia, se le llama el «mal francés» y, en Francia, el «mal napolitano»; en Rusia la «enfermedad polaca» y, en Polonia, la «enfermedad alemana»; en Japón el «morbo chino» y, en España, el «mal portugués».

1597 Primera edición de *Romeo y Julieta*, de William Shakespeare, obra culmen del amor trágico y arquetipo de los *star-crossed lovers*, amantes cuya pasión está destinada a la fatalidad.

1566 El humanista Henri Estienne utiliza por primera vez en su *Apologie pour Herodoto* una palabra clásica para referirse a las lesbianas: *tríbada* (*tribade*).

1599

De 1400 a 1599

Cómo castrar mágicamente a un hombre

Según la folclorista Moira Smith, aunque el *Malleus Maleficarum* (la principal herramienta para acabar con las brujas, escrito por el dominico alemán Heinrich Kramer) no inventó el odio hacia las mujeres, sí que convirtió la brujería en un delito femenino. En el *Maleficarum*, estas mujeres sabias son acusadas sobre todo de injerirse en la vida sexual o marital de sus vecinos, y estar especializadas en sortilegios destinados a acabar con la pasión y causar esterilidad, abortos y disfunciones sexuales, que si eran repentinas se achacaban a la brujería.

Los libros sobre brujería se suelen detener en los poderes de las brujas para dejar impotentes a los hombres, enfriando su deseo y evitando la erección o la eyaculación con un hechizo de ligadura, en el que la bruja hacía varios nudos en una cuerda recitando determinadas palabras mágicas. La impotencia era importante por ser un motivo de disolución del matrimonio por la Iglesia, y no pocos hombres la fingían para librarse de él. Este hechizo podría reducir el tamaño del pene, y es recogido en el *Malleus Maleficarum* a través de tres historias que remiten al robo físico y literal del pene por parte de las brujas. Kramer, por ejemplo, recoge el relato de un hombre al que unas brujas robaron el miembro para ponerlo en un nido junto a otros penes a los que alimentaban con avena. Cuando el hombre fue a reclamarlo, las brujas le dijeron que subiera al árbol y que cogiera su pene: el hombre, en lugar de obedecer, decidió tomar el más grande, y las mujeres le instaron a dejarlo «porque era del párroco». Este chiste, en un libro macabro, entra dentro de una tradición cultural —en la época romana abundaban los dibujos de penes alados y en las ilustraciones medievales, los árboles con pollas— que no solo provocaba risas, sino que también tenía consecuencias que podían llegar a ser graves; en agosto de 1590, dos mujeres, Jonett Grant y Jonett Clark fueron quemadas vivas en Edimburgo acusadas, entre otros cargos, de provocar gatillazos y robar penes.

La figura de la alcahueta: de la sabiduría popular y amorosa a las malas artes y la brujería

La *Tragicomedia de Calisto y Melibea* ha mantenido la figura de la alcahueta dentro del imaginario popular como facilitadora de relaciones amorosas y sexuales. Sin embargo, Celestina, la vieja que ayuda a Calisto a conseguir el amor de Melibea, no es la primera alcahueta de la literatura: célebre es Trotaconventos, la alcahueta del *Libro de buen amor* (siglo XIV), del Arcipreste de Hita, que ayuda a su cliente, un monje lleno de deseos carnales, a conseguir los favores de varias amantes. Según la estudiosa Claudia Isabel Sánchez, desde el siglo XV estas mediadoras dejan de ser mujeres conocedoras de la sociedad, sus gentes y entresijos, y se convierten en viejas avariciosas que se sirven de artimañas y engaños. Adquieren así un perfil reprobable y se mueven entre el proxenetismo, la picaresca y hasta la brujería (Celestina consigue el amor de Melibea hacia Calisto con hechizos y pócimas). Esta caracterización negativa aparece también en poemas como la *Carajicomedia* (siglo XVI), que, con un lenguaje sexual y burlesco, nos cuenta las andanzas de Diego Fajardo, un anciano que va de prostíbulo en prostíbulo buscando a quien cure su impotencia. Esta es la única obra en la que la alcahueta sale triunfante, pues, gracias a su mediación, Diego Fajardo recupera su vigor. En la *Carajicomedia* también se identifica el alcahuetismo con la prostitución: mientras la alcahueta era joven, se dedicó a vender sus favores, y una vez es vieja, a conseguir los de otras, asumiendo además un papel cercano al de la hechicera. En este fragmento del poema observamos confluir estas tres características (prostitución, alcahuetismo y brujería) de forma explícita: «Pues tres oficios cada cual resalta: / alcahueterías y hoder [joder], que no falta, / y hechizos crüeles que usan hazer». La caracterización de la alcahueta como puta, cotilla y bruja habla de la misoginia histórica en torno a la mujer y el miedo a su capacidad para la oralidad y el entendimiento de la psicología ajena, al control sobre su propio cuerpo y a sus saberes no científicos.

De tríbadas y epístolas nobles

Durante estos siglos, la persecución del lesbianismo fue menor que la de los hombres homosexuales, pero también su presencia cultural. A pesar de ello, encontramos representaciones lésbicas en las obras inspiradas en la mitología clásica, como la de Diana seduciendo a Calisto, en la que Júpiter adopta forma femenina, así como en la exaltación de la amistad femenina en las cartas de las mujeres nobles y letradas. Un sector social que tenía acceso a la educación clásica. Obviamente, se suponía que esas amistades eran castas y platónicas, como las de la poeta inglesa Katherine Phillips (1632-1664), que formó la femenina Sociedad de la Amistad y que escribió a una amiga: «Ni guirnaldas de esposos ni guerreros / Pueden compararse a la mía / Ellos poseen solo un pedazo de la tierra / Yo en ti tengo el mundo entero».

Aunque el término *lesbiana* aparece por primera vez en francés en la obra *Dames galantes,* de Pierre de Brantôme (1540-1614), su uso no se extiende hasta bien entrado el siglo XIX. Hasta ese momento, la forma más común para referirse al sexo entre mujeres y a quienes lo practican va a ser *tribadismo* o *tríbada*, que es considerado un insulto o una palabra obscena. El término proviene del griego y significa «frotarse», en referencia a una mujer que utiliza un dildo sobre sí misma u otra persona. Así, el tribadismo se asocia a una sexualidad fálica en las mujeres y, especialmente, al potencial erótico del clítoris, que en estas mujeres se imagina como un órgano muy alargado, con el que se puede penetrar. *Tríbada* trasciende las fronteras y los viajeros de la modernidad hablan de la presencia de tríbadas en Turquía, en África y en otros países no cristianos. En Occidente se crea una identidad erótica en torno al término, que aparece en la naciente pornografía y que culmina en casos más destacados, como, por ejemplo, las acusaciones de lesbianismo contra María Antonieta. Con el paso del tiempo, la palabra se relacionará más con la práctica —la de frotarse— que con un desarrollo físico del clítoris.

Romeo y Julieta y los *star-crossed lovers* (amantes con mala estrella)

No es el primer ejemplo de amor trágico y, desde luego, no será el último. Desde el inicio de nuestra era hallamos casos de amantes suicidas: los primeros son Píramo y Tisbe, a los que ya menciona el autor latino Higino (64 a. n. e. - 17 d. n. e.) en sus *Fábulas*. Morir por amor es un vicio antiguo. Cuando Ovidio desarrolla los personajes iniciales de Higino, genera las pautas trágicas de los *star-crossed lovers*: Píramo y Tisbe viven en casas vecinas, pero sus padres, enfrentados, no les dejan relacionarse. Ellos se pasan notitas de amor a través de una fisura en el muro hasta que un día deciden fugarse, pero la cosa acaba mal y Píramo, pensando que su amada Tisbe ha sido devorada por un león, se mata con un puñal. Familiar, ¿cierto? La historia pasa de autor en autor hasta que Shakespeare le da la forma que todos conocemos, con sede en Verona y el odio enquistado entre los Montesco y los Capuleto. Como suele ocurrir entre los *star-crossed lovers*, Romeo y Julieta no llegan a consumar su pasión, aunque el guion está plagado de alusiones al sexo: «Si al tocar este sagrado templo con mi indigna mano / Cometo un pecado, y lo profano», dice Romeo sobre su amada en una sentida metáfora religiosa. Y la nodriza de Julieta, menos templada, advierte en el acto II: «Hay un noble en la ciudad, un tal Paris, que está dispuesto a abordar el barco a cuchillo limpio». La identificación entre el cuchillo y el miembro viril se repite de forma constante, tanto es así que el suicidio de Julieta con la daga de Romeo puede entenderse como la consumación física —trágica en este caso— de su pasión: «¡Oh, feliz daga! Este es tu filo. Corróeme entonces, y déjame morir». Para acabar de asentar este amor platónico* como culmen de las aspiraciones románticas en las mentes de jóvenes y adolescentes, Baz Luhrmann adaptó la obra al cine en 1996, eligiendo para su Romeo a... Leonardo DiCaprio. El festín del amor trágico está servido, queridas. Como poco, dará acidez.

* *Platónico* en su acepción actual y vulgarmente aceptada: un amor inalcanzable, inconsumable, no sometido al desgaste del tiempo.

Una historia de violencia: la mujer como objeto sexual en la invasión de Abya Yala (América)

En 1492, varios barcos españoles y portugueses que buscan una ruta alternativa hasta la India alcanzan una tierra hasta entonces desconocida por Europa. Se trata de Abya Yala —nombre aceptado por varias de las actuales naciones indígenas para designar al continente hoy conocido como «americano»—. Aunque pronto se redactan leyes para impedir la esclavitud de los nativos, los exploradores enseguida se convierten en invasores y los invasores, en esclavistas y violadores. Y es que los recién llegados vienen de la tierra de la Inquisición y de las guerras contra «los infieles», y viven inmersos en la religión y la represión, con una idea del cuerpo y el sexo como pecaminosos. En su llegada al continente, los invasores se topan con la mujer indígena, «la Otra», que camina medio desnuda, alejada de la represora castidad europea. La indígena va a convertirse pronto en territorio de conquista, y la invasión del continente, en un acto de virilidad blanca. Ya con los primeros hombres asentados en la

isla de La Española se inicia este proceso de violencia sexual. El cronista Gonzalo Fernández de Oviedo lo narra así: «Tomaban [a los indígenas] las mujeres y usaban de ellas a su voluntad». Según el académico Abel Posse, y haciendo un paralelismo entre la leyenda de El Dorado y la violencia sexual: «El otro oro fueron los cuerpos». Hay que decir que la consideración de la mujer como algo que poseer no llega con los invasores, aunque en ocasiones desde la actualidad se pretendan idealizar los tiempos precolombinos: según el especialista Guillaume Candela, los caciques las acumulaban como símbolo de poder y fueron muchos los que, para congraciarse con los conquistadores, les entregaron mujeres como ofrenda (tal fue el caso de la famosa Malinche). Esta era una costumbre usual y que esperaba algo a cambio, aunque en este caso la «generosidad» no fue recíproca. Por medio del secuestro y el obsequio, los conquistadores llegaron a disponer de auténticos harenes, de los que el reli-

gioso Luis Morales hablaba así: «Tienen escondidas las indias sobre diez llaves. [...] Las tienen en hierros y las azotan y trasquilan para que hagan su voluntad, y como todos son de la misma opinión se tapa y disimula todo». En 1530, el capellán González Panigua se quejaba al Consejo de Indias de la vida licenciosa que los conquistadores llevaban en Asunción (Paraguay), zona a la que las autoridades religiosas españolas denominaron «el Paraíso de Mahoma» por la cantidad de mujeres de las que se rodeaban los blancos: «El que tiene ocho [mujeres] es porque no puede tener dieciséis». A la misoginia inherente del europeo conquistador se sumó la fetichización de las nativas, que se asimilaron como sexuales, salvajes y libidinosas. Una dicotomía en la que la otra cara de la moneda sería la mujer blanca, tapada y

Por medio del secuestro y el obsequio, los conquistadores llegaron a disponer de auténticos harenes.

casta, cuya naturaleza sexual se negaba. Los invasores construyeron sobre los cuerpos de las indígenas una suerte de utopía sexual sobre la que dibujar sus anhelos eróticos. Según la estudiosa Anne McClintock: «América se había convertido en una especie de pornotrópico para la imaginación europea, una linterna mágica en la que proyectaban sus miedos y deseos reprimidos». Las masacres generalizadas de indígenas y el secuestro de las mujeres nativas, sumadas a la entrada de enfermedades nuevas, llevó al derrumbe demográfico de los pueblos indígenas, en un proceso que la Cumbre Continental de los Pueblos y Nacionalidades Indígenas de Abya Yala calificó de genocidio. Aún hoy, numerosas calles, plazas y universidades europeas honran la memoria de sus instigadores.

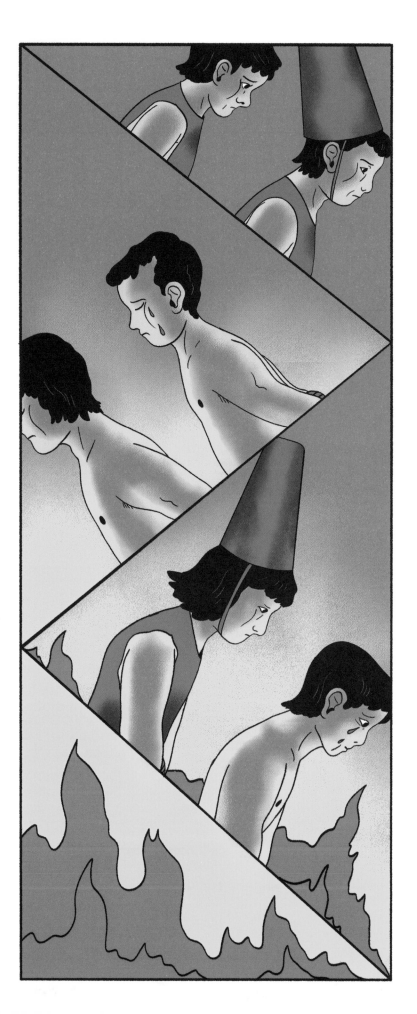

Los siglos del terror homosexual

Corría noviembre de 1625 y la ciudad de Valencia se estremecía por el olor a muerte. Doce hombres habían sido condenados a la hoguera y recorrían las calles vestidos con un sambenito morado, un capirote y unos collares rojizos sobre los que colgaba el cartel de «Sodomita». La gente se agolpaba en los alrededores del quemadero en el que iban a ser ajusticiados en un acto que se alargaría unas siete horas. Muchas de las miradas se concentraban en Nicolás González, un prostituto adolescente que, tras haber sido denunciado por seis de sus clientes, fue torturado hasta que dio el nombre de otros sesenta hombres, una docena de los cuales fueron condenados a la hoguera. La mayoría eran esclavos o extranjeros que fueron condenados en un proceso llamado de «relajación»: como la Inquisición era un tribunal eclesiástico que no podía dictar sentencia de muerte, este entregaba a los presos a una audiencia secular —los relajaba— con un auto de fe que muchas veces incluía como parte del castigo una procesión que podía ser sobria o insultante. Es el caso del africano Mayuca, que fue condenado en Sevilla por sodomía y obligado a pasear con una peluca engalanada y dos efebos. Días después del auto se cumplía la pena, que culminaba un proceso que en los casos de sodomía alcanzaba los seis meses de media.

Los siglos de la modernidad fueron también los de las persecuciones brutales de los homosexuales, sobre todo en España, con una fuerte alianza entre el poder temporal y el espiritual. En 1478 el papa Sixto IV crea la nueva Inquisición española a petición de los Reyes Católicos, que es utilizada tanto para perseguir minorías como para controlar políticamente el país (la Inquisición valenciana tenía un total de mil seiscientos informantes). En 1524 el papa Clemente VII otorga a la Inquisición de la Corona de Aragón la capacidad exclusiva de perseguir la sodomía, alegando el peligro de «contagio pútrido» por parte de los moriscos y estableciendo una fuerte relación entre xenofobia y homofobia. Los reinados de Carlos V (1517-1556) y Felipe II (1556-1598) refuerzan este tipo de persecución en un momento en el que el concilio de Trento (1545-1563) asienta la figura del matrimonio cristiano como correa de transmisión de la fe y azote de la diferencia. Los números son escalofriantes: entre 1570 y 1630 unos cuatrocientos hombres fueron juzgados por sodomía en la Corona de Aragón, y setenta de ellos fueron ajusticiados, lo que superaba el número de los condenados por herejía. Una verdadera estrategia del terror en la que se llevaron a cabo cuarenta y cuatro mil juicios por parte de la Inquisición española hasta 1700, aplicando penas que iban desde la apropiación de bienes del denunciado hasta las amputaciones o la muerte, sin olvidar las recompensas a los delatores.

En estos procesos y en los textos de confesores como los de Pedro de León de la Cárcel Real de Sevilla, podemos reconocer la presencia de camarillas de sodomitas en Sevilla, y gracias a los documentos de la Inquisición valenciana, tenemos noticias de Pedro Pizarro, juzgado en 1572, conocido por sus formas femeninas y por su apodo, la Pizarra, elementos que señalan la presencia de las primeras subculturas homosexuales. Del mismo modo, el especialista Umberto Grassi ha estudiado el caso de dos aprendices de panaderos de Valencia, Nofre Masquero y Salvador Villalobos, que fueron denunciados por sus dueños por llamarse «marido y mujer» y mantener relaciones sexuales en la cama que compartían.

Aunque ciudades italianas como Venecia y Florencia o países como Portugal tuvieron sus propios tribunales y muchas de esas persecuciones mostraron elementos comunes, como ser incentivadas por miedo a las inundaciones, las pestes o los desastres naturales (como el rayo que destrozó la cúpula de Florencia), el número de víctimas y la brutalidad de las cazas de homosexuales en la España contrarreformista no tiene parangón.

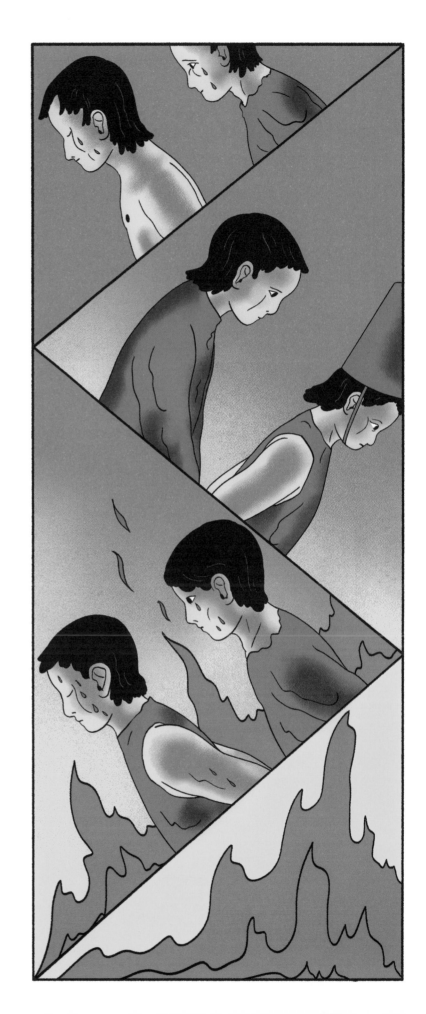

La extraordinaria vida de Eleno de Céspedes y otros rebeldes del género

Mulato, hijo de una mujer subsahariana esclavizada y su patrón cristiano, y asignado como mujer al nacer: así llega al mundo Eleno de Céspedes, en la Granada del siglo XVI. Su padre, un cristiano llamado Benito de Medina, le otorgó la libertad a los ocho años de edad y lo bautizó con el nombre de Elena. A los dieciséis años se desposó brevemente con un albañil de Jaén, en una relación que duró tres meses, pero de la que quedó embarazado. Según su propio relato, fue durante los esfuerzos del nacimiento de su hijo, Cristóbal, que su sexo mutó: se rompió «la piel sobre el canal urinario y una cabeza del tamaño de un dedo gordo salió». Desde entonces, y como varón, se dedicó a una vida aventurera y licenciosa. Ejerció de sastre, fue soldado de Felipe II durante los levantamientos moriscos de las Alpujarras y, finalmente, tomó el oficio que le daría fama: el de cirujano.

Céspedes se marchó a Madrid, donde trabó amistad con el médico valenciano que sería su maestro, y se convirtió en un reconocido cirujano cuya fama llegó hasta la corte. Después de ser denunciado por intrusismo laboral, fue capaz, sin casi haber recibido educación, de examinarse y obtener los permisos para realizar sangrados, purgar y operar, firmando sus documentos como Eleno de Céspedes. En 1585, y según posteriores declaraciones a la Inquisición, decide casarse con María del Caño y supera las investigaciones sobre su sexo ordenadas por el párroco de Yepes. La felicidad, sin embargo, dura poco: unos lugareños de Ocaña que fueron soldados en las Alpujarras lo reconocen y denuncian, y se abre un proceso en el que se acaba implicando la Inquisición de Toledo debido a lo inaudito del caso: un mulato transgénero. Los reconocimientos vejatorios a los que es sometido duran más de dos años (1587-1589) y, finalmente, el tribunal decide no considerarlo ni mujer ni hermafrodita y le acusa de sodomía, de disfrazarse de hombre y, el delito más grave, de «sentir

mal» el sacramento del matrimonio, quedando probado que «como hombre ha tratado y comunicado carnalmente con muchas mujeres». La condena son doscientos latigazos y la lectura de un pregón público, en el que se advierte a las mujeres sobre «las burladoras» que utilizan trucos, como pieles de oveja, para simular penes. Junto con los latigazos se le condenó a ejercer gratuitamente como cirujano en el hospital de Toledo, pero el director del hospital acabó pidiendo su traslado debido al alto número de curiosos que acudían a observarlo. Desde ese momento, se le pierde la pista.

La Edad Moderna cuenta con cientos de historias similares: está Catharina Margaretha Linck, que, a su fluidez sexual, sumó la religiosa en un momento en el que Europa estaba sumida en guerras de fe, y que fue ajusticiada en 1721 tras confesar que utilizaba como pene un postizo realizado con piel de cerdo; también Catterina Vizzani, que tras toda una vida como hombre seductor confesó, al ser herido mortalmente en un duelo, ser mujer y virgen, lo que convirtió su funeral en un acto multitudinario para pedir su beatificación. Todas estas personas, según el especialista Jason Cromwell, coinciden en que transitaron hacia la masculinidad por tres motivos, en función de los cuales podemos leer sus historias: por necesidades económicas y hambre de aventuras (una reivindicación feminista de las capacidades de las mujeres), para explorar su deseo y amor hacia las mujeres (una colección de historias lésbicas) o para vivir como los hombres que sentían que eran (historias de vida *trans*). La fama de estos casos, en los que la historia lésbica y la *trans* se solapan, nos habla tanto del nacimiento del individualismo dentro de la época moderna como de las ansiedades que provoca la usurpación del privilegio masculino: la vida de estas personas desestabiliza unas relaciones de poder de género profundamente arraigadas en nuestra sociedad.

SIGLOS XVII-XVIII

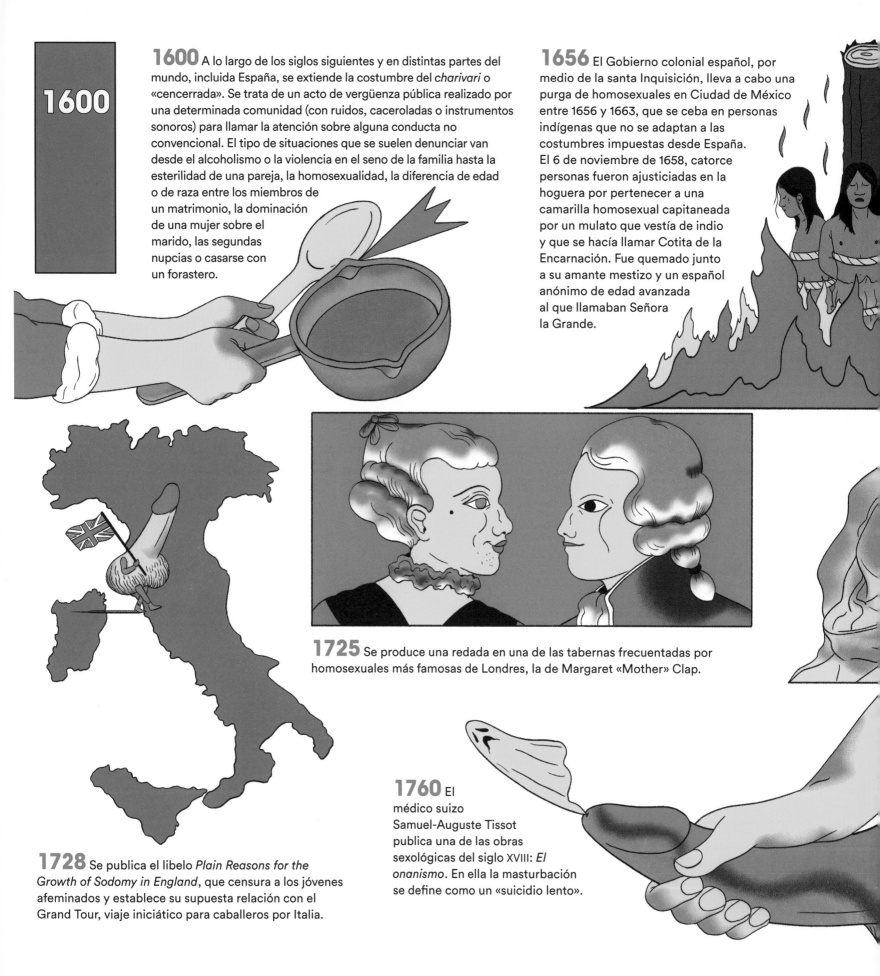

1600 A lo largo de los siglos siguientes y en distintas partes del mundo, incluida España, se extiende la costumbre del *charivari* o «cencerrada». Se trata de un acto de vergüenza pública realizado por una determinada comunidad (con ruidos, caceroladas o instrumentos sonoros) para llamar la atención sobre alguna conducta no convencional. El tipo de situaciones que se suelen denunciar van desde el alcoholismo o la violencia en el seno de la familia hasta la esterilidad de una pareja, la homosexualidad, la diferencia de edad o de raza entre los miembros de un matrimonio, la dominación de una mujer sobre el marido, las segundas nupcias o casarse con un forastero.

1656 El Gobierno colonial español, por medio de la santa Inquisición, lleva a cabo una purga de homosexuales en Ciudad de México entre 1656 y 1663, que se ceba en personas indígenas que no se adaptan a las costumbres impuestas desde España. El 6 de noviembre de 1658, catorce personas fueron ajusticiadas en la hoguera por pertenecer a una camarilla homosexual capitaneada por un mulato que vestía de indio y que se hacía llamar Cotita de la Encarnación. Fue quemado junto a su amante mestizo y un español anónimo de edad avanzada al que llamaban Señora la Grande.

1725 Se produce una redada en una de las tabernas frecuentadas por homosexuales más famosas de Londres, la de Margaret «Mother» Clap.

1728 Se publica el libelo *Plain Reasons for the Growth of Sodomy in England*, que censura a los jóvenes afeminados y establece su supuesta relación con el Grand Tour, viaje iniciático para caballeros por Italia.

1760 El médico suizo Samuel-Auguste Tissot publica una de las obras sexológicas del siglo XVIII: *El onanismo*. En ella la masturbación se define como un «suicidio lento».

1662 El estado de Virginia determina por ley que solo los niños nacidos de madre libre pueden ser tenidos por libres. Esta ley, según la historiadora Rachel A. Feinstein, incentiva la violación de mujeres africanas esclavizadas en las plantaciones por parte de los dueños, pues exime a estos de la responsabilidad sobre los nacimientos que se pudieran derivar de dicho delito; además, hace aumentar el número de esclavos en propiedad. Según esta autora, la violencia sexual hacia las mujeres esclavizadas era una práctica común y libre de castigo: si un hombre blanco violaba a una mujer blanca, la pena podía ser de diez a veinte años, mientras que forzar sexualmente a una mujer esclavizada negra no estaba penado.

1647 Bernini empieza a esculpir una de sus grandes obras, *El éxtasis de santa Teresa*, una muestra de la sensualidad alcanzada por las imágenes del Barroco. La santa, con la boca entreabierta y en pleno arrebato místico, aparece echada junto a un ángel que está a punto de atravesar su corazón con una flecha: «Este me parecía meter por el corazón algunas veces, y que me llegaba a las entrañas: al sacarle me parecía las llevaba consigo y me dejaba toda abrasada en amor grande de Dios. Era tan grande el dolor que me hacía dar aquellos quejidos». El de santa Teresa es el caso más evidente de éxtasis religioso como sublimación sexual y experiencia orgásmica.

1630 De esta fecha es la copia más antigua conservada de *El burlador de Sevilla y convidado de piedra*, de Tirso de Molina, protagonizada por el primer ejemplo arquetípico de don Juan. Este noble sevillano, después de causar el caos al deshonrar a decenas de mujeres, muere a manos del padre de una de ellas y es arrastrado a los infiernos. Osado seductor, irresponsable, narcisista, pecador, misógino, ególatra insatisfecho... La actitud libertina y seductora del personaje, denominada «donjuanismo», ha inspirado óperas, libros, películas y ensayos, y ha pasado al imaginario colectivo.

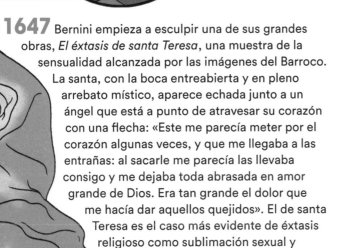

1784 Se publica en Francia el libelo *Apologie de la secte Anandryne*, en el que la actriz Françoise Raucourt, de la Comédie Française, explica los procedimientos para entrar en la supuesta secta lésbica de las anadrinas (sin hombres). En los años previos y posteriores al inicio de la Revolución francesa (1789) empiezan a circular panfletos falsos sobre esotéricas sectas lésbicas con oscuras intenciones políticas, formadas solo por mujeres de la nobleza o de alto rango, con títulos como *Anandria o Confessions de Mademoiselle Sapho* (1784), o *La Jolie Tribade ou Confessions d'une jeune fille* (1797), así como otros sobre la ninfomanía y el lesbianismo de María Antonieta, como *Fureurs uterines de Marie-Antoinette* (1791). Estos textos inauguran una nueva etapa de la pornografía política y misógina.

1798 Se publica *Memoirs of the Author of A Vindication of the Rights of Woman*, la biografía de Mary Wollstonecraft escrita por su viudo (William Godwin), que causa un gran revuelo debido a la «escandalosa» intimidad de la escritora.

1799

De 1600 a 1799

Breve historia de la masturbación y sus peligros

Según la cosmogonía egipcia, el Nilo empezó con una paja. Fue gracias al dios Atum: este se masturbó y, con su eyaculación, creó sus aguas. Había comenzado la historia mítica de la masturbación. Para los primeros médicos, como Galeno (siglo II), expulsar el exceso de líquido seminal era necesario para el buen funcionamiento del cuerpo, y, para mejorar su fertilidad, se recomendaba a las mujeres que se masturbaran. El auge del cristianismo supuso un giro: Dios había creado la semilla para procrear, no para tirarla por los suelos, como el bíblico Onán. San Agustín (siglos IV-V) recomendaba la prostitución antes que la masturbación y, finalmente, en 1054, el papa León IX declaraba la masturbación pecado. Con la llegada de la modernidad y la desacralización del mundo se producen las primeras crónicas masturbatorias, como los diarios del poeta William Drummond, que recogen todas las veces en las que se la peló entre 1657-1659, utilizando la palabra *fatal*: «Hice el fatal dos veces». Por otra parte, el filósofo Jean-Jacques Rousseau, en sus *Confesiones* (1782-1789, póstumas), dice haberse masturbado pensando en su niñera y afirma que adquirió ese hábito malsano y debilitador de un bandido moro en Turín (¿en serio, Rousseau?). Una de las claves de ese texto es que la masturbación pasa de pecado a enfermedad (ceguera, imbecilidad, melancolía, histeria, ninfomanía...), y los médicos de toda Europa corren a ejercer de autoridades morales con el apoyo de la naciente burguesía. Según Julie Peakman, los siglos XVII y XVIII se llenan de panfletos antimasturbatorios que también ofrecen elixires y reconstituyentes. Además, los avances de la medicina vienen a corroborar viejas ideas: el inventor del microscopio en el siglo XVII, Nicolaas Hartsoeker, señala que el semen no estaría formado por espermatozoides, sino por pequeñas personas llamadas *homunculi*, que se desarrollarían en el interior del útero. Pese a esos primeros fallos, Peakman señala que durante la Ilustración se da un paso sin retorno: la ciencia, y no la Iglesia, va a ser a partir de ahora la que califique determinadas prácticas como buenas o nocivas.

Mary Wollstonecraft: una feminista sepultada bajo sus diarios

Mary Wollstonecraft forma ya parte del imaginario colectivo: su obra *Vindicación de los derechos de la mujer* (1792) sentó las bases del feminismo moderno. Sin embargo, su vida personal hizo que, durante mucho tiempo, fuera despojada de su carácter de referencia para el movimiento de las mujeres. Y es que Wollstonecraft no fue solo más allá de la norma en sus ideas, sino también en su intimidad. Para empezar, tuvo una relación con el pintor Henry Fuseli, ya casado. A Wollstonecraft se le ocurrió que lo mejor que podían hacer, como en la canción de Maluma, era «ser felices los cuatro» —en este caso, los tres—, y propuso un triángulo amoroso que a la mujer de Fuseli le puso los pelos de punta. El pintor se vio obligado a romper la relación. Poco después tuvo un romance con un estadounidense, Gilbert Imlay, con el que no llegó a casarse pero con el que sí tuvo una hija, Fanny (considerada en la época ilegítima y motivo de vergüenza). Cuando Imlay la abandonó, Wollstonecraft, sola con su hija, cometió la osadía de intentar suicidarse, algo contemplado como todo un pecado en el momento. La escritora acabó por encontrar un compañero digno en William Godwin, con el que se casó en 1797. La boda hizo que se conociera la ilegitimidad de su hija Fanny, lo que les hizo perder numerosos amigos. El matrimonio tuvo un nuevo retoño —Mary Shelley, autora de *Frankenstein*—, pero Wollstonecraft no vivió para ver los éxitos que cosechó su hija. Murió poco después, por complicaciones del parto. Godwin, destrozado, decidió publicar sus diarios, cartas y notas a modo de homenaje con el título *Memoirs of the Autor of a Vindication of the Rights of Woman*. El asunto no salió como esperaba: la intimidad de Wollstonecraft escandalizó a sus contemporáneos, y el feminismo coetáneo dejó de considerarla un icono. Hoy el tiempo ha puesto por fin a Wollstonecraft en el lugar que merece.

Macaroni: pelucones y la gran renuncia masculina

El gran rito de paso entre las clases pudientes del norte de Europa durante los siglos XVII y XVIII fue el Grand Tour. Un viaje por Europa (con Italia como meta), en compañía de un tutor, que tenía como objetivo completar la formación. El periplo de meses incluía visitas a las fuentes del saber clásico, estrechar lazos con otros nobles y la experimentación sexual. La cosa no gustaba a todos. En 1728 se publicó un libelo titulado *Plain Reasons for the Growth of Sodomy in England*, que censuraba a los jóvenes afeminados que se besaban y su supuesta relación con Italia, «la madre y niñera de la sodomía», donde «mujeres y chicos» eran ofrecidos por las calles. Algunos de estos caballeros, ya de vuelta en casa, celebraron esta asociación entre la homosexualidad y lo foráneo y crearon los clubes de Macaroni, compuestos por aficionados a las artes y las antigüedades. Si algo definía a los Macaroni eran sus enormes pelucones, hiperbólicos y repletos de lazos, empolvados y cuajados de joyas (al estilo de la corte francesa), que combinaban con botines y vestidos afrancesados. Este raro ejemplo de individualidad dentro de la Ilustración fue objeto de burlas y a los Macaroni se les consideró una especie de género intermedio. Un poema satírico de 1770 decía: «Los Macaronis son de un sexo, / que deja al filósofo perplejo. / Todas sacerdotisas de Venus los ritos, / parecen ser todos hermafroditos». Anteriores a los dandis, los Macaroni son un ejemplo del consumo masculino asociado a la irresponsabilidad y al rechazo de los ideales burgueses. Como un tipo de moda relacionado con la nobleza empezó a decaer tras las revoluciones burguesas, en las que se apostaba ya por una moda más democrática y por ideales de virilidad patriótica y ascética. El psicoanalista John Flügel ha bautizado el final del siglo XVIII como el de la «gran renuncia masculina», en alusión al rechazo masculino a vestir ropas brillantes, adornadas o llamativas y elegir la austeridad del traje. Pasados unos siglos, hoy los *millennials*, mucho más fluida en temas de género y estética que las previas, se encarga de abrir las mentes y la moda a la creatividad.

Los primeros bares gais de la historia: las Molly Houses

Con el crecimiento de las ciudades en el siglo XVIII, nos encontramos con las primeras subculturas homosexuales. Una de las más conocidas son las Molly Houses, una veintena de tabernas homosexuales en el Londres de 1700, de las que la más famosa era la regentada por Margaret «Mother» Clap. Una enorme documentación histórica —desde noticias hasta autos judiciales— nos habla de una comunidad estable de clientes, en su gran mayoría artesanos, que iban a ese tipo de establecimientos para beber, cotillear, mantener relaciones sexuales o, por sorprendente que nos parezca, soltar pluma. Al menos eso se deduce del lenguaje utilizado, próximo al de las prostitutas, o de los nombres femeninos que se asignaban entre sí (princesa Serafina o lady Godiva). En la taberna de Margaret «Mother» Clap, famosa por la redada que sufrió en 1725, existía una habitación con camas para los clientes y hasta aposentos utilizados como capillas para oficiar bodas entre hombres. Otro de los ritos mediante el que los *mollies* parodiaban la respetabilidad heterosexual eran las fiestas en las que uno de los homosexuales gritaba y fingía parir un muñeco, imitando los gritos de las parturientas y siendo atendido por sus compañeras. Por extraño que parezca, este tipo de rituales se mantuvo hasta bien entrado el siglo XX, y fueron recogidos en libros como *La mala vida en Madrid* (1901), en el que se explica cómo, después de uno de estos partos, se celebró un bautizo en el que el padrino repartía monedas y al muñeco, que iba «cubierto de ricas mantillas, se le administra el sacramento de acuerdo con el ritual romano». Richard Norton, especialista en estos lugares, señala que probablemente los clientes no actuaban de manera afeminada fuera de los locales, y que ese uso de lo femenino servía para aliviar la presión de las continuas persecuciones. Lo importantes de estos espacios —desde grandes tabernas hasta reservados— es que nos hablan de una cultura homosexual compartida mucho antes de que la identidad homosexual fuera descrita médicamente.

El Japón del periodo Edo: barrios de placer, cortesanas y pulpos que hacen *cunnilingus*

En 1603 da comienzo el periodo Edo, con Japón bajo el dominio del shogunato Tokugawa. El *shogun* es la máxima autoridad administrativa y política, el líder militar y el jefe de todos los señores feudales. Aunque el emperador existe, sus funciones son solo religiosas y carece de un poder real.

En esta época surgen los llamados «barrios de placer», sectores de las grandes ciudades en los que se concentra la prostitución. El shogunato era consciente de que la rígida estructura social y la moral confucionista precisaban de válvulas de escape, y estos barrios cumplían con dicha función. De hecho, el barrio de placer de la capital, Edo, fue creado en 1617 por orden del propio shogunato. Por supuesto, la clientela de estos barrios era masculina: el confucionismo separaba el espacio privado y el público, al que los maridos acudían sin sus esposas para encontrar la diversión con otras mujeres, mientras que las esposas se ceñían al ámbito doméstico. En los barrios de pla-

cer abundaban prostitutas de distinta índole —Yoshiwara, el de Edo, llegó a contar con más de tres mil—: desde las más empobrecidas hasta las más sofisticadas, como las *oiran*, cortesanas de alto rango que eran educadas desde la infancia para entretener a los varones con diversos recursos, tanto sexuales como culturales. Su nivel intelectual era altísimo y su belleza, la máxima, tanto que si una niña destinada a convertirse en *oiran* crecía y dejaba de ser agraciada, pasaba a ser una *hashi*, una prostituta normal. Sus servicios eran también sexuales y, desde el momento en que eran compradas, aprendían el arte de los juegos eróticos y del coito. Las *oiran* vivían muy aisladas en los barrios de placer, y su sofisticación y elevada etiqueta llegó a ser tal que acabaron por ser desplazadas por las *geishas*, mujeres bellas que bailaban, recitaban poesía y tocaban instrumentos, además de mantener buena conversación, pero que no resultaban tan inaccesibles. Aunque las *geishas* no siempre

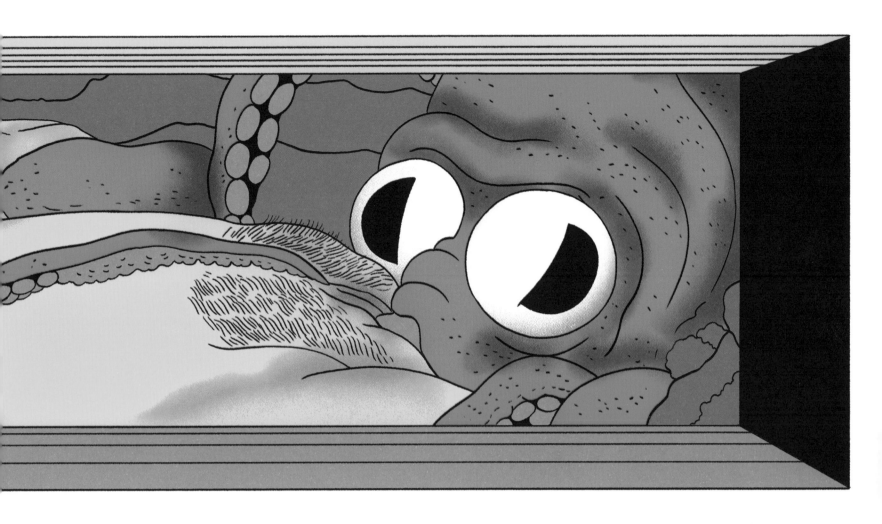

ofrecían servicios sexuales, su compañía era muy buscada. Si, queridas lectoras, pensáis que esto delata cierto desinterés por el sexo en el Japón de la época..., no podéis errar más el tiro. La forma de arte más popular de este periodo, los grabados *ukiyo-e*, es muy prolífica en imágenes eróticas: desde las *bijin-ga*, imágenes de mujeres hermosas vestidas con lujosas telas que vemos en obras como *Tres bellezas de nuestros días* (1793), de Utamaro —usadas a menudo como material masturbatorio—, hasta grabados mucho más explícitos como los del género *shunga*. Este comienza a practicarse en el siglo XVI, en forma de pergaminos ilustrados, aunque luego pasan a constituir estampas independientes. La mayoría de los artistas reconocidos del *ukiyo-e* produjeron en algún momento *shunga*, a menudo con seudónimo, porque, aunque este se vendía como rosquillas, no estaba tan bien considerado como los paisajes o los retratos de actores de teatro. Se sabe que las estampas *shunga* originales podían alcanzar cifras elevadas, mientras que las producidas en masa eran accesibles a casi cualquiera y se vendían en la calle. Aunque la mayoría representan escenas heterosexuales —con unos genitales magnificados y explícitos—, también hay escenas lésbicas (dildos incluidos) y homosexuales, *voyeurs*, masturbaciones, sexo oral, orgías, así como imágenes que incluyen *bondage*, sangre y hasta violaciones. Tal vez los más bellos ejemplos de *shunga* sean los de bestialismo, como es el caso de *Buceadora con pulpo*, de Hokusai (1814), en la que un enorme pulpo realiza un *cunnilingus* a una bella joven y que se considera un precedente del actual «sexo con tentáculos» de la pornografía y el *anime*. Googlea, *my friend*.

Sexbook recomienda Jack Hunter, *Dream Spectres. Extreme Ukiyo-e: Sex, Blood, Demons, Monsters, Ghosts, Tattoo*, Londres, Shinbaku, 2010.

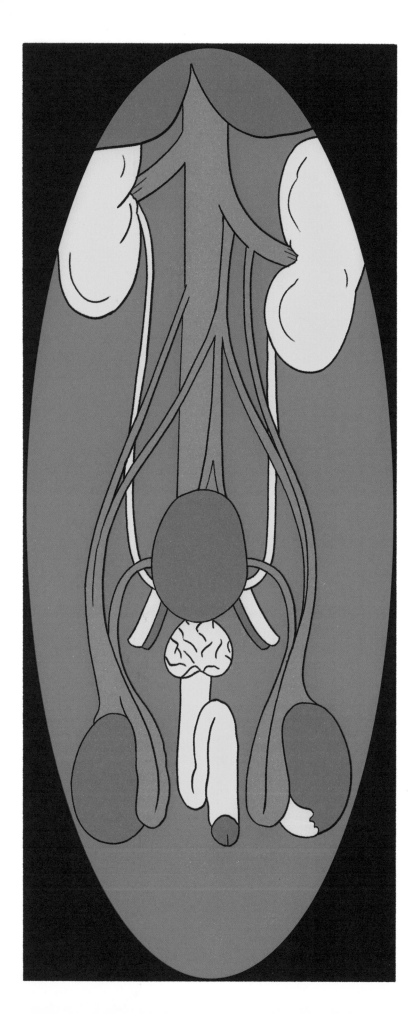

El sexo que no es uno: la invención de la diferencia sexual

Ambroise Paré, médico francés, relataba en el siglo XVI la historia de Marie Garnier, una muchacha que nunca había mostrado ningún signo de virilidad, pero a la que, mientras saltaba una valla persiguiendo unos cerdos, le sucedió esto: «En ese preciso instante, los genitales y la verga viril vinieron a desarrollarse en él, después de romper los ligamentos que los habían mantenido encerrados». Su madre puso el caso en manos de médicos y confesores, que certificaron que ahora tenía un hijo. A Germain Garnier le creció una frondosa barba roja, y se puso al servicio del rey. Según Thomas Laqueur, estas historias de aparición repentina de genitales se venían repitiendo durante siglos con imaginativas variantes como ejercitarse abriendo las piernas, cantar o tocar instrumentos. ¿Cuál era su lógica?

Para Laqueur, hasta 1800 había predominado un modelo de la anatomía sexual basado en Aristóteles y Galeno (siglo II a. n. e), centrado en un único modelo de sexo que era, por supuesto, el del hombre. Según este paradigma, existiría un sexo desarrollado hasta su perfección —pene, testículos— y un sexo imperfecto —vagina y útero—, que sería, en esencia, el mismo: los ovarios eran una versión subdesarrollada del escroto, y la vagina, del pene. Según comenta Laqueur, antes del siglo XIX la pregunta sobre el sexo «real» de una persona no tenía sentido, porque solo existía un sexo que era compartido por todo el mundo, «desde el guerrero más fuerte hasta el cortesano más afeminado», desde la doncella más delicada hasta la mujer más masculina. Por ese motivo se podían dar casos como el de Germain Garnier, que Ambroise Paré explicaba de la siguiente manera: «Las mujeres tienen oculto en el cuerpo lo mismo que los hombres muestran en el exterior; lo único que cambia es que no tienen tanto calor, ni la capacidad de sacar fuera lo que por frialdad de su temperamento se mantiene ligado en el interior».

La posesión de un pene externo llevaba consigo una serie de privilegios, pero no definía por sí solo la masculinidad: también tenían peso la actitud, el carácter, la vestimenta... Según Laqueur, cuando en el siglo XIX se impone la visión científica –«¿qué tipo de genitales tiene?»—, todos estos elementos pierden importancia. Sin embargo, a finales del siglo XVI la diferencia entre los sexos (los órganos sexuales) no era tan marcada como ahora. Por ejemplo, en algunos casos de sodomía femenina, como el de Marie de Marcis, el médico que la reconoció certificó que su clítoris era, en realidad, una especie de pequeño pene funcional con capacidad para eyacular. Esto le salvó de la hoguera, pero se le obligó a vestir siempre como mujer y a abstenerse de mantener relaciones sexuales, es decir, a no salirse de su posición secundaria.

Alrededor del siglo XVIII se empieza a crear el discurso de los dos sexos, y la palabra *vagina* se populariza en las lenguas europeas en 1700. La diferenciación entre sexos podría entenderse como un producto de los avances científicos en anatomía —que los hubieron—, pero, para Laqueur, fue sobre todo una cuestión política y cultural. Recordemos que, junto a los dos sexos se crean dos esferas: la pública para el hombre y la privada para la mujer. Este cambio estaría marcado por la autoridad de los órganos sexuales, que todo lo definen, especialmente las diferencias sociales entre hombres y mujeres. Por ejemplo, la posesión de un útero predispondría a la vida casera. La celebración de la diferencia anatómica llevó al médico francés Achille Chereau a afirmar en 1844: «Solo por el ovario la mujer es lo que es». Con la diferenciación de los dos sexos se produjo otro cambio: la consideración del útero como mero receptor del semen masculino y el desinterés por el placer femenino, ya que cuando solo existía un sexo, se pensaba que tanto la mujer como el hombre tiraban una semilla, por lo que era necesaria la excitación femenina para lograr el embarazo.

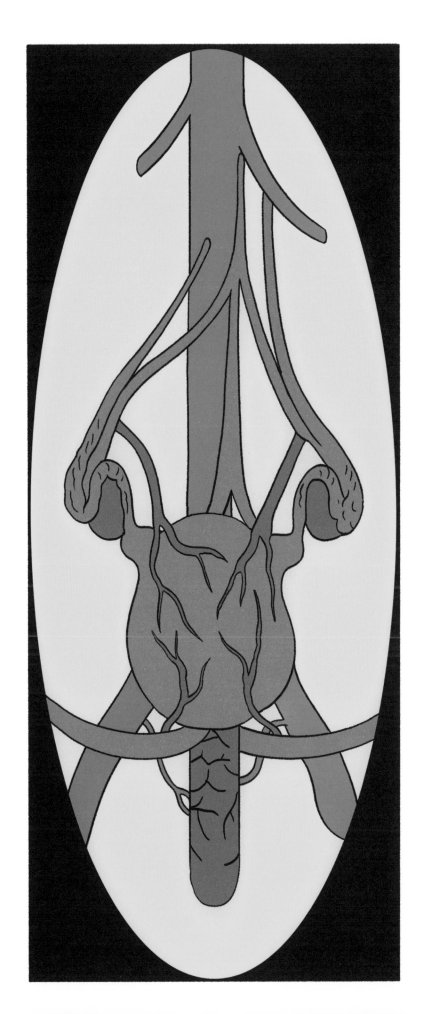

Sade y los infortunios del vicio

Si existe una figura mítica que cierra la Edad Moderna, esta es la de Sade, el «gran fornicador», que pasa gran parte de su vida adulta en prisión, sobre todo en Vincennes y en la Bastilla, donde se dedica a escribir compulsivamente sus fantasías. Donatien-Alphonse-François es, por un lado, un hombre de su tiempo —un noble feudal que abusa de las mujeres— y, por otro, un pensador que lleva al extremo las ideas de su época, llenando la literatura galante de violencia y representando el lado oscuro de la Ilustración: en la obra de Sade la gente folla como si no hubiera Dios —Sade es el gran mártir del ateísmo— y se penetra como si solo existiera una verdad, la del cuerpo que necesita placer y no se entretiene en cuestiones morales; solo somos una colección de átomos que necesita rozarse con otros átomos. El sexo no está guiado por la Razón, sino que tiene que ver con la ruptura de tabúes (incesto, zoofilia, crueldad, lluvia dorada), tal como demuestra el hecho de que muchos de sus personajes, en el momento de la eyaculación, blasfemen y asesinen.

No toda su vida transcurrió entre rejas: durante su juventud, Sade estuvo enamorado de una joven con quien pretendía casarse, pero su padre le obligó a desposar a una rica Montreuil. Donatien no deseaba el matrimonio y en sus futuros textos lamentó haberse casado sin amor. El enlace se produjo en mayo de 1763, y en octubre fue arrestado por primera vez debido a un manuscrito libertino que circulaba y del que se presumía su autoría. Ya en 1768 tuvo lugar el escándalo que, fuera o no cierto, marcó el inicio de su consideración de perverso: el caso Arcueil. Rose Keller, prostituta, acusó al «divino» marqués de haber solicitado sus servicios para después forzarla y torturarla, lo que acabó con él en la cárcel y rodeado de una terrible fama. En 1772, varias prostitutas afirmaron que el marqués las había envenenado durante una orgía: debido a ello fue con-

denado a muerte. Es entonces cuando ingresa en la prisión de Vincennes, donde pasará trece años antes de ingresar en la Bastilla. Durante este periodo, Sade, alcanzada ya la cuarentena, tiene serios problemas para eyacular y se dedica en prisión de forma frenética al autoerotismo anal. En sus diarios escribe que en dos años y medio se introduce 6.536 veces un dildo, es decir, se masturba analmente más de siete veces al día. La Revolución le libera, pero solo físicamente: pese a lograr un cargo público, no puede sino pensar que el hombre está solo y que cualquier aventura colectiva acaba mal, en particular la política. En sus principales obras (*Justine o Los infortunios de la virtud*, *Juliette o Las prosperidades del vicio* y *Las 120 jornadas de Sodoma*), Sade muestra con un humor negrísimo un mundo de perversiones en el que el vicio aplasta la virtud, en el que el fuerte se folla al débil (especialmente a mujeres y niños) y en el que no existen crímenes sexuales, porque todos los apetitos están guiados por la Naturaleza y no por la Razón. En *Justine*, la inocencia de su protagonista y su cabezonería por permanecer virtuosa es arrasada por diferentes actos violentos, con la idea de que es la perfección física de su protagonista la que invita a la transgresión. *Juliette* es una *road movie* en la que la heroína —una mujer con el hambre sexual de un hombre— viaja por toda Europa visitando a libertinos sádicos, reyes salidos y lesbianas vampíricas en una orgía de muerte, destrucción y penetraciones, incluida la fatal entrada de un rayo en la boca de Justine —la hermana de la protagonista— que le sale por la vagina y le provoca la muerte. La influencia de Sade es enorme, con defensoras improbables como Simone de Beauvoir, que en su ensayo *¿Hay que quemar a Sade?* (1951) explicaba que, pese a su misoginia e individualismo, su obra nos invita a reconocer de manera valiente que en la naturaleza humana existe un potencial para la violencia.

En la obra de Sade la gente folla como si no hubiera Dios y se penetra como si solo existiera una verdad, la del cuerpo que necesita placer y no se entretiene en cuestiones morales.

SIGLO XIX

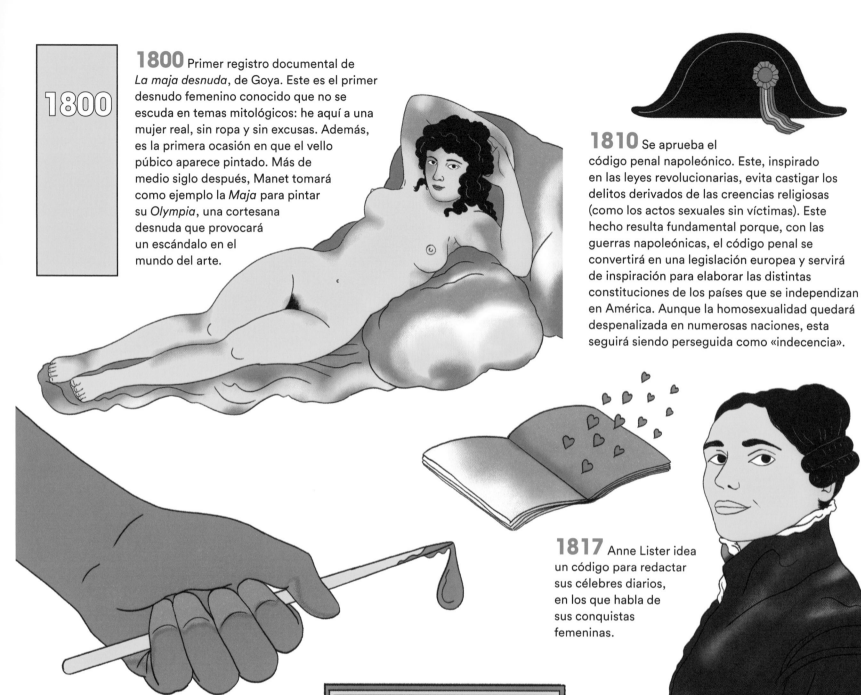

1800 Primer registro documental de *La maja desnuda*, de Goya. Este es el primer desnudo femenino conocido que no se escuda en temas mitológicos: he aquí a una mujer real, sin ropa y sin excusas. Además, es la primera ocasión en que el vello púbico aparece pintado. Más de medio siglo después, Manet tomará como ejemplo la *Maja* para pintar su *Olympia*, una cortesana desnuda que provocará un escándalo en el mundo del arte.

1810 Se aprueba el código penal napoleónico. Este, inspirado en las leyes revolucionarias, evita castigar los delitos derivados de las creencias religiosas (como los actos sexuales sin víctimas). Este hecho resulta fundamental porque, con las guerras napoleónicas, el código penal se convertirá en una legislación europea y servirá de inspiración para elaborar las distintas constituciones de los países que se independizan en América. Aunque la homosexualidad quedará despenalizada en numerosas naciones, esta seguirá siendo perseguida como «indecencia».

1817 Anne Lister idea un código para redactar sus célebres diarios, en los que habla de sus conquistas femeninas.

1819 La prensa francesa se llena de historias protagonizadas por un nuevo tipo de criminal: los *piqueurs*. Entre agosto y diciembre de ese año, cuatrocientas personas, en su gran mayoría mujeres jóvenes, son atacadas en el anonimato de los bulevares parisinos con largas agujas muchas veces produciéndoles sangre. Este tipo de ataques, dirigidos sobre todo a los genitales y el trasero, se repiten en distintas ciudades: Londres, Bruselas, Hamburgo o Metz. Hombres sádicos, amenazados por la nueva presencia de las mujeres en los espacios públicos de las urbes, deciden amedrentarlas.

1836 Cierra el famoso The Beggar's Benison, un club de caballeros libertinos destinado a celebrar la sexualidad masculina. Estos lugares, que proliferan en Europa y en Rusia desde mediados del siglo XVIII hasta las primeras décadas del siglo XIX, permiten que hombres de clase alta puedan disfrutar de actos ilícitos (prostitución, masturbaciones colectivas) y de grandes comilonas. Un club rival, The Wig Club, se especializa en coleccionar vello púbico femenino y en relatar las obscenas conquistas que se siguen hasta conseguirlo.

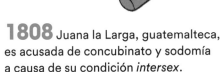

1808 Juana la Larga, guatemalteca, es acusada de concubinato y sodomía a causa de su condición *intersex*.

1811 Jane Pirie, profesora y cofundadora de un colegio de Edimburgo, es acusada y juzgada por mantener relaciones sexuales con Marianne Woods, la directora (y también fundadora) del centro. Ambas componen una de tantas uniones femeninas del siglo XIX, hoy conocidas como «matrimonios de Boston».

1810 Después de una vida de aventuras, lances y maquinaciones políticas, muere le caballere d'Éon.

1837 Philippe Abel Ricord, médico francés dedicado a las enfermedades de transmisión sexual, logra demostrar que la sífilis y la gonorrea (las dos venéreas del siglo XIX) no son, como hasta entonces se creía, la misma enfermedad. Además, define los tres estadios de la sífilis y hace avanzar el conocimiento sobre esta infección, transmitida sobre todo por contacto sexual, que había barrido el mundo durante el siglo anterior. Gustave Flaubert, por su parte, descubre que todas las mujeres que trabajaban en los prostíbulos de Egipto estaban (sin excepción) infectadas de sífilis. Al finalizar el siglo XIX, se había logrado establecer también una asociación entre padecimientos neurológicos y la sífilis en su tercer estadio.

1846 En el British Museum se exhibe un cinturón de castidad de la Edad Media, que es retirado más tarde al ser considerado falso. Parece ser que, durante el siglo XIX, se fabrican numerosas falsificaciones de estos artefactos. La razón se debe a la popularidad de *Bellifortis* (siglo XV), primer tratado de tecnología militar completamente ilustrado, que describe los cinturones y afirma que servían para asegurar la fidelidad de las mujeres mientras sus maridos estaban en las Cruzadas. También se ha especulado que eran ellas las que los usaban para evitar las violaciones. Sin embargo, no existen otras referencias anteriores al siglo XIX. Según Albrecht Classen, en *The Medieval Chastity Belt. A Myth-Making Process*: «De haber existido ese objeto, sin duda, habría sido utilizado por los escritores de la época, pero no lo mencionan ni Boccaccio, ni Bandello ni Rabelais. [...] Los primeros cinturones reales se fabricaron en el siglo XIX y era costumbre que formaran parte de los museos de tortura».

1849

De 1800 a 1849

La asombrosa vida de le caballere d'Éon

El concepto de «género fluido» parece asociado a las identidades contemporáneas, pero según Devor y Haefele-Thomas dicha categoría está ya presente en la modernidad. Citan como ejemplo a le caballere d'Éon, cuya historia parece escrita por Alexandre Dumas (si este hubiera hecho novelas de aventuras *queer*). Nacide en Francia en 1728, D'Éon vivió los primeros cuarenta años de su vida como hombre, alcanzó puestos relevantes en el Gobierno francés y fue condecorade en el ejército. Allí es donde se empieza a rumorear que, en realidad, es una mujer que se hace pasar por un hombre para demostrar su valía en un ambiente masculino. Más tarde trabaja como espía y se implica con éxito en misiones diplomáticas con Rusia e Inglaterra (en este caso con una identidad femenina). En 1763 es procesade por traición y amenaza con publicar (y cumple su amenaza) secretos diplomáticos franceses. Aunque al principio se traslada a Inglaterra, en 1777 negocia con Luis XVI su vuelta a Francia. Se le permite con la condición de hacerlo como mujer, pero encuentra muy opresiva la vida en la corte francesa y regresa a Inglaterra sin su pensión militar. Allí se gana la vida en riñas de florete, en las que se anuncia como «la famosa veterana francesa», mientras que en los casinos londinenses se apuesta sobre su género. Durante este tiempo escribe una historia de personas *trans* que habían vivido piadosamente dentro de la Iglesia católica y trabaja como espía del Gobierno francés. En 1789, la revolución corta sus ingresos como espía y pasa a compartir un modesto piso en Londres con una viuda, hasta su muerte en 1810. El sexólogo Havelock Ellis acuñó el término eonismo en 1928 para referirse a hombres que se visten del sexo contrario sin abandonar su rol «activo» (pesudo-travestismo), aunque actualmente se le relaciona más con un concepto fluido del género. En muchos de sus retratos pictóricos podemos verle vestide de mujer, pero con la Cruz de San Luis, la máxima condecoración del ejército francés, reservada —como el ejército— a los hombres.

Memorias *intersex*: Herculine Barbin y Juana la Larga

Herculine Barbin es una de las personas *intersex* más famosas de la historia, ya que su autobiografía fue analizada por el filósofo Michel Foucault. Barbin nace en Francia en 1838 y es asignada como niña. Tras ser abandonada, se cría en un colegio femenino, en el que experimenta el amor por otras compañeras. Gracias a las monjas que lo regentaban, logra cursar estudios y se convierte en profesora auxiliar en 1857. Entonces se enamora de Sara, una compañera de trabajo.

A lo largo de su vida, Barbin había experimentado dolores abdominales (aunque nunca había menstruado) y, al mismo tiempo, había desarrollado vello facial. Preocupada por estos hechos, decide pedir confesión al obispo de La Rochelle y solicitar consejo médico. Se descubre que en el interior de la vagina de Herculine existían un pequeño pene y unos testículos, debido a lo cual es reasignada como varón y se le obliga a vivir como tal. Barbin abandona su trabajo y a su compañera y vive en el anonimato y la pobreza el resto de su vida. Durante estos años escribe su autobiografía, que es encontrada junto a su lecho tras su suicidio, en 1868.

La vida de Barbin le sirve a Foucault para demostrar cómo los discursos que regulan el sexo, que mayoritariamente aparecen en esta época, constriñen la vida de las personas. Según Foucault, en la Edad Media las personas *intersex* podían elegir ser hombres o mujeres con cierta libertad, pero en la Edad Moderna la ciencia médica pasó a estar obsesionada por descubrir el «sexo verdadero» de estas personas. Una de las críticas que se le hace a Foucault es que, a pesar de que la idea de descubrir el «sexo verdadero» permaneció como norma, existieron casos distintos, como el de Juana la Larga, una persona *intersex* juzgada en Guatemala en 1808 por concubinato y sodomía. El médico ilustrado Narciso Esparragosa le examinó y concluyó que Juana no era ni hombre ni mujer, por lo que era incapaz de cometer esos delitos, lo que demuestra que los discursos médicos no eran universales.

Los «matrimonios» de Boston

Los llamados «matrimonios de Boston» fueron relaciones largas y monógamas entre dos mujeres económicamente independientes, por clase o trabajo, amparadas socialmente bajo el concepto de «amistad femenina», considerada asexual. Aunque para Kate Thomas las mujeres obreras podrían establecer relaciones similares, las principales referencias son de mujeres de clase media-alta dedicadas al sufragismo, a las artes o a la filantropía. Entre la lista de desposadas estarían la pintora Rosa Bonheur y Nathalie Micas, hija de su mecenas, o las llamadas «damas de Llangollen», Butler y Ponsonby, que se convirtieron en unas excéntricas celebridades. Eso sí, no todas eran blancas: la escritora Angelina Weld Grimké convivió con su amiga de la infancia Mamie Burrill, y Rebecca Cox Jackson, profeta de los cuáqueros, fundó su propia Iglesia con su pareja, Rebecca Perot. Uno de los casos más famosos es el de las escritoras Katharine Bradley y Edith Cooper (pareja y, a la sazón, tía y sobrina), que vivían como matrimonio y escribían con el seudónimo de Michael Field sobre su relación, que tenía elementos del matrimonio heterosexual, pero que lo sobrepasaba espiritualmente. Según Kate Thomas, el uso de apodos cariñosos, exuberantes o exóticos servía para subrayar el carácter pasional, íntimo y seudosecreto de estas relaciones, frente a otros discursos como el de la ciencia o la legislación.

Aunque hubo escándalos como el de la escultora afroamericana Edmonia Lewis, acusada de envenenar a dos compañeras de estudios con un peligroso afrodisiaco, o el de Jane Pirie, la profesora juzgada por mantener relaciones sexuales con la directora del colegio de Edimburgo en el que trabajaba en 1811, la historia ha tendido a olvidar el carácter sexual de muchas de estas uniones entre mujeres. Durante la década de 1980 este aspecto se revisó, y autoras como Leila J. Rupp señalaron que la etiqueta «Boston» no abarcaba otras experiencias de unión femenina, como los matrimonios tradicionales africanos. La teoría *queer* ha analizado el uso de apodos masculinos dentro de estas relaciones, y por otro lado, se han visto como precedentes de identidades asexuales.

Caballera Jack

Terrateniente, alpinista, viajera empedernida, prolífica escritora... Solo con estos datos la vida de Anne Lister (1791-1840) ya resultaría fascinante; pero esas cuatro características son únicamente el aperitivo de un personaje sobre el que hoy se siguen publicando libros y grabando series.

Lister nace en Halifax, West Yorkshire, en una familia propietaria de minas de carbón. De los cinco hijos del matrimonio, solo ella y su hermana Marian sobreviven hasta la edad adulta, y Anne pronto toma las riendas de todo el clan familiar: tras llevar a cabo un periplo por Europa, decide volver al hogar para casarse, revitalizar las minas y arreglar la finca familiar, Shibden Hall, que hereda de su tío. Se trataba de toda una osadía para una mujer en aquellos tiempos, y más aún teniendo en cuenta que Anne estaba decidida a contraer matrimonio con... una mujer.

Lister, homosexual sin tapujos, es considerada la primera lesbiana de la modernidad, la primera en hablar de su orientación sexual como una identidad, como algo trascendental que la construye como persona. En 1817 idea un código (a base de álgebra, griego antiguo, signos de puntuación y símbolos matemáticos y zodiacales), para escribir sobre sus relaciones con mujeres. Lister se comporta como un galán: en sus diarios alardea de sus notables capacidades de seducción y por sus sábanas pasan mujeres de la alta sociedad, que caen rendidas ante sus maneras masculinas y su tremenda seguridad en sí misma. Ya en la época, la apodan Gentleman Jack. Sin embargo, sus diarios son algo más que un recuento de amantes: contienen reflexiones sobre performatividad del género y lo que hoy llamaríamos «teoría *queer*», y son de gran valor como testimonio de una época. Los veintisiete tomos que los componen fueron descifrados por Helena Whitbread, historiadora de Halifax, a quien en un primer momento se acusó de estar falseando los textos. En la actualidad están reconocidos por la ONU como un documento trascendental de la historia británica.

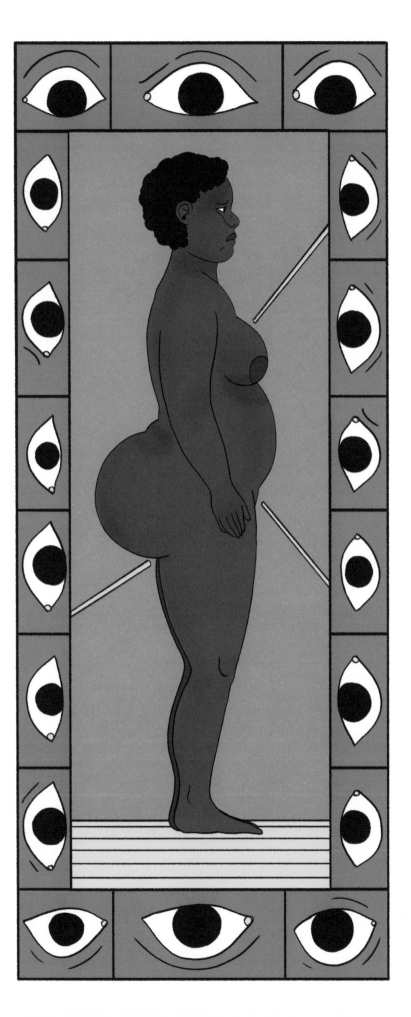

Mirada blanca y criminal: la espectacularización de la sexualidad del «otro»

El XIX es el siglo de la expansión colonial europea y del nacimiento del supremacismo blanco de supuesta base científica. La deshumanización de los habitantes del continente africano da rienda suelta a fenómenos como el de las exhibiciones humanas: numerosos indígenas son asesinados, diseccionados y embalsamados para su exposición ante el público, con una fijación hacia los cráneos y los órganos sexuales. En una época de gran represión sexual en Europa —la era victoriana comienza en 1837—, la sexualidad del «otro» se convierte en objeto de especulación, se fetichiza, se observa desde la mirada blanca como algo animal, a menudo monstruoso. Tal vez el caso más célebre de esta fetichización sea el de Saartjie Baartman, cuyo nombre real no podemos citar (el conservado es el que decidieron ponerle sus esclavistas neerlandeses). Saartjie, nacida en 1789 y miembro del pueblo khoi, pastores nómadas del sur de África, trabajó toda su adolescencia en casas de colonos neerlandeses, en los alrededores de Ciudad del Cabo. Las mujeres khoi tenían una anatomía sexual que resultó muy llamativa para los blancos: unas nalgas muy pronunciadas y unos labios vaginales alargados que, en el momento, eran entendidos como un velo que tapaba el verdadero órgano sexual. La curiosidad por la sexualidad de los nativos estaba guiada por los mismos principios que el colonialismo: la deshumanización, la explotación y la certeza de la superioridad blanca. Por iniciativa de un médico militar escocés, William Dunlop, Baartman fue llevada a Londres junto a su patrono, Hendrik Caesars, para ser mostrada públicamente. Si ella aceptó esto en principio, esperando hacer dinero —cosa que se le prometió— o si fue forzada, es algo que no se ha desentrañado. En Londres, los curiosos pagaban por observar a la joven en un espectáculo en el que la hacían vestirse con pieles y ponerse cáscaras de huevo en los pezones. Se la denominó «Venus Hotentote» —entonces se usaba el término *hotentote* para referirse al pueblo khoi, hoy la palabra es considerada despectiva—, y se anunciaba con ilustraciones de sus nalgas. Su cosificación fue motivo de escándalo: asociaciones abolicionistas reclamaron el cese del espectáculo, que Dunlop justificó afirmando que Baartman tenía derecho a ganarse la vida «igual que un irlandés gigante o un enano» (hacía así referencia a personajes habituales de los *freak shows*). La polémica aumentó la espectacularización de Baartman: estuvo en Irlanda y en distintas partes de Inglaterra, donde se exhibió en espectáculos y ferias. Poco después, sus condiciones empeoraron: fue llevada a Francia y vendida a un adiestrador de animales. Tuvo que mostrarse en el Palais Royal durante meses, con un afán más ligado al racismo científico que al espectáculo. Los científicos estaban obsesionados con sus órganos reproductivos, sobre todo con la elongación vaginal, y organizaron largas sesiones en las que su cuerpo fue observado, analizado y pintado, pese a su negativa a desnudarse por completo. Así, Baartman fue empleada por la ciencia blanca para asentar las teorías de superioridad racial. En su *Diccionario de ciencias médicas*, Julien-Joseph Virey describe la naturaleza de la mujer negra como primitiva, algo que justifica por sus órganos sexuales supuestamente más desarrollados que los de la mujer blanca, lo que acerca a aquella a la sexualidad animal, mientras que a la mujer blanca se le niega cualquier instinto sexual. Los dibujos de la época establecieron la mirada sobre la mujer negra del siglo XX. Creadoras como Lyle Ashton Harris y Renee Valerie Cox han trabajado desde el arte contemporáneo para deconstruir esta imagen racista del cuerpo y la sexualidad de la mujer negra, herencia de un colonialismo y un racismo de aspiraciones científicas cuya sombra es todavía muy alargada.

De *cruising* por las Tullerías

El XIX es el siglo de las grandes urbes: las ciudades multiplican sus habitantes, los bulevares se llenan de bullicio. Nace una figura mítica, el *flâneur*: un paseante que vaga por calles y terrazas, sin rumbo fijo, dejándose interpelar por el espectáculo de la vida urbana. Sin embargo, la ciudad no será solo un lugar para el entretenimiento y el consumo, también constituirá un territorio erótico. Junto al burgués se pasean la prostituta y el homosexual, que ejercerá un tipo particular de vagabundeo: el del ligue callejero, el *cruising*. Desde el siglo XVII, las principales ciudades europeas tienen una amplia y variada geografía sexual, en la que los hombres mantienen relaciones sexuales entre sí tras un ritual centenario de miradas cruzadas, códigos visuales y tocamientos. Parques, plazas y urinarios públicos se convierten en escenarios de una pasión que ofende a los burgueses, hasta el punto de que una guía de Londres de 1855 advierte contra la plaga de maricones (*puffs*). En París hay mucho «cancaneo» en las *arcades*, galerías comerciales porticadas con luz artificial en las que se abren tiendas, cafés y locales para espectáculos. Se puede ligar en el pasaje de los Panoramas, que se abre en 1847 y que atrae a gran número de sodomitas, así como en la galería Orléans. Estos lugares, muy transitados, resultan óptimos para establecer un primer contacto. Y para mantener relaciones sexuales los afortunados se retiraban a unas termas públicas, unas calles más abajo. Otro de sus grandes puntos de encuentro fueron los jardines, sobre todo los de las Tullerías. Allí las clases sociales se entremezclaban y, por eso mismo, eran sometidos a una vigilancia policial que registró todos los pasos del cortejo: desde colocarse el sombrero de una determinada manera hasta tocar dos veces un árbol con un bastón. Menos sutil, un policía francés explicaba que un hombre se le aproximó en unos urinarios y le preguntó «qué hora marcaba su polla». En la de este, al parecer, eran «las doce en punto».

A principios del siglo XIX, la policía se debatía entre perseguir el *cruising* y evitar hacerlo público mediante esta persecución. A menudo usaban de cebo a chicos jóvenes: así detenían a los infractores, que, por norma general, recibían una multa. La revolución burguesa de 1830 y el reinado de Luis Felipe multiplicarán las redadas en lugares de *cruising*. El 20 de julio de 1845 se produce en las Tullerías una emboscada policial, a plena luz del día, que casi acaba en linchamiento por acción de los pulcros paseantes. Las Tullerías están perdidas, pero aparecen nuevas ocasiones y rincones: especialmente los urinarios públicos de metal (denominados por columnistas y moralistas «escuelas de vicio»). En 1871 el pintor prerrafaelita Simeon Solomon es detenido junto a un hombre de sesenta años en un baño del centro de Londres, lo que provoca su ostracismo artístico.

Desde el siglo XVII, las principales ciudades europeas tienen una amplia y variada geografía sexual.

En 1876, Charles-Eugène Le Bègue, una de las grandes esperanzas de la política católica francesa, es pillado masturbando a un joven obrero en uno de esos urinarios, lo que echa por el retrete su carrera. Otro de los peligros eran las palizas, como la que sufre el marqués de Custine, que lo condena al ostracismo social.

El crecimiento urbano y el desarrollo del *cruising* ha sido un elemento esencial en la formación de las subculturas homosexuales de la modernidad. La vigilancia y el entramado burocrático de gestión de las ciudades nos han dejado noticias de esta práctica y también atestiguan la formación de una nueva identidad, la del homosexual que defiende su derecho a serlo. En 1725, William Brown fue detenido por un policía de incógnito y se defendió: «Pensé que lo conocía, no creo que haya nada malo en hacer lo que me plazca con mi cuerpo».

Poliamor y continencia sexual masculina: John Humphrey Noyes y los orígenes del *free love*

John Humphrey Noyes nace en 1811 en Brattleboro, Vermont, y desde su juventud es un hombre religioso, que estudia teología con el objetivo de entrar en el ministerio cristiano. Su religiosidad está ligada a una visión social y a un afán de mejora de las condiciones humanas, algo usual en la época —muchos de los primeros abolicionistas de la esclavitud son religiosos—, y funda en New Haven una de las primeras asociaciones contra la esclavitud de Estados Unidos. En 1838 se casa con Harriet Holton, con la que concibe cinco hijos en seis años. Noyes ve a su mujer sufrir continuos y trágicos embarazos: a excepción de uno, todos sus hijos fallecen. Debido a esta experiencia, Noyes comienza a cuestionar las relaciones sexuales dentro del matrimonio. Es entonces cuando él y Harriet toman la decisión de vivir separados, un movimiento insólito en la época con el que ambos encuentran una mayor felicidad. Noyes empieza a investigar la contención masculina: decide que el mejor modo de evitar el embarazo de la mujer es que el hombre evite eyacular. Desperdiciar el semen no está bien considerado, pero, desde su óptica, culminar el coito no es imprescindible para el disfrute. Huelga decir que esta idea es de un rupturismo total por varias razones: sitúa la responsabilidad del embarazo en el hombre, pero a su vez entiende el embarazo como un hecho no siempre deseado. En sus palabras: «Es tonto y cruel expandir la semilla propia en la esposa solo por el deseo de deshacerse de dicha semilla, sería como disparar con una pistola a tu mejor amigo solo por el placer de apretar el gatillo». Y para colmo, entiende el disfrute sexual como un placer al que no se debe renunciar: incluso si el hombre no puede culminar, el sexo está ahí para ellas y para ellos.

Noyes se aleja así de la religiosidad tradicional y afirma no sentirse atado a las normas de la Iglesia, ni tampoco a las de la sociedad. El revuelo es inmenso y es expulsado de Yale, donde estudiaba teología. Regresa a Putney, Vermont, donde continúa predicando y realiza su primer ensayo de comunidad. Allí trata de poner en práctica sus ideas sobre el matrimonio, que ya no es tal: aboga por el llamado «matrimonio complejo», según el cual todo el mundo dentro de la comunidad puede mantener relaciones sexuales con quien lo desee, siempre que haya un consentimiento mutuo. Es el llamado *free love*, término cuyo origen se asocia a Noyes. En esta época es acusado de adulterio por alguien de la propia comunidad, lo que provoca que sus miembros abandonen Putney y se muden cerca de Nueva York. Así es como, en 1848, nace la comunidad Oneida, que en un principio cuenta con ochenta y tres miembros. Allí se siguen desarrollando las ideas de Noyes con respecto al sexo y el embarazo, sobre el que la mujer decide. Sin embargo, no es oro todo lo que reluce, y tanto la regulación sexual como la autoridad de Noyes son excesivas dentro de la comunidad. Para empezar, Noyes consideraba que, hasta que supieran controlar la eyaculación, los jóvenes de Oneida solo debían mantener relaciones con mujeres que ya hubieran pasado la menopausia. Solo él y otros pocos se consideraban con el suficiente autocontrol para acostarse con las jóvenes de la comunidad, y la mayoría de las mujeres vírgenes eran reservadas para Noyes, el único capaz de tal contención. Sí, eso que hueles es…, en efecto, chamusquina. Además, cada acto sexual debía ser aprobado por un comité, que lo registraba para que todo estuviera bien documentado. Obviamente, las relaciones no eran tan *free* como parecían, pero no hay duda de que en Oneida comienza a gestarse la fuerza subversiva y transformadora de la revolución sexual.

Noyes aboga por el llamado «matrimonio complejo», según el cual toda la comunidad puede mantener relaciones sexuales con quien lo desee, siempre que haya un consentimiento mutuo.

1850

1891 Havelock Ellis, sexólogo y activista social británico, autor de *Sexual Inversion* (primer texto —y positivo— sobre la homosexualidad en inglés), se casa con la feminista Edith Lees, abiertamente lesbiana. Ellis llega virgen al matrimonio y, según afirma en *My Life*, sufre impotencia hasta los sesenta años, cuando descubre que le excita ver orinar a las mujeres, un interés que bautiza como «undinismo». Su poco convencional y abierto matrimonio es el tema central de *My Life*.

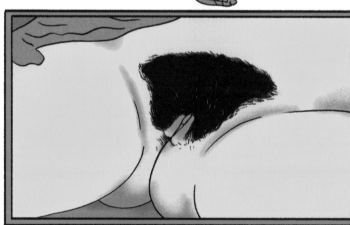

1857 El sultán Abdülmecid I prohíbe que los *köçekler*, jóvenes y bellos bailarines que solían vestir ropajes femeninos, joyas y mucho maquillaje, puedan ejecutar sus bailes en Turquía. La figura del *köçek* causa una gran convulsión entre las audiencias masculinas que rompen vasos, blasfeman y se enzarzan en peleas para llamar su atención. Con la prohibición, muchos de esos jóvenes pertenecientes a la minoría religiosa cristiana se marchan a Egipto y pasan a ser *ginks* o *khawals*.

1871 Con la Criminal Tribes Act (CTA), el Gobierno colonial británico castiga a distintos sectores de la población india, incluidas las *hijras*, un sexo intermedio.

1886 Después de una dura batalla legal, distintas organizaciones capitaneadas por Josephine Butler logran tumbar la Contagious Diseases Act (CDA), una herramienta utilizada para acosar a las prostitutas.

1886 Se publica por primera vez *Psicopatía sexual*, un libro que, con un «mapeado» de perversiones finiseculares, sentará las bases de la moderna sexología.

PSYCHOPATHIA SEXUALIS.

KLINISCH-FORENSISCHE-STUDIE

1886 Gustave Courbet pinta *El origen del mundo*, en el que se muestra un primer plano de un sexo femenino sin recurrir a la excusa histórica o literaria.

1870 Se detiene a Frederick Park y Ernest Boulton, conocidas como Fanny y Stella, un pareja de jóvenes de clase alta que se pasean por Londres vestidos a la moda femenina del momento para asistir a cenas y teatros. La detención, que incluye un vejatorio examen físico y el posterior juicio (1871), saca a la luz toda una subcultura *drag* londinense que incluye bailes, *soirées* musicales, teatros y zonas comerciales, aunque también ceremonias privadas como el matrimonio de Stella con el hijo de un duque. Debido a una serie de errores de forma se les declaró no culpables, aunque su fama les hizo aparecer en la primera novela porno gay en inglés, *Los pecados de las ciudades de la llanura* (1881).

1870 Durante la Tercera República francesa se pone de moda el uso de polisones, que se extiende por Estados Unidos y parte de Europa. Los polisones eran estructuras de aros o telas metálicas colocadas sobre el glúteo en sustitución de los miriñaques y las crinolinas que centraban su volumen en la parte trasera. Para un historiador de los culos como Jean-Luc Hennig, estos dispositivos causaban atracción y ansiedad masculina al esconder lo que «en realidad había debajo de ellos».

1898 El año en que España está sumida en una fuerte crisis, el periódico *El Nacional* publica el artículo «El reino de Sarasa», en el que se acusa al gobernador civil de Cádiz, Pascual Ribot Pellicer, de organizar la prostitución masculina en esa ciudad por medio de un sistema de cartillas sanitarias por las que cobra. Se producen detenciones y dimisiones, y las cartillas resultan ser células de salubridad que incluían a los «maricas de burdel» o «sirvientes de mancebía». El historiador Francisco Vázquez incluye entre estos a los «estetas de burdel», hombres afeminados que prestaban sus servicios a hombres heterosexuales de clase obrera o militares expatriados de las colonias.

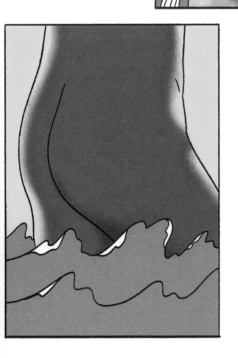

1895 Se publica la novela brasileña *Buen criollo*, de Adolfo Caminha, que, adscrita al naturalismo, trata el tema de la homosexualidad y tiene, por primera vez en la literatura de ese país, a un protagonista racializado. La historia cuenta la relación entre dos marineros, Amaro (un antiguo esclavo) y Aleixo (joven, blanco y afeminado), que, tras conocerse en un barco, deciden irse a vivir juntos en una corrala a las afueras de Río en una relación que acaba en crimen. Con una visión científica de la inversión sexual, la novela presenta un retrato franco de las relaciones interraciales.

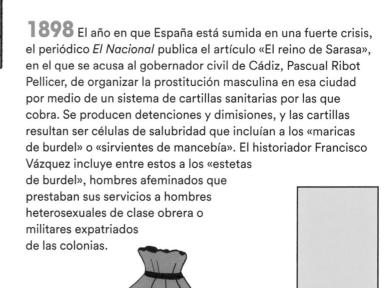

1899

De 1850 a 1899

El «origen del mundo» tal como lo conocemos

En 1989, el colectivo Guerrilla Girls se hace una pregunta que pasará a la historia del activismo artístico: ¿tienen las mujeres que estar desnudas para entrar en el Met?

Y es que, aunque griegos y renacentistas representaron desnudos a muchísimos hombres y mujeres, desde inicios del siglo XIX, el tema del desnudo tendrá como protagonista a la mujer.

Serán habituales las «odaliscas», testimonio de la cosificación de la mujer oriental por parte de artistas europeos —entre ellos, Ingres, Delacroix o Fortuny—, que crearon un oriente a la medida del *voyeur* occidental. La *Olympia* de Manet revela dos tónicas presentes en el arte del siglo XIX: el desnudo femenino y la integración de personas o elementos que los artistas consideraban «exóticos» y que, contemplados con los ojos del presente, entendemos como racismo colonial.

En muchas de las obras citadas, cierto pudor guía aún el pincel. Las «odaliscas» se tapan la entrepierna con la mano, se dan la vuelta o juntan los muslos para no mostrar de manera explícita el pubis.

El pudor concluye finalmente en 1886, cuando el pintor realista Gustave Courbet elabora *El origen del mundo*: un primer plano de una entrepierna femenina, profusa en pelos, con raja del culo bien explícita, realizado por encargo de un diplomático egipcio en honor a su amante, una cortesana francesa. La obra pasó por anticuarios, fue requisada por los nazis, acabó en manos del Ejército Rojo y, por último, fue a parar a la casa campestre del psicoanalista Jacques Lacan, que la mantenía oculta tras otro lienzo.

Hoy es una pieza clave del Musée d'Orsay y, tras siglo y medio, sigue resultando incendiaria: un profesor denunció a Facebook por cerrar su cuenta tras postear la imagen, el periódico *El Mundo* recibió airadas quejas por publicarla... Seguro que su protagonista, que tan buen partido sacó a la parte de su anatomía retratada, reiría a carcajadas si lo supiera.

El amplio abanico de la prostitución decimonónica

En el concepto decimonónico de «prostitución» entraban también las mujeres con aventuras amorosas y las madres de hijos ilegítimos. Junto con ellas, se calificaba así tanto a mujeres pobres que recurrían de forma ocasional a la prostitución como a las que se dedicaban a ello a tiempo completo y que, estadísticamente, solían provenir de la tediosa costura o del explotador servicio doméstico.

Este recuento por lo alto hizo que los diferentes estados europeos iniciaran una política intervencionista destinada supuestamente a frenar la propagación de las enfermedades venéreas, pero que en realidad controlaba el movimiento de las mujeres solas en jardines y bulevares. El proceso legal incluía la aparición de la policía en la puerta de la casa, el señalamiento delante de los vecinos, una revisión médica de la zona pélvica que fue definida como «violación instrumental» y el encarcelamiento en hospitales (como el famoso San Lázaro de París). A esta tortura podía ser sometida cualquier mujer: las obreras que volvían del baile o las que paseaban junto a un hombre que «no respondiera por ellas» podían ser acusadas de vender su sexo.

Entre las legislaciones europeas, la más draconiana fue la británica Contagious Diseases Act (CDA), que se implementó en 1864 y que recibió la oposición de reformistas sociales como Josephine Butler. Esta exigió la retirada de una legislación que culpabilizaba a las mujeres y luchó contra los brutales burdeles creados por los gobiernos y a favor de los derechos civiles de las prostitutas. Butler sacó a la luz el debate sobre una sexualidad masculina predatoria y explotadora, en una época en la que el frenólogo italiano Cesare Lombroso decía que las prostitutas tenían comportamientos primitivos y en la que Jack el Destripador asesinó a cinco mujeres (otoño de 1888), justo unos años después de que, según Judith R. Walkowitz, el Gobierno, que presentaba a las prostitutas como una plaga, las demonizara al máximo.

El gran libro de las perversiones de Krafft-Ebing

Un libro que alumbrará los oscuros deseos de la época va a ser *Psicopatía sexual*, del alienista Richard von Krafft-Ebing, que bebía del espíritu catalogador científico y su uso del latín. Para Krafft-Ebing existirían cuatros grandes patologías sexuales: la *paradoxia* (deseo sexual en una época errónea: infancia o vejez), *hyperesthesia* (excesivo deseo), *anæsthesia* (falta de deseo) y *parestesia* (o perversión), es decir, deseo dirigido erróneamente: cualquier acto no hetero y no reproductivo.

Por medio de cartas con pacientes, Krafft-Ebing señaló, siguiendo la teoría de la degeneración, que estas perversiones eran hereditarias, pero que era necesario distinguir entre las dolencias morales y evitables y las físicas e inevitables, que no debían recibir castigo.

A pesar de esa aproximación de bata blanca, Krafft-Ebing se mojó y entró de lleno en cualquier práctica: acuñó el término *sadomaso*, que unía a Sade con el escritor Leopold von Sacher-Masoch, autor de *La venus de las pieles* (1870), y afirmó que, para ser considerado una perversión, el dolor debe sustituir al acto sexual y no ser un preámbulo. Habló también de la «zoofilia», a la que calificaba como caricias pasadas de tono, frente a la «zooerastía», que era ir a saco a por el animal. Eso sí, no pudo evitar sentir cierta repulsión tratando con los necrófilos, incluido el famoso Victor Ardisson, sepulturero francés, al que compadeció.

Además, Krafft-Ebing creó también el término *pedofilia*, que consideraba como una perversión heterosexual, para hablar de la disposición morbosa de los hombres hacia las niñas. Este delito, según Julie Peakman, se multiplicaría por aquellos años en Europa: los casos de violación de niños aumentaron en Francia de ciento treinta y seis casos en 1826 a ochocientos en 1867. Además de clasificar perversiones, una de las virtudes de Krafft-Ebing fue que supo evolucionar: abandonó viejas teorías y entabló un diálogo con sus pacientes sobre sus preferencias.

La redefinición de las *hijras*

Resulta difícil trasladar un concepto como el de *hijra* a un lenguaje binarista como el castellano, pero cabe señalar que con ese nombre de origen indostaní se hace referencia a un colectivo de personas pertenecientes a una cultura tradicional india y a un género-sexo liminal (entre femenino y masculino), situados en la base del sistema de castas, pero con unos poderes especiales.

Muchas *hijras*, por ejemplo, se dedicaban a cantar y a consagrar la fertilidad de los novios en la celebración de bodas y en bautizos (bendecían los genitales del recién nacido, por lo que se creía que expulsarlas de tales acontecimientos podría llamar a la mala suerte); junto con ello, también se encargaban de otras tareas dispares, como recaudar impuestos. Por esto último, el Gobierno británico decidió perseguirlos a finales del siglo XIX e imponer sus etiquetas: las registró como verdaderas o falsas *hijras* en función de si habían llevado a cabo una ceremonia de penectomía (quitarse el pene) en el templo de la diosa Bahuchara Mata (que se cortó los pechos para evitar ser violada). Según Gayatri Reddy, esta fue una de las primeras redefiniciones de las *hijras*.

Otro de los momentos de transformación será la crisis del sida, que en la India coincidió con la Mandal Commission (1979-1983), destinada a estudiar y suavizar las diferencias del sistema de castas. Con esos nuevos discursos médicos y sociales, las *hijras* quedaron sumidas dentro de la categoría de *kothi* (hombres afeminados que mantienen relaciones sexuales con otros más masculinos, los *panthi*). Finalmente, con el movimiento internacional *trans*, muchas *hijras* se identificaron como tales en su lucha por conseguir que se les reconocieran y concedieran derechos civiles.

Aunque las *hijras* indias prefieren ser designadas con el nombre de Kinnar (un músico budista mitad humano, mitad pájaro) y en Pakistán el de Khawaja Sira, su lucha conjunta permitió que distintos gobiernos del subcontinente indio legalizaran la figura del tercer sexo y que la India, Pakistán y Nepal adaptaran sus documentos oficiales para incluirlo.

El mito de la lesbiana finisecular

La figura de la lesbiana surge, entre los vapores decadentistas y el humo de las fábricas de finales del siglo XIX, para acabar convertida en el fetiche y la heroína de la modernidad, en el paradigma de lo maldito. La imagen de la pareja lésbica se verá multiplicada en infinidad de cuadros, desde Courbet (*El sueño*, de 1866) hasta Klimt (*Serpientes de agua*, de 1904-1907), pasando por las esculturas de Rodin y la poesía de Charles Baudelaire, quien les dedicará su «Mujeres condenadas. Delfina e Hipólita» (1857), que causará un gran escándalo. Tan grande fue la pasión por lo sáfico a finales del siglo XIX que el escritor Pierre Louÿs dirá haber descubierto y traducido un ciclo de poemas griegos lésbicos hasta ahora desconocidos, *Las canciones de Bilitis* (1894), que en realidad fueron escritos por él.

Todos estos discursos están producidos por la mirada masculina y ponen el cuerpo lésbico en el centro de la representación. La especialista Barbara Creed señala que existen tres estereotipos a la hora de mostrar el cuerpo de las lesbianas: el del cuerpo masculinizado, el del cuerpo animalizado y el narcisista; estos dos últimos predominarán a finales del siglo XIX.

En cuanto al cuerpo animalizado, según Creed, a la lesbiana se asociarían las teorías de degeneración e involución tan en boga en la época. Estas teorías exponían que, mientras el hombre progresaba en la escala evolutiva, la mujer (y también las personas racializadas) podían involucionar y acercarse a los animales. La mejor representación de esta idea va a ser la vampira lesbiana, que aparecerá por primera vez en el poema de Samuel Taylor Coleridge «Christabel» (publicado en 1816) y en la novela corta de Joseph T. Sheridan Le Fanu *Carmilla* (1872), hasta asentar la figura de la lesbiana capaz de penetrar, en este caso, con sus dientes.

La asociación entre narcisismo y lesbianismo se suele representar con la figura de dos mujeres enfrentadas, con ropa y rasgos similares, a veces besándose, y nos remite a la idea de la mujer que quiere abrazar su reflejo. Muchos de los cuadros y estampas finiseculares repiten ese esquema para subrayar la banalidad, vicio que en aquel entonces se consideraba femenino por excelencia. La imagen de dos mujeres abstraídas reflejaba las ansiedades que provocaba sexo lésbico como un acto lejano e impenetrable para el hombre (nunca mejor dicho). Creed señala que en los manuales de sexualidad de la época se establece una relación entre esos factores: la masturbación femenina hace crecer el tamaño del clítoris, lo que se relacionaría con el lesbianismo y sus excesos narcisistas.

Esta popularidad se reflejará también en el control de los espacios homosociales femeninos, como, por ejemplo, el Girton College, de Cambridge, que permitirá por primera vez estudiar a las mujeres en dicha institución. Sin embargo, estos círculos femeninos no solo van a ser de clase alta. En España, por ejemplo, se desarrolla una visible escena lésbica en las tabernas próximas a las fábricas de tabaco, hasta el punto de que el sexólogo Havelock Ellis habla del lesbianismo de las cigarreras andaluzas, originado por las altas temperaturas y la necesidad de trabajar semidesnudas, y C. Bernaldo de Quirós y J. M.ª Llanas Aguilaniedo señalan que la presencia de parejas lesbianas entre las cigarreras se origina en «la irritación producida por el polvillo desprendido del tabaco».

Junto con esta visibilidad, los dramas lésbicos saltan a la esfera pública y, a principios del siglo XX, todo Madrid comenta el crimen de la Sartenero, una virago (mujer masculinizada) que por celos rabiosos «desfiguró a la bella María de los Décimos, hiriéndola de un disparo que le atravesó la boca, y que, complicado después, fue causa de su muerte al año escaso», tal como se recoge en *La mala vida en Madrid*.

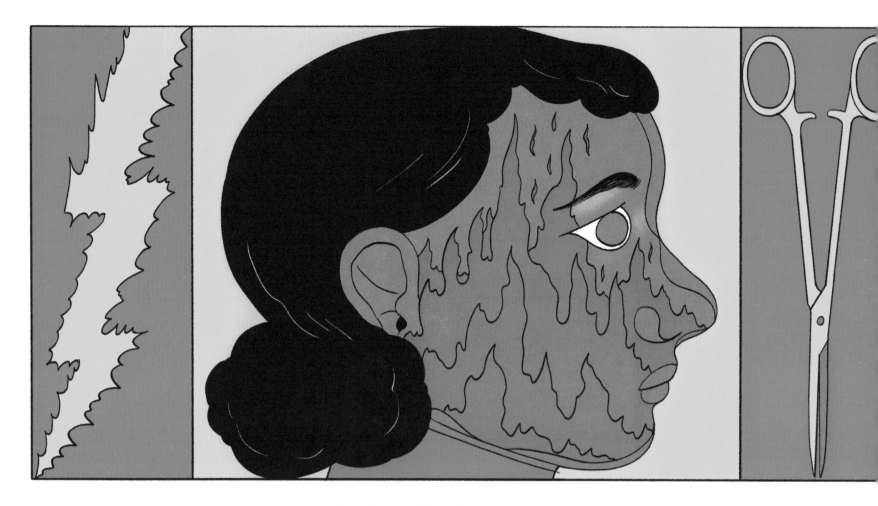

El teatro de las histéricas de Charcot

La histeria es una «enfermedad» que, más que remitir a la ciencia, nos habla de cómo se ha observado a las mujeres, históricamente, desde el poder. Comenzaremos por Platón. Según este, síntomas similares a la epilepsia en mujeres tenían su origen en el útero (*hystéra*): «Lo que se llama útero es un animal que vive en ellas con el deseo de hacer niños. Cuando permanece mucho tiempo estéril […] se indigna, va errante por todo el cuerpo, […] y ocasiona enfermedades de todo tipo». Varios siglos después, Galeno descubrirá que eso del útero errante no tiene demasiado sentido, y considerará que las convulsiones histéricas se deben a la falta de placer sexual. Ya en el medievo, se entenderá que los síntomas histéricos son —como casi todo— un síntoma de posesión, y a muchas «histéricas» se las considerará brujas. En el siglo XVII se empieza a plantear un origen cerebral, y no uterino, de los síntomas histéricos, y el médico inglés Thomas Sydenham hace el gran descubrimiento: la histeria es una dolencia tramposa, capaz de simular casi cualquier enfermedad orgánica. Semejante plasticidad, unida a la represión femenina de la época victoriana, convertirán la histeria en la enfermedad protagonista del siglo XIX.

No podemos hablar de histeria sin mencionar la Salpêtrière, donde Jean-Martin Charcot —considerado el padre de la neurología moderna— trabajará desde 1862. La Salpêtrière era un hospicio que albergaba a mendigas, prostitutas, locas, mujeres denunciadas por sus maridos o padres... Muchas se quedaban allí para siempre y eran consideradas «incurables». Cuando Charcot se convierte en el director del ala de las histéricas, centra todas sus energías en desentrañar la misteriosa enfermedad. En aquel momento, la histeria se trataba con agresividad: desde descargas eléctricas a intervenciones sobre el útero, como los sangrados, las inyecciones de nitrato de plata o la extirpación. Charcot, sin embargo, estableció que sus síntomas se debían a una degeneración neurológica, a menudo hereditaria, y que respondían a la hipnosis.

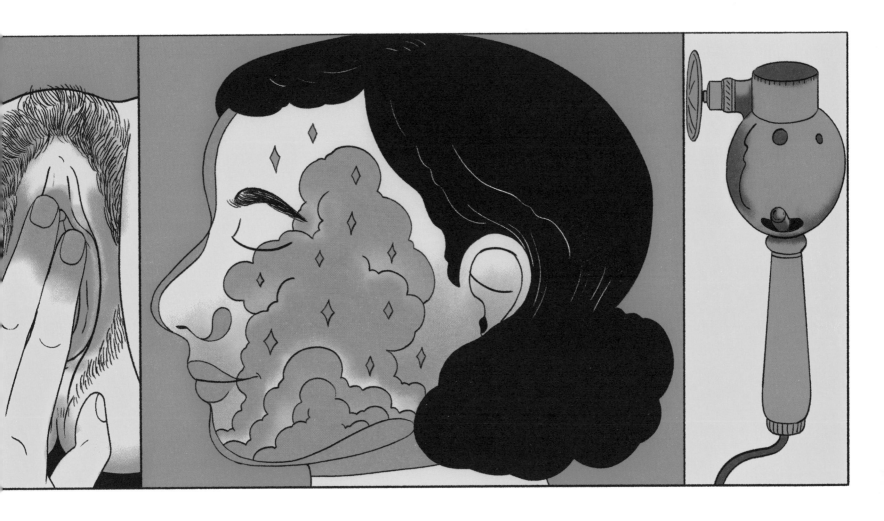

Ser susceptible a la hipnosis confirmaba, de hecho, el diagnóstico de histeria. Charcot exhibía sus conocimientos —y a sus pacientes— ante numerosos alumnos y curiosos de alto *standing* —desde Zola hasta Sarah Bernhardt—, y la histeria pronto se convirtió en una especie de espectáculo de variedades de supuesto interés científico.

En 1885, un joven Sigmund Freud llega a la Salpêtrière para aprender del neurólogo. Aunque inicialmente es su alumno más brillante y practica, como él, la hipnosis, Freud acaba independizándose de su maestro y elabora su propia teoría sobre la histeria: los síntomas se deben a un hecho del pasado, de índole sexual, reprimido por el inconsciente y expresado de las formas más variopintas. Esta idea es el origen del psicoanálisis freudiano.

No es la única teoría sobre la histeria relacionada con el sexo. En un siglo de tal represión femenina,

En el siglo XVII se empieza a plantear un origen cerebral, y no uterino, de los síntomas histéricos.

la medicina da con otro método curativo: el paroxismo histérico, que no es otra cosa que... un orgasmo. Sin vincularlo jamás con el sexo ni mencionar la palabra *orgasmo*, los doctores masajearán los genitales de las histéricas hasta lograr el denominado «paroxismo». La reticencia a llamar a las cosas por su nombre sorprende, pero no se limitó al orgasmo. El método del masaje resultaba muy esclavo para los médicos, así que Mortimer Granville acabó creando un aparato eléctrico para alcanzar el paroxismo. Hablamos, claro, del vibrador, considerado un aparato médico hasta mediados de siglo. Aunque la histeria fue desacreditada como enfermedad por la American Psychiatry Association (APA) en 1952, sus frutos —el psicoanálisis, el vibrador— se quedaron para siempre con nosotras. El resto, amigas, es historia y orgasmos.

Los juicios contra Oscar Wilde y el nacimiento del homosexual moderno

El famoso escritor Oscar Wilde se encontraba en la cúspide de su fama tras el estreno de *La importancia de llamarse Ernesto* y culminaba el siglo manteniendo la tensión entre ser (un hombre casado, padre de dos hijos) y aparentar (una actitud esteta, una sodomía escandalosa y visible). Como en uno de sus aforismos, la máscara acabó siendo más real que el rostro y Wilde fue engullido por su fama. Todo empezó el 18 de febrero de 1895 cuando el machirulo marqués de Queensberry, padre de su último y trágico amante, lord Alfred Douglas (Bosie), le dejó una nota en un club de caballeros de Albemarle Street con faltas de ortografía: «Para Oscar Wilde, que alardea de ser un somdomita [*sic*]». La presión que el marqués llevaba ejerciendo sobre la pareja y el mal consejo de Bosie le llevan a tomar una decisión fatal: acaba denunciando al marqués por libelo criminal, ya que este le acusa de sodomía. El marqués solo tiene una salida en el juicio que se inicia el 3 de abril de 1895: demostrar que lo que decía la nota era verdadero. La suerte de Wilde está echada.

Desde el primer día, el juicio es un escándalo y se viven carreras y empujones en los pasillos. La prensa llena las portadas con la causa y Wilde, que al principio se defiende ingeniosamente, se derrumba ante la cantidad de pruebas que señalan su homosexualidad. Los abogados hacen un siniestro retrato del apartamento de Westminster, donde recibía la visita de hombres de clase baja que se prostituían, al preguntar: «¿Qué placer encontraba en divertir a cocheros y lacayos?». Además de su vida personal, se utilizó su obra y la de colegas para demostrar sus preferencias sexuales, sacando a la luz judicial dobles sentidos y referencias cultas. El veredicto del primer juicio se lee el 5 de abril y absuelve al marqués de injurias: Wilde era declarado sodomita. Los amigos, como el fiel Robbie Ross, le piden que huya a Francia, pero Oscar decide esperar al destino que llega en forma de detención esa misma tarde. El honor está perdido, los acreedores aprovechan el revuelo para vender sus pertenencias, uno de sus pisos es asaltado y sus hijos tienen que abandonar el colegio. En los siguientes juicios, un Wilde apático oye cómo Charles Parker o Alfred Wood narran sus encuentros sexuales, los regalos que este les hacía (pitilleras de plata) y el robo de cartas comprometidas mientras las amas de llaves suben al estrado a hablar de sábanas «manchadas de una forma… particular». El 30 de abril de 1895, Wilde, preguntado por una de sus frases más famosas, afirma en el estrado: «El amor que no osa decir su nombre, en este siglo, es el amor de un hombre maduro y un hombre joven, […] un afecto hondo y espiritual, tan puro como perfecto, […] no hay nada contra la naturaleza en ello». Ese segundo juicio llega a una vía muerta, pero el tercero, una larga agonía, acaba con el juez dictando sentencia con unas palabras de repulsión hacia Wilde. Le cae la máxima condena: dos años de trabajos forzados. Wilde intenta decir unas palabras finales, pero es acallado por los gritos de «¡Vergüenza!».

Los juicios recibieron cobertura internacional y la prensa francesa —incluida la conservadora— denunció la hipocresía inglesa, mientras que en Estados Unidos la anarquista Emma Goldman fue una de las pocas voces que lo defendió. Estos procesos tuvieron una importancia fundamental para la creación de la homosexualidad —acuñada en 1868— como identidad moderna. Las palabras de Wilde, resonando en los periódicos de todo el mundo, definieron un modo de ser al asentar, por ejemplo, en la imaginación popular la relación entre homosexualidad y afeminamiento. También levantaron una oleada de persecuciones y devolvieron al ostracismo a muchos homosexuales que empezaban a ser visibles. A pesar de ello, Wilde dio voz a un modo de ser que ha acompañado a generaciones de personas en los distintos juicios sociales que van a vivir.

SIGLO XX

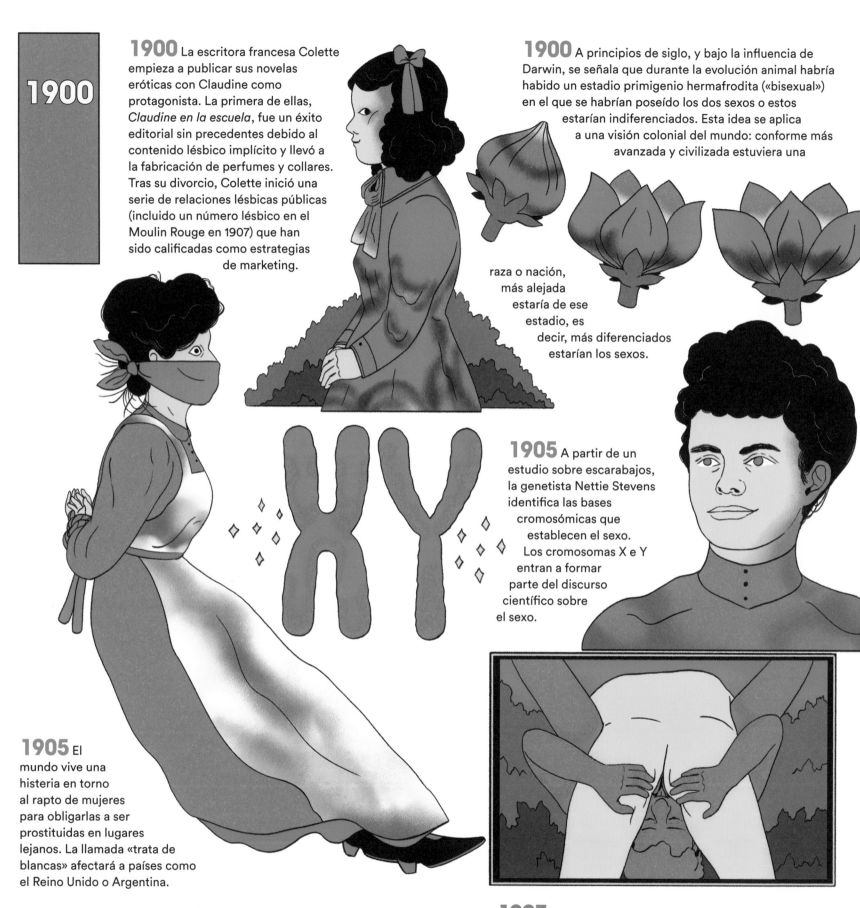

1900 La escritora francesa Colette empieza a publicar sus novelas eróticas con Claudine como protagonista. La primera de ellas, *Claudine en la escuela*, fue un éxito editorial sin precedentes debido al contenido lésbico implícito y llevó a la fabricación de perfumes y collares. Tras su divorcio, Colette inició una serie de relaciones lésbicas públicas (incluido un número lésbico en el Moulin Rouge en 1907) que han sido calificadas como estrategias de marketing.

1900 A principios de siglo, y bajo la influencia de Darwin, se señala que durante la evolución animal habría habido un estadio primigenio hermafrodita («bisexual») en el que se habrían poseído los dos sexos o estos estarían indiferenciados. Esta idea se aplica a una visión colonial del mundo: conforme más avanzada y civilizada estuviera una raza o nación, más alejada estaría de ese estadio, es decir, más diferenciados estarían los sexos.

1905 A partir de un estudio sobre escarabajos, la genetista Nettie Stevens identifica las bases cromosómicas que establecen el sexo. Los cromosomas X e Y entran a formar parte del discurso científico sobre el sexo.

1905 El mundo vive una histeria en torno al rapto de mujeres para obligarlas a ser prostituidas en lugares lejanos. La llamada «trata de blancas» afectará a países como el Reino Unido o Argentina.

1907 Filmación de la cinta argentina *El Satario* que contiene uno de los primeros planos de genitales conservados en la historia del cine.

1902 La compañía estadounidense Hamilton Beach lanza el primer vibrador eléctrico para venta comercial. Se convierte así en el sexto aparato doméstico en ser electrificado y en un electrodoméstico pionero, por delante del aspirador o la plancha eléctrica.

CARAS Y CARETAS

1908 El poeta y filósofo Edward Carpenter publica *El sexo intermedio*, en un momento en el que se está creando la definición contemporánea de la homosexualidad.

THE INTERMEDIATE SEX

1902 El semanario argentino *Caras y Caretas* empieza a recoger con tono amarillista historias de personas *trans*, como las de «un sujeto indígena que vestía de mujer y servía como madrina en los bautismos, siendo muy obsequiado por los vecinos de aquellos lejanos lugares» y la de Arturo de Aragón, un anarquista italiano que acaba en Buenos Aires de peón o policía. Todas las historias repiten los mismos esquemas: los diferentes siempre son los otros (indígenas o inmigrantes) y todo acaba en sanción simbólica, ya que los protagonistas resuelven «vestir el traje que corresponde a su sexo».

1908 Las distintas guerras expansionistas japonesas transforman el trabajo y la explotación sexual en sus colonias

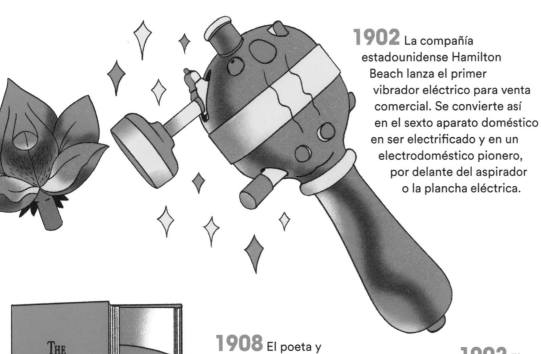

1907 La nadadora profesional (natación sincronizada) Annette Kellerman es detenida por exposición indecente en Revere Beach, Boston, por llevar un bañador la mar de atrevido que mostraba cuello, brazos y piernas. Hasta la Primera Guerra Mundial el bañador constó de un corpiño ajustado, cuello alto, mangas hasta el codo y falda por las rodillas. Y debajo de la falda, como guinda de este pastel de tela, un incómodo pantalón. Mojado, el atuendo llegaba a pesar varios kilos.

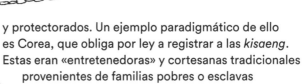

y protectorados. Un ejemplo paradigmático de ello es Corea, que obliga por ley a registrar a las *kisaeng*. Estas eran «entretenedoras» y cortesanas tradicionales provenientes de familias pobres o esclavas (algunas trabajaban en la corte y otras en pequeños cafés). El imperialismo japonés multiplicará la demanda de *kisaeng* y creará el primer «barrio rojo» de Corea en 1902. Durante las décadas siguientes, las agencias turísticas japonesas venderán a las *kisaeng* como reclamo para visitar la colonia.

1909

Década de 1900

El vibrador, tu electrodoméstico favorito

Los orígenes del vibrador remiten a nécdotas de todo pelaje: desde el consolador de abejas de Cleopatra hasta las sesiones masturbatorias de los psiquiatras del siglo XIX). Lo que es seguro es que, en 1870, el doctor Joseph Mortimer patenta el primer vibrador de baterías, un instrumento percutor enfocado a un sinfín de patologías. Su vibración, aplicada sobre distintas partes del cuerpo, prometía mejorar el dolor muscular, los cólicos y hasta la laringitis. Un aparato que vibraba, sí, pero sin las connotaciones actuales. Cuando en 1902 Hamilton Beach lo incluye en su catálogo de venta, el vibrador entra a formar parte de los hogares estadounidenses. En 1918, la gran compañía Sears & Roebuck lo define como un aparato «muy útil y satisfactorio para su uso doméstico» (la palabra *sexo* brilla por su ausencia). Sin embargo, en su libro *La tecnología del orgasmo*, la estudiosa Rachel Maines habla de cómo los terapeutas del siglo XIX usaban el vibrador para masajear las partes íntimas de sus pacientes hasta llevarlas al orgasmo, con la intención de tratar ese gran problema femenino llamado «histeria», en el que entraba cualquier trastorno que una mujer pudiera presentar. Revisiones posteriores afirman que, por curiosa que pueda resultar esta terapia, no hay pruebas que la confirmen. Ya en la década de 1950 se empiezan a emplear imágenes de mujeres sexualizadas para publicitar los vibradores, lo que apunta por fin a sus verdaderas virtudes. En 1952 la American Psychiatric Association desacredita la histeria como enfermedad real y los consoladores abandonan las estanterías de los comercios al uso y comienzan a venderse en *sex-shops*. Ya en los setenta, talleres de salud sexual como el de Betty Dodson destacarán sus posibilidades como herramienta de autoexploración y placer, y empresas como Xandria empezarán a diseñarlos para personas con discapacidades específicas, como falta de movilidad. Hoy muchos vibradores han abandonado la forma cilíndrica para adaptarse a los recovecos del placer femenino, a la próstata masculina y al punto G. Para saber cuál es el tuyo, tendrás que probarlos todos.

Uranistas y otras etiquetas de principios del siglo XX

La cultura finisecular poco a poco empieza a formar los términos contemporáneos referidos a la homosexualidad, creando y desechando ideas. Uno de ellos es el de *uranista* (acuñado por Karl Heinrich Ulrichs, pionero de la sexología), que va a hacer referencia a un «tercer sexo»: los homosexuales serían considerados hermafroditas psicológicos o, según Ulrichs, «personas con almas femeninas atrapadas en cuerpos masculinos».

El término de Ulrichs fue recogido por el socialista, vegano, poeta, filósofo y miembro de la orden de Queronea (un grupo secreto de homosexuales) Edward Carpenter, que en su libro *El sexo intermedio* (1908) hizo una reflexión sobre los chamanes y místicos del tercer sexo a lo largo de la historia y subrayó su superioridad.

Abandonado poco después, el «uranismo» acabó haciendo referencia a un grupo de poetas ingleses dedicados a cantar las bondades de los hombres jóvenes, ya que en la sexología se asentó la idea de la inversión sexual. Una teoría que explicaba la homosexualidad como una inversión del género, por lo que una mujer que deseara a otra se concebía más como masculina que femenina. Ese concepto fue difundido por el sexólogo Havelock Ellis, que señaló la homosexualidad como una causa congénita y no como el efecto de una degeneración. Al subrayar ese carácter natural, se abogaba también por su despenalización.

Frente a esos discursos se encontraban autores germanos como Benedict Friedlaender Adolf Brand, que en 1903 fundó la llamada Gemeinschaft der Eigenen (o Comunidad de los Especiales), cuyo lema podría haber sido «Abstenerse plumas». Estos rechazaron la idea de la inversión natural o del tercer sexo, que se encontraba en la base de los primeros movimientos de despenalización, y abrazaron una mística de la masculinidad basada en Grecia. Con un ojo puesto en Esparta y otro en Nietzsche, boicotearon acuerdos con el feminismo alemán y abogaron por que los hombres casados tuvieran amantes efebos.

La histeria alrededor de la trata de blancas

El siglo XX empieza con historias de terror vinculadas con el crecimiento urbanístico y la modernidad. Para los higienistas, las ciudades eran lugares peligrosos, llenos de masas contaminadas por la inmigración, en las que las mujeres se veían amenazadas. Dentro de ese contexto comienzan a circular historias de trata de blancas, en las que la *blanquitud* se entiende como sinónimo de nativo; es decir, remite a mujeres autóctonas que son raptadas por personas racializadas para prostituirlas en lugares lejanos.

El origen de esta histeria se suele situar en una serie de reportajes, de 1885, del periodista británico W. T. Stead: «The Maiden Tribute of Modern Babylon», publicados en julio de 1885. Allí, Stead contaba cómo, por unas pocas libras, pudo comprar la virginidad de una niña de trece años. Con ello destapaba el laberíntico mundo de la esclavitud sexual victoriana, que incluía el rapto de vírgenes de clase obrera que habrían sido secuestradas para ser prostituidas en Europa o Sudamérica.

A partir de entonces, este tipo de historias se multiplican y crean un pánico social. Muchas de ellas, según Cecily Devereux, tienen siempre las mismas protagonistas: mujeres solas en espacios públicos, mujeres que viajan en tren o que pasean por los grandes almacenes. Para Mary A. Irwin, estos discursos permitieron rehabilitar la figura de la prostituta, al señalar que incluso las hijas de las clases medias podían caer en estas redes. Sin embargo, al reducir la prostitución al papel de esclava, se negaba a estas cualquier clase de reivindicación. Junto con este asunto se encontraba la cuestión racial, que atestiguaba la existencia de un mundo cada vez más global. En unas sociedades en las que las mujeres blancas y burguesas parecían escasear, su secuestro era un terrible delito. El antisemitismo, tan en boga por aquellos años, utilizó ese mismo argumento y, según Patricio Simonetto, en Argentina, en 1905, cien hombres fueron acusados de pertenecer a la falsa sociedad judía Zwy Migdal, que traficaba con mujeres.

El nacimiento de la pornografía

Los avances en la reproducción de la imagen van a convertir el ojo en uno de los principales órganos sexuales, ya que el placer erótico de mirar (la escopofilia) alcanza nuevos hitos con el cambio de siglo. La fotografía de desnudos, que incluía desde estudios artísticos hasta imágenes etnográficas, será coleccionada al principio por las clases altas, pero pronto la imagen de la desnudez pasó a convertirse en un entretenimiento asequible. En 1834 había cincuenta y siete tiendas de pornografía operando en Londres y, en 1874, en una redada llevada a cabo en la casa del famoso fotógrafo Henry Hayler, se llegaron a confiscar 130.248 fotografías obscenas, mientras los moralistas hablaban de la espermatorrea o los devastadores efectos del exceso de orgasmos (¡ja!).

Al cine pornográfico, en cambio, le costó quitarse su aura de juguete de las clases pudientes. Si en el siglo XIX existían ya espectáculos de cámara oscura en los que los actores realizaban actos sexuales proyectados desde otra habitación, con la popularización del cinematógrafo las cintas pornográficas se podían disfrutar en los prostíbulos más selectos. Desde la primera cinta erótica *Le coucher de la mariée* (1896) con un modesto *striptease*, hasta el primer plano genital conservado, el de la cinta argentina *El Satario* (1907), se fue allanando el terreno a la primera cinta porno con argumento conservada, la famosa *À l'Écu d'or ou la Bonne Auberge* (1908), sobre un mosquetero que acude a una taberna (con eróticos resultados). Este tipo de ensoñaciones excederán los ambientes prostibularios en las «tardes de caballeros» de algunos cines alemanes o de palacios españoles, ya que el propio rey Alfonso XIII fue promotor de material pornográfico. Para la especialista Lisa Z. Sigel, la persecución contra la pornografía de la época forma parte de un proyecto mayor de control de la población en una época de revoluciones y, al mismo tiempo, significa un contrapeso a la cultura burguesa y su sofisticación.

El siglo de Freud: ¡orales, anales, todas bisexuales!

La Europa de inicios del siglo XX es el escenario de una de las mayores revoluciones intelectuales de la historia: la del psicoanálisis. Una revolución protagonizada por un neurólogo austriaco de origen judío, gesto serio y sempiterno puro. Las teorías de Sigmund Freud supusieron un antes y un después en nuestra visión de la sexualidad: contradecían la moral victoriana, tan limitante y opresora, y afirmaban que la represión sexual era el germen de numerosos trastornos psíquicos. Gran parte de sus nociones han pasado al imaginario colectivo y a la cultura popular. Con ánimo didáctico —y sucinto—, he aquí un glosario con el *top ten* de sus conceptos en lo relativo a sexualidad.

Bisexualidad innata. Según Freud, todos los seres humanos serían, en origen, bisexuales, pero no en un sentido de orientación sexual, sino de identidad de género: todos tendríamos atributos femeninos y masculinos. A lo largo de la maduración sexual, sin embargo, las mujeres tenderíamos a incorporar los

atributos femeninos y los hombres, los masculinos —incluyendo la atracción por el sexo opuesto—, y la posible bisexualidad adulta se debería a reminiscencias de esa otra naturaleza masculina o femenina ya dejada atrás. Como vemos, la identificación entre identidad de género y orientación sexual —si te atraen las mujeres, será porque tu lado masculino no ha sido del todo abandonado— hace que la teoría de la bisexualidad innata freudiana haya quedado desfasada a estas alturas. Aunque... queda fenomenal como título de este texto.

Complejo de Edipo, complejo de castración y envidia del pene. El «complejo de Edipo» es una de las nociones freudianas más populares y criticadas, debido a su consideración de los infantes como sujetos con deseos sexuales, su relación con el incesto y su afirmación de que la inferioridad de la mujer se debería a la psique y no a condicionantes culturales. Según Freud, durante la etapa fálica, el niño se fijaría

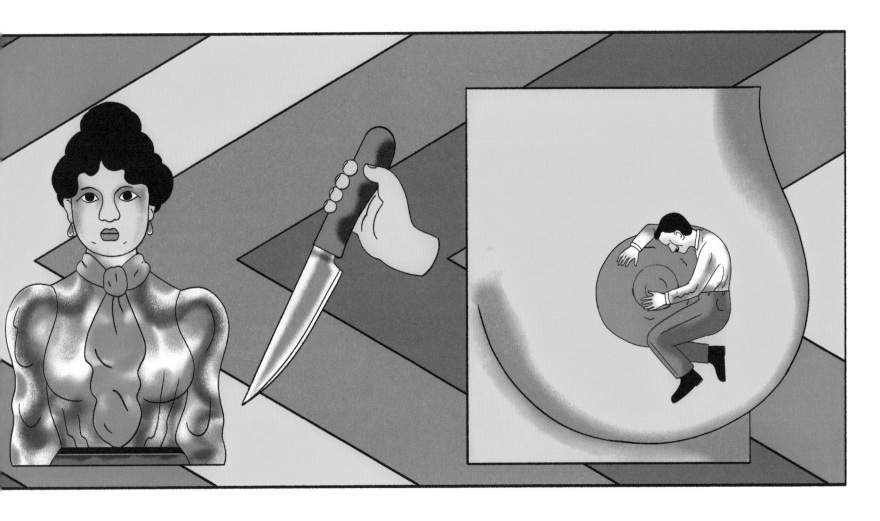

en su madre como fuente de placer y desearía eliminar al padre, obstáculo en su camino hacia la satisfacción, para poseer a la madre. Sin embargo, el niño se sentiría amenazado por el padre y desarrollaría el complejo de castración: el miedo a perder el falo a manos de su padre. Hay que tener en cuenta que, en Freud, el falo no es el pene en un sentido anatómico: es la representación del poder y la superioridad. Gracias al miedo a ser castrado, el niño aprendería reprimir sus deseos, superaría el complejo de Edipo y alcanzaría la madurez sexual. Pero el destino de las niñas, ¡ay!, es bastante peor. Durante esta fase la fémina se daría cuenta de que ella, al contrario que su hermanito, no tiene pene. Aunque durante un tiempo esperaría su aparición, al darse cuenta de que ni crece ni crecerá, se sentiría castrada, incompleta —desarrollando la «envidia del pene»—, y culparía de ello a la madre, que la ha «fabricado mal». Debido a este odio hacia la madre, desarrollaría un amor hacia el padre que daría pie a su propio «complejo de Edi-

po». Así pues, vemos que, para el niño, el complejo de Edipo se supera para alcanzar la madurez sexual, mientras que en la niña genera una certeza de su inferioridad con respecto al varón.

Libido. Según Freud, todo comportamiento humano está guiado por la búsqueda del placer, desde la infancia hasta la edad adulta. La libido sería una energía interna de tipo sexual, correspondiente a esa búsqueda de placer, que expresamos de distintas formas. En su camino hacia el exterior, la libido puede transformarse (sublimarse) en una actividad desexualizada, como el deporte o la carrera profesional.

La libido en la infancia. Esa búsqueda de placer está presente también en los primeros años de vida, durante los que se atraviesan unas fases determinadas: la fase oral, cuando el bebé conoce el placer de la lactancia; la fase anal, cuando el bebé descubre que puede controlar sus propios esfínteres, que puede evitar hacerse caca encima, y eso, por lo visto, también le supone un gran placer; la fase fálica —la más polémica de todas, que escandalizó a la sociedad victoriana—, durante la que el centro del placer estaría en los genitales y se desarrollaría el famoso «complejo de Edipo»; la fase de latencia, en la que el deseo sexual estaría todavía enterrado, y la fase genital, cuando los órganos sexuales alcanzarían la madurez y surgirían los deseos sexuales conscientes. Si durante una de estas fases se sufriera un exceso o una deficiencia de gratificación, la persona se quedaría fijada en ella. Por ejemplo, si un bebé no obtuviera el suficiente placer a través del control de sus esfínteres en la fase anal, crecería para convertirse en un adulto sumamente organizado.

Perversiones polimorfas y de todo tipo. Para Freud, el sexo normal consistiría siempre en la clásica inserción del pene en la vagina —el viejo mete y saca— y cualquier otra práctica caería en la zona de lo perverso. Freud señala que, de niños, todos somos un poco narcisistas y perversos: extraemos placer de cualquier parte del cuerpo, mediante el roce o la frotación. Somos pequeños perversos polimorfos. Hacerse mayor pasa por abandonar el placer que se produce en el resto del cuerpo —incluido el ano, la boca y el clítoris—, para centrarse en los genitales y la reproducción heterosexual, la forma más adulta y civilizada de tener sexo según el vienés, que opinaba que esas otras prácticas sexuales eran comunes en las mujeres pobres y en las personas no occidentales. Y esas no son las únicas perversiones, ya que el deseo podía extraviarse hacia objetos inanimados con una relación metafórica con el sexo —las axilas, las pieles—, hacia uno mismo —como los homosexuales, a los que consideraba narcisistas—, hacia las heces o hacia la orina. Este *totum revolutum* de la perversidad, según Freud, tendría, sin embargo, un origen común: todo él nos remite a una época infantil, no madura.

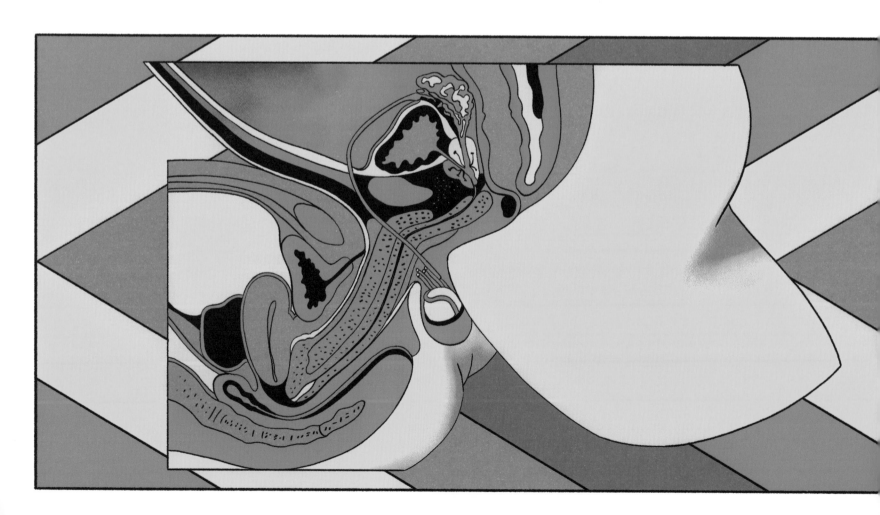

Represión. He aquí la piedra filosofal, el talón de Aquiles de la psique. Según Freud, el ser humano reprime sus deseos y pulsiones, sin darse cuenta, gracias a la acción del superyó, una de las capas de nuestra psique, conformada por el ello, el yo y el superyó. El superyó se encarga de vigilar, precisamente, que no sigamos nuestros impulsos y deseos —que surgen del ello, nuestra parte más primitiva—, así sin más, como caballos desbocados. Entre esos impulsos del ello estaría, por ejemplo, el del incesto, así que no está mal que el superyó nos eche una manita con eso. Sin embargo, una vez reprimidos en el inconsciente, nuestros deseos no desaparecerían: se expresarían en forma de sueños o lapsus y, si no son convenientemente sublimados mediante otros actos, como neurosis.

Así que, según Freud, la represión sería tanto la clave para la convivencia social como el origen de la enfermedad mental. Y es que, para tener una psique sana, los deseos no deberían ser sencilla-mente enterrados —cosa imposible—, sino sublimados mediante conductas aceptadas socialmente, como la creatividad, el ejercicio intelectual o el deporte.

La influencia de estas ideas y las críticas que generaron fueron enormes. Una parte del feminismo les ha reprochado su carácter falocéntrico y patriarcal, otra ha señalado su determinismo biológico y autoras como Nancy Chodorow han realizado una crítica que señala que si el carácter se forma en la niñez, las mujeres serían sus principales referentes, al ser las encargadas de los cuidados. Así, el falo no sería tan importante: está ausente o llega después de trabajar. Finalmente, desde territorios no occidentales, se ha dicho que las teorías de Freud se presentan como universales, cuando solo funcionarían en ámbitos burgueses y europeos. La sexología contemporánea, además, ha intentado abrir la sexualidad al placer de todo el cuerpo y de todos los cuerpos.

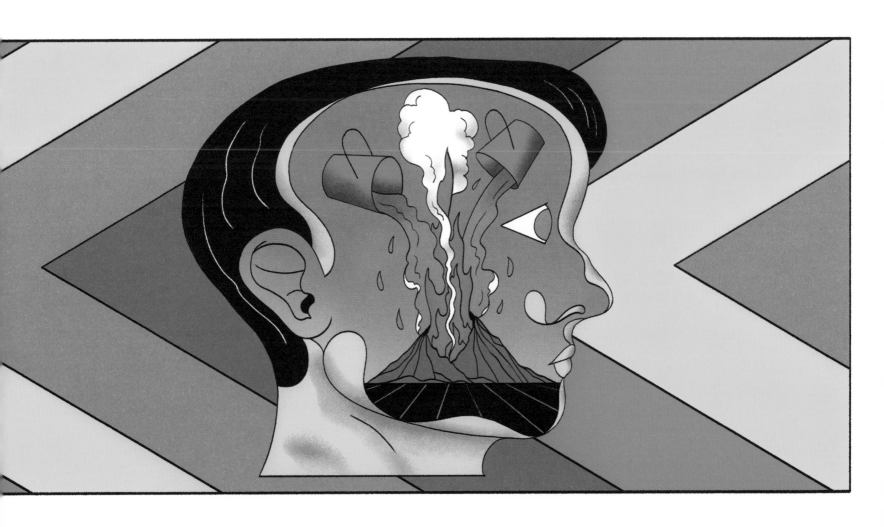

El baile de los 41
y otros escándalos de principios del siglo XX

A principios del siglo XX, un mismo discurso dominaba los nacionalismos de todo el planeta: el darwinismo social. Solo las naciones más sanas y viriles ganarían la carrera colonial. Debido a ello, los gobiernos empezaron a ver los vicios ajenos como ejemplos de una degeneración social que había que extirpar.

En el centro de ese debate se encontraban los escándalos homosexuales, que protagonizaron portadas en las que se asociaba la sodomía con la aristocracia y la explotación sexual de jóvenes de clase obrera. Por ejemplo, en el Reino Unido se produjo el escándalo de Cleveland Street (1889), donde había un prostíbulo masculino regentado por uno de los amigos más íntimos del príncipe Alberto Víctor, en el que se vieron implicados un montón de jóvenes empleados de telégrafos.

Mientras, Alemania se sobrecogía, primero, al presenciar la amistad del káiser Guillermo II con el industrial y fabricante de armas Friedrich Alfred Krupp, que había convertido Capri en su paraíso homosexual personal en 1902 y, luego, con el llamado escándalo Harden-Eulenburg (1907-1909), cuando la prensa denunció a una camarilla homosexual, alrededor del káiser, que intentaba limitar sus políticas militaristas. El escándalo y los sucesivos juicios envenenaron a la opinión pública: la homofobia se afianzó y se alejó la posibilidad de legalizar la homosexualidad.

De estos casos, uno de los más conocidos fue el del «baile de los 41», que tuvo lugar en Ciudad de México el 17 de noviembre de 1901, durante el porfiriato (1876-1911), y que fue visto como exponente de la degeneración de un país que se modernizaba entre la corrupción política. Esa fatídica noche, 42 hombres, pertenecientes a un grupo de amigos, disfrutaban de un baile privado, algunos vestidos de forma elegante y masculina y otros de manera femenina, con trajes de fiesta. La velada incluía cena, baile, francachela, el bautizo de nuevos integrantes y la presencia de hombres que se dedicaban a la prostitución. La policía, que vio extraños movimientos en la calle Paz, interrumpió la velada en una acción que hacía público un chisme que corría por la ciudad: la celebración de bailes de homosexuales por parte de miembros de la clase dirigente. Durante los meses siguientes, los periódicos se llenaron de descripciones del «sarao uranista» y de lo afeminado de sus invitados, así como de referencias veladas a sus identidades. Entre ellas, un nombre resonaba con fuerza: el del yerno del presidente del país, Ignacio de la Torre y Mier, que habría sido liberado por la policía y cuyo nombre sería eliminado de los registros hasta reducir el «contubernio» a 41 asistentes. Según las noticias de la época, los detenidos fueron encerrados —a pesar de que no hubiera una ley que castigara la homosexualidad— y, ataviados aún con sus galas, tuvieron que barrer las calles contiguas a la comisaria. Luego se les afeitó la cabeza y una docena de ellos, supuestamente los que carecían de conexiones sociales, fueron enviados en tren a Yucatán a realizar trabajos forzados dentro del ejército. La gente se agolpó en la estación para insultarles y tirarles basura (la escena se repitió en otras paradas). De los que tuvieron la suerte de salvarse, como Antonio Adalid (Toña la Mamonera), muchos fueron enviados al extranjero y repudiados por sus familias.

El escándalo de los 41 significó la entrada del homosexual afeminado en la esfera pública en grabados, canciones y novelas. El número 41 se mantuvo durante décadas como tabú en la cultura mexicana, lo que afianzó una moralidad burguesa mojigata, pero que, con su sensacionalismo, terminó dando visibilidad a la diversidad sexual. Siguiendo la lógica habitual del escándalo: los susurros malintencionados acaban clamando lo que parecía que no se podía decir.

1910 La Bella Otero, una de las cortesanas más famosas y cotizadas de la Belle Époque, se retira de los escenarios y vive hasta su muerte (en 1965) en Niza. El casino de Montecarlo, como agradecimiento a las exorbitantes sumas de dinero que había dejado sobre sus tapetes, le pasa una pensión.

1910 El yogui estadounidense Pierre Bernard, el Gran Oom, es acusado de secuestrar a dos adolescentes. Estas alegan estar sometidas a su control mental. Desde finales del siglo XIX y sobre todo desde la novela *Trilby* (1894), de George du Maurier, Occidente parece fascinado con la figura de Svengali, el hombre racializado que utiliza sus arcaicos saberes para hipnotizar a jóvenes delicadas. Novelas como *Drácula* (1897), de Bram Stoker, muestran también el terror a la contaminación racial.

1914 El estallido de la Primera Guerra Mundial dentro de un ambiente de celebración hace que muchas mujeres jóvenes se sientan atraídas por la erótica del uniforme: es la llamada «fiebre caqui».

1912 El vizconde de Vila-Moura publica la novela *Nova Safo*, una obra modernista y decadente portuguesa cuya protagonista, una joven heredera lesbiana que se marcha a Londres, se atreve a justificar su pasión por las mujeres. La publicación de la novela coincide con la entrada de la legislación homofóbica —«vicios contra a naturaleza»— de la recién instituida República Portuguesa.

1915 Da comienzo el genocidio armenio, primer exterminio moderno de la historia, con un gran protagonismo de la violencia sexual como instrumento de limpieza étnica.

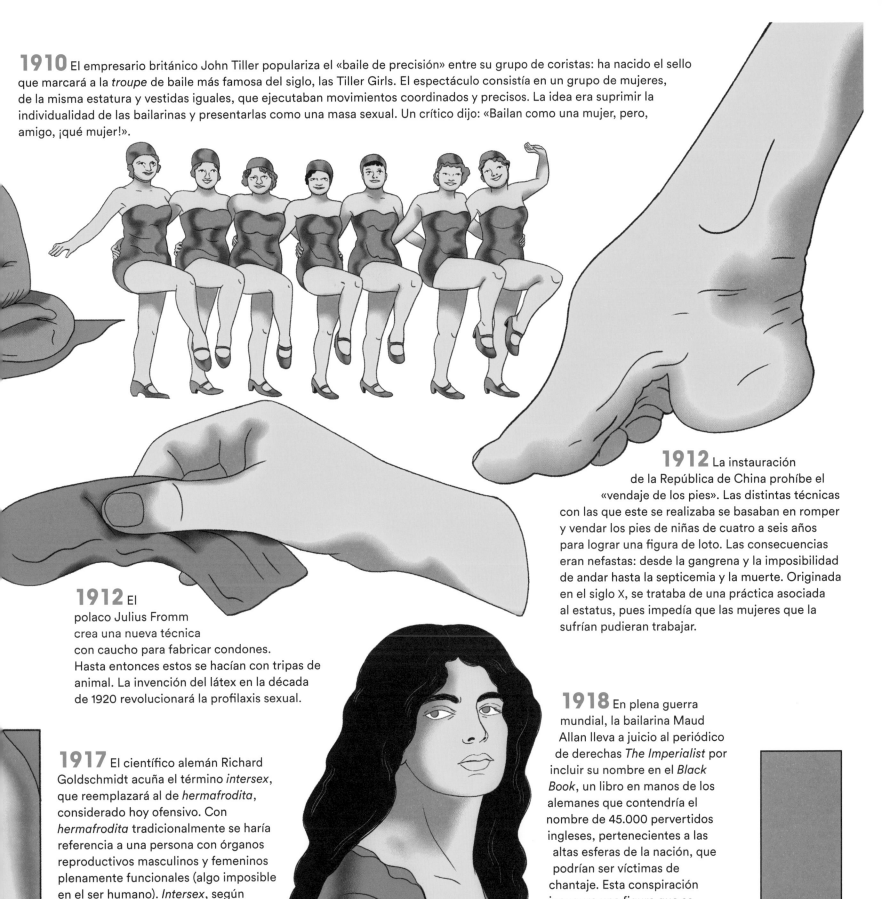

1910 El empresario británico John Tiller populariza el «baile de precisión» entre su grupo de coristas: ha nacido el sello que marcará a la *troupe* de baile más famosa del siglo, las Tiller Girls. El espectáculo consistía en un grupo de mujeres, de la misma estatura y vestidas iguales, que ejecutaban movimientos coordinados y precisos. La idea era suprimir la individualidad de las bailarinas y presentarlas como una masa sexual. Un crítico dijo: «Bailan como una mujer, pero, amigo, ¡qué mujer!».

1912 La instauración de la República de China prohíbe el «vendaje de los pies». Las distintas técnicas con las que este se realizaba se basaban en romper y vendar los pies de niñas de cuatro a seis años para lograr una figura de loto. Las consecuencias eran nefastas: desde la gangrena y la imposibilidad de andar hasta la septicemia y la muerte. Originada en el siglo X, se trataba de una práctica asociada al estatus, pues impedía que las mujeres que la sufrían pudieran trabajar.

1912 El polaco Julius Fromm crea una nueva técnica con caucho para fabricar condones. Hasta entonces estos se hacían con tripas de animal. La invención del látex en la década de 1920 revolucionará la profilaxis sexual.

1917 El científico alemán Richard Goldschmidt acuña el término *intersex*, que reemplazará al de *hermafrodita*, considerado hoy ofensivo. Con *hermafrodita* tradicionalmente se haría referencia a una persona con órganos reproductivos masculinos y femeninos plenamente funcionales (algo imposible en el ser humano). *Intersex*, según lo usa Goldschmidt, se referiría a las variedades genitales que dan lugar a la ambigüedad sexual.

1918 En plena guerra mundial, la bailarina Maud Allan lleva a juicio al periódico de derechas *The Imperialist* por incluir su nombre en el *Black Book*, un libro en manos de los alemanes que contendría el nombre de 45.000 pervertidos ingleses, pertenecientes a las altas esferas de la nación, que podrían ser víctimas de chantaje. Esta conspiración inaugura una figura que se repetirá a lo largo del siglo, la del homosexual que se considera traidor a su patria por sus inclinaciones sexuales.

1919

Década de 1910

La belleza previa al horror: la Bella Otero y la Belle Époque

Desde el final de la Guerra francoprusiana, en 1871, hasta el estallido de la Primera Guerra Mundial, en 1914, Europa vive su época de esplendor. El viejo continente ocupa el mundo y se apropia de sus recursos mediante las políticas imperialistas. Mientras África es expoliada, la industria europea se desarrolla y los bulevares se llenan de una burguesía, alegre y consumista, que comienza a desplazar a la aristocracia. En la dinámica del capitalismo, que se impone como sistema económico a escala mundial, a la mujer burguesa le toca mantener la estabilidad, para lo que debe dedicarse al marido, a los hijos y al hogar. Hay mujeres, sin embargo, que participan del mundo de otra manera, con una independencia económica ganada con su talento para la seducción, que les proporciona amantes y dinero sin necesidad de someterse al matrimonio.

El caso español más célebre es el de la Bella Otero, gallega de origen humildísimo que huye de su tierra a los doce años, tras ser violada a los diez por uno de sus vecinos. Un tal Paco, presunto novio, le enseñará a bailar y a cantar y la introducirá en el mundo de la prostitución, recursos con los que se ganará el pan —y menudo pan— el resto de su vida. De Barcelona pasará a Marsella gracias a uno de sus amantes, que le ofrecerá propulsar su carrera. Allí Otero se construirá un personaje al gusto francés y se hará pasar por una gitana de Cádiz. Su espectáculo de baile tendrá un inmenso éxito, tanto que la gallega irá de gira por todo el mundo y se codeará con una gran variedad de estrellas y dirigentes políticos. Gracias a su talento, que la convertirá en reina del Folies Bergère, el cabaré más célebre de París, y a una sucesión de influyentes amantes —desde Guillermo II de Alemania hasta Alfonso XIII de España—, Otero hará una fortuna que dilapidará sin pudor en los casinos de Montecarlo y Niza. Una vez retirada y arruinada, será el propio casino de Montecarlo el que la mantendrá. Hoy una estatua de la Bella Otero se yergue orgullosa en el pequeño pueblo gallego del que huyó, Valga, cuando solo era una niña, para conquistar el mundo.

Condones, Freud y las sufragistas

Los patriotas europeos habían empezado a preocuparse: la curva demográfica caía en picado, la raza se debilitaba y la mano de obra barata se reducía. Durante 1911, en Bélgica, los Países Bajos y Austria se llevaron a cabo políticas natalistas contra la venta y propaganda de anticonceptivos hasta el punto de que en Viena se confiscaron todos los pesarios de goma, un método de barrera femenino. Los condones masculinos, perfeccionados durante esa década, recibieron críticas desde todos los lados: desde la Iglesia católica hasta Freud que, en líneas generales, estaba en contra de cualquier método anticonceptivo por ser origen de neurosis y por permitir la libertad sexual en vez de su sublimación.

A pesar de ello, y según la historiadora Dagmar Herzog, el esfuerzo era baladí, ya que, debido al precio, la mayoría de la gente utilizaba métodos anticonceptivos alternativos a estos. En opinión de esta autora, entre los matrimonios obreros que configuraban el grueso de la población, los dos métodos de control mayoritario fueron el *coitus interruptus* y el aborto, que, al ser ilegal, también era atacado.

En 1913, la feminista socialista francesa Madeleine Pelletier publicaba *Le Droit à l'avortement*, en el que se hablaba de las peligrosas prácticas abortistas, de sus implicaciones de clase, pero también, de manera novedosa, del derecho de la mujer sobre su cuerpo (la mujer embarazada, decía, «es una y no dos»).

Todos estos debates se produjeron, recordémoslo, a la vez que el sufragismo y una figura destacada de su vertiente más reaccionaria, Christabel Pankhurst, lanzan el eslogan «Pureza para los hombres y votos para las mujeres». En su libro *The Great Scourge* (1913), Pankhurst expone que, al llegar al matrimonio, hasta un 80 por ciento de los hombres ya está infectado de gonorrea y transmite ese tipo de enfermedades a las mujeres, por lo que resulta necesario el voto femenino para acabar con la esclavitud sexual de la mujer en el hogar.

Genocidio y violencia sexual: el caso armenio

En el siglo XVI, Armenia formaba parte del Imperio otomano, una circunstancia que convirtió a sus habitantes, de religión cristiana, en una minoría. En 1860, los armenios trataron de mejorar su situación y fundaron el Movimiento de Liberación Nacional de Armenia.

Cuando el partido de los Jóvenes Turcos derrocó al sultán Abdul Hamid, los armenios creyeron que el nuevo Gobierno estaría dispuesto a mejorar su estatus. Sin embargo, en el contexto de una Primera Guerra Mundial que implica a decenas de naciones, la relación de los armenios con el ejército ruso hace que salten las alarmas de los otomanos, que deciden expulsarlos de su territorio y proceden a su eliminación sistemática.

Comienza de este modo el primer genocidio moderno, una matanza que se cobrará la vida de miles de personas y que provocará la diáspora armenia en el resto del mundo. Los armenios son conducidos al desierto sirio, sin suministros para el trayecto: muchos mueren por el camino y las mujeres, al alcance de los soldados otomanos, son violadas en repetidas ocasiones, abandonadas en el desierto, vendidas como esclavas sexuales en Damasco, torturadas y asesinadas. La violación, además de un fruto del patriarcado, es uno de los instrumentos básicos del exterminio de un colectivo étnico o cultural, una forma de borrar su identidad e impedir su reproducción.

Pocas armenias sobrevivieron a la violencia y las que lo hicieron se encargaron de conservar la memoria del pueblo armenio y de sus mujeres. Ese fue el caso de Aurora Mardiganian, secuestrada y vendida durante su marcha por el desierto sirio. Mardiganian consiguió escapar hasta Tiflis, en Georgia, desde donde se trasladó a Petrogrado, Oslo y, finalmente, Nueva York. Allí publicó, en 1918, *Armenia arrasada. Subasta de almas* —luego llevado a la gran pantalla— en recuerdo de dieciséis jóvenes armenias violadas y empaladas por soldados turcos.

«Alumbra entre los arbustos»: vigilancia moral y la fiebre caqui

Las guerras mundiales siempre son momentos históricos que desestabilizan el ya de por sí inestable equilibrio entre los géneros: las mujeres acuden a las fábricas y los hombres, aún más atractivos por la retórica machista, escasean o se pavonean con sus uniformes caquis.

Un ejemplo de este tipo de desequilibrios se vivió a principios y durante la Primera Guerra Mundial, entre 1914 y 1917, con la aparición de la llamada «fiebre caqui». Europa estaba borracha de nacionalismo, y el inicio de la Gran Guerra se convirtió en una fiesta: los periódicos británicos hablaban de batallones de mujeres de clase obrera que se lanzaban a los brazos de los militares en celebraciones callejeras cercanas a los cuarteles. Según los periódicos, los parques, los cines y los salones de baile parecían una orgía perpetua.

En el Reino Unido, frente al pánico moral que causaba el libertinaje sexual de las mujeres jóvenes, la National Federation of Women Workers (NFWW) —un sindicato con conexiones con el sufragismo— y la policía femenina, deciden establecer patrullas de mujeres dedicadas a velar por la moralidad de sus conciudadanas. La NFWW, en una de sus circulares, señalaba que las patrullas «ni son de detectives ni van al rescate de las obreras, son solo amigas [...] de unas chicas que están sobreexcitadas por las anormales condiciones provocadas por la Gran Guerra, y que van en tropel hacia donde paran los hombres de caqui». Dicho de otro modo: no podían arrestar, pero sí dar la tabarra moral.

En 1915, había unas dos mil trescientas mujeres voluntarias en estas patrullas, que trabajaban en parejas por todo el Reino Unido. La historiadora Angela Woollacott ha señalado que las mujeres jóvenes simplemente estaban pasando un buen rato y, quizá, llevando al límite algunas de las prohibiciones de la época. Las patrullas no solo eran una salvaguarda de los valores burgueses, sino que situaban a unas mujeres como vigilantes morales de otras, lo que reforzaba el sistema patriarcal. Por otro lado, conforme la tragedia de la guerra se hizo patente, la fiesta terminó.

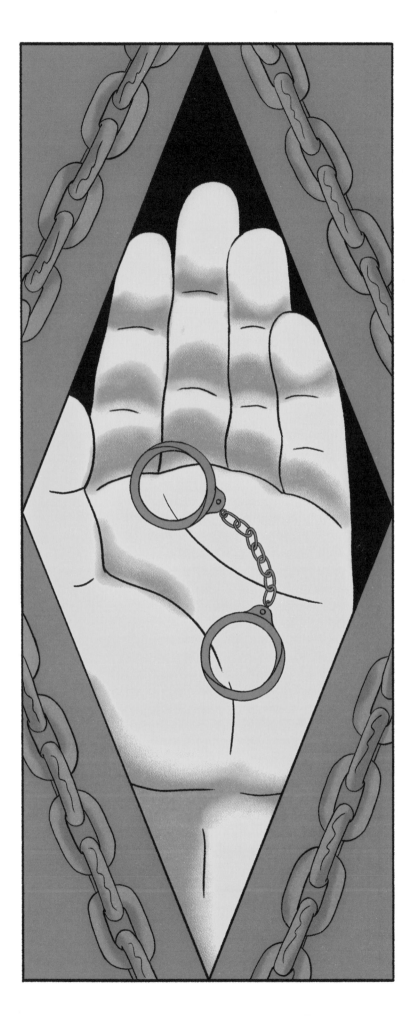

El matrimonio, el amor y la sexualidad en el contexto de la Revolución rusa

La estudiosa Kristen Ghodsee se hace una pregunta: «¿Por qué las mujeres disfrutan más del sexo bajo el socialismo?». Así titulaba su célebre ensayo de 2018. La respuesta es sencilla: un socialismo bien desarrollado conduciría a la independencia económica femenina, mejoraría sus condiciones laborales y vitales, y revolucionaría la intimidad amorosa y sexual. Las mujeres, sujetos políticos garantes de su propia autosuficiencia, ya no verían a los hombres como maridos-proveedores, y podrían cambiar de pareja y buscar su propia satisfacción.

Ghodsee no es, desde luego, la primera en tratar este tema. Amor, sexualidad y matrimonio son temas presentes en los textos fundacionales de la izquierda: el socialista utópico Charles Fourier habla del matrimonio como un potencial aniquilador de los derechos de las mujeres y propone sustituir familia por comunidad, y el británico Robert Owen critica tanto la propiedad privada como el matrimonio burgués y la religión que lo defiende. Marx entendía el matrimonio como una forma de propiedad privada que convertía a la mujer en objeto de posesión del hombre, y Engels, el más contundente, señalaba: «El matrimonio se funda en la posición social de los contrayentes y, por tanto, siempre es un matrimonio de conveniencia. Este [...] a menudo se convierte en la más vil de las prostituciones, a veces por ambas partes, pero mucho más habitualmente en la mujer, que solo se diferencia de la cortesana ordinaria en que no alquila su cuerpo a ratos, como una asalariada, sino que lo vende de una vez para siempre, como una esclava».

Ya en el marco de la Revolución rusa, revolucionarias y teóricas del comunismo y el anarquismo se enfrentarán o desarrollarán dichas teorías. La alemana Clara Zetkin y Rosa Luxemburgo consideraron la «cuestión femenina» un asunto que debía estar embebido dentro del proceso revolucionario, cuya enti-

Siglo XX

dad solo era útil dentro de una lógica burguesa. Rechazaron firmemente el feminismo, por considerarlo alejado del proletariado, y coincidieron con muchos autores de izquierdas que interpretaban la cuestión femenina como un tema menor. Por otra parte, la rusa Aleksándra Kolontái y la lituana Emma Goldman dejaron un legado enfocado por completo a las mujeres, el matrimonio, el amor y la sexualidad, cada una desde su perspectiva particular: Kolontái desde el comunismo; Goldman más próxima al anarquismo.

Kolontái, rusa de origen aristócrata, se había unido a los bolcheviques en 1915 y, tras el triunfo revolucionario, en 1917, pasó a formar parte del comité central del partido. Desde su puesto impulsó la legalización del aborto y el divorcio, claves para la liberación de la mujer, sin la cual el cambio social sería imposible. Sin embargo, había que ir más allá y transformar la intimidad. Así, Kolontái adelantaba la noción de «Lo personal es político» que triunfaría en la década de 1970 y se convertía en pionera en el análisis de las relaciones amorosas como herramientas de cambio social. Para Kolontái, si la burguesía se había encargado de establecer el amor como una unión al servicio del capitalismo —con el hombre como proveedor y la mujer como mantenedora gratuita de la vida doméstica y la reproducción—, el proletariado debía proponer su particular forma de amor, una que estuviera al servicio de la igualdad y lo colectivo. Así es como llegó en 1921 a la formulación del «amor-camaradería»: «[Este], forjado por la ideología proletaria, debe sustituir al "absorbente" y "exclusivo" amor conyugal de la moral burguesa: está fundado en el reconocimiento de

Un socialismo bien desarrollado conduciría a la independencia económica femenina, mejoraría sus condiciones laborales y vitales, y revolucionaría la intimidad amorosa y sexual.

derechos recíprocos, en el arte de saber respetar, incluso en el amor, la personalidad del otro, en un firme apoyo mutuo y en la comunidad de aspiraciones colectivas».

La lituana Emma Goldman, más radical en su análisis, no fue pudorosa en su crítica al matrimonio, al que consideró un régimen de esclavitud. Goldman había huido desde San Petersburgo a Estados Unidos a los quince años, horrorizada por las pretensiones de su padre de casarla. En Estados Unidos se casó y se divorció muy pronto, se hizo anarquista y fue encarcelada casi tantas veces como amantes tuvo. Goldman desarrolló una teoría que incluía el disfrute como asunto trascendental —cosa rara en la época—, repartió anticonceptivos a las mujeres en las calles —motivo por el que fue a prisión— y habló fervientemente sobre los placeres del sexo y el absurdo mantenimiento de la virginidad, que consideraba contra natura. En sus propias palabras: «¿Puede haber algo más repugnante que esta idea de que una mujer, crecida ya, sana, llena de vida y de pasión, se halle obligada a rechazar las exigencias imperiosas de su naturaleza, a tener que sofocar sus más intensos anhelos [...], absteniéndose de la profunda gloria del sexo, hasta el día que un buen hombre venga y la solicite para que sea su esposa?».

Aunque al principio Goldman apoyó a los bolcheviques, pronto perdió las esperanzas en los frutos del supuesto triunfo del proletariado, lo que la llevó a escribir su desilusión. Y no sería la única: con la llegada al poder de Stalin en 1927, los avances femeninos y las reflexiones sobre la intimidad y el matrimonio se esfuman, y el futuro dictador da por zanjada la cuestión de las mujeres.

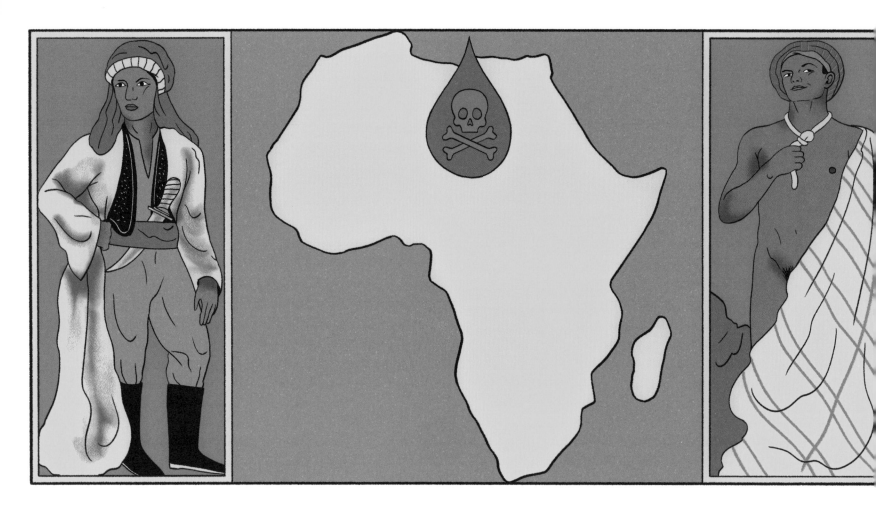

Hipersexualización, vigilancia y homofobia en países colonizados

Desde la invasión del continente americano en el siglo XVI, las distintas potencias europeas se embarcan en proyectos de conquista que darán lugar a grandes imperios coloniales. A principios del siglo XX, Europa domina gran parte del mundo, y en 1917, toda África, a excepción de Etiopía y Liberia, está en manos de colonos. En *Empire and Sexuality*, Ronald Hyam nos habla de cómo los invasores blancos proyectaron sus fantasías sobre los territorios conquistados. Unas fantasías de sexualidad hiperbólica cuyo origen estaba más relacionado con la represión victoriana que con la realidad de los lugares invadidos. Al expolio de los territorios ocupados se suman numerosas manifestaciones culturales que retratan a los conquistados: un ejemplo es *El árabe*, de Edith Maude Hull, un superventas de 1919 trufado de mujeres occidentales sexualmente sometidas a manos de hipersexuales jeques, que pasará al cine en 1921 (*El Caíd*) y será protagonizada por el galán Rodolfo Valentino como príncipe árabe. Según Joseph Allen Boone en su libro *The Homoerotics of Orientalism*, ese mismo año podemos encontrar ya una película muda porno de inspiración árabe, *Mektoub*, en la que se representan actos sexuales lésbicos, homosexuales y heterosexuales. Una primera muestra de cómo el erotismo y la pornografía occidental van a cosificar el cuerpo de los subalternos, que, en el caso de los hombres, se presenta bien como afeminado, bien como vorazmente sexual. Junto con la pornografía, un ejemplo muy claro de esa sexualización del «otro» es la del turismo sexual. Por ejemplo, cuando en 1945 Marruecos pasa a ser gobernado por una coalición de varios países, que no presta demasiada atención a cuestiones morales, se convierte en un imán para artistas homosexuales que practican versiones bohemias de turismo sexual.

Más allá de la cultura popular y de las fantasías blancas de hipersexualización del «otro», los colonos impusieron las costumbres sexuales, basadas en la re-

ligión y la familia burguesa, lo que se tradujo en la eliminación de los modos de vida nativos y no heterosexuales. En África, por ejemplo, los yoruba o los dagaaba no eran tan estrictos ni binarios en sus definiciones de géneros y actos sexuales, y se sabe de matrimonios entre mujeres en los bantú, los nandi y los kĩkũyũ. Junto con esto debemos destacar que en 1884 subió al trono de Buganda (Uganda) el rey Mwanga II, que poseía un conocido harén masculino y que luchó a fuego y espada contra la cristianización de su territorio. En este momento del proyecto colonial, con la formación de los estados burgueses y el desarrollo de las teorías de la evolución, la persecución de la homosexualidad se convierte en una política prioritaria. En los estados coloniales ingleses se persigue y se expulsa a los homosexuales (mucho más cuando las relaciones

Los invasores blancos proyectaron sus fantasías sobre los territorios conquistados.

son interraciales). Sin embargo, en ciertas comunidades resistirán dinámicas homoeróticas: en el caso de Namibia, el colonialismo obligó a cientos de hombres a abandonar su territorio para trabajar en las minas y granjas del sur. Los dormitorios compartidos por aquellos hombres hicieron surgir relaciones sexuales entre los trabajadores, y las mujeres, desprovistas de sus compañeros, desarrollaron lazos y modelos familiares solo femeninos.

Al llevar la vigilancia sexual al continente, los colonizadores introdujeron también la homofobia. Una vez independizadas, muchas de las colonias heredaron unas leyes que condenaban las relaciones entre personas del mismo sexo. Un dato habla por sí solo: de los setenta y dos países que hoy condenan la homosexualidad, treinta y dos son africanos y, más de la mitad, antiguas colonias británicas.

Magnus Hirschfeld:
contradicciones del primer activista LGTBQ

La carta rasgada sobre la mesa contenía la confesión de un militar que ya no podía seguir fingiendo que era heterosexual. Había decidido suicidarse el día antes de su boda. El destinatario era Magnus Hirschfeld, un joven médico, judío y homosexual, que sintió ese dolor como propio y se convirtió en pionero de la causa LGTBQ.

Hirschfeld dedicó toda su vida a defender la diversidad sexual: publicó libros, editó revistas sexológicas y luchó contra legislaciones injustas como el artículo 175, que condenaba la homosexualidad en todo el Imperio prusiano y que era la causa de numerosos suicidios. En 1919, en la cumbre de su fama, Hirschfeld llevó a cabo dos proyectos claves para entender su personalidad: escribió el guion de la que se considera la primera película de temática homosexual de la historia, *Anders als die Andern*, y, en un antiguo palacete de Berlín, abrió su hoy mítico Institut für Sexualwissenschaft (Instituto de Investigaciones Sexológicas): un centro de investigación, un archivo, un lugar de divulgación y residencia de artistas, revolucionarios y personas *trans*. Un espacio, en sus propias palabras, para «investigar y enseñar, curarse y refugiarse», características que eran un reflejo de las contradicciones de Hirschfeld.

Este no concebía la homosexualidad como una enfermedad, sino como una condición sexual relacionada con la «inversión», por la que el homosexual mostraba las características físicas de un género, pero las psicológicas y el comportamiento del otro. A pesar de esta teoría binarista, Hirschfeld se dedicó a publicar entre 1899 y 1923 el *Jahrbuch für sexuelle Zwischenstufen*, que recogía las infinitas variaciones del deseo y la identidad de homosexuales, andróginos, hermafroditas y travestis, término que acuñó en 1910. Aunque muchas de sus fotografías pueden tener un carácter estrictamente médico, como las de los genitales de personas *intersex*, Hirschfeld también frecuentó los bares de personas *trans* y mantuvo trato

y contrató a bastantes de ellas para que trabajaran en su instituto. En su seno promovió terapias hormonales y operaciones como la de Dora Richter, que acabó convirtiéndose en la «gobernanta» de la casa. A pesar de sus escritos en favor del aborto y del sufragismo, el espacio era más bien masculino y de clase burguesa, lo que no impedía que se establecieran relaciones amorosas entre los visitantes y el servicio. En una sala de conferencias, el instituto ofrecía educación sexual a jóvenes obreros y administraba tratamientos contra la impotencia. Incluso con su visión colonialista de las sexualidades no europeas, el centro era muy respetuoso con las subculturas sexuales de Berlín, cuyos participantes se acercaban al palacete para ser fotografiados.

Aunque Hirschfeld fue capaz de crear un movimiento internacional favorable a la reforma sexual, fracasó a la hora de convencer a los partidos demócratas sobre la eliminación del artículo 175. Su prestigio le llevó a defender a cientos de hombres juzgados por homosexualidad, pero, cuando tuvo que declarar en el caso más importante, el de Harden-Eulenburg, sus modernas tesis encendieron la reacción homófoba y fue víctima de una paliza que casi lo mata. Con la subida al poder del nazismo, el instituto fue uno de los primeros objetivos de aquel. Después de meses de amenazas, el 6 de mayo de 1933, mientras Hirschfeld se encontraba en Estados Unidos en una gira de conferencias, el palacete fue asaltado y su colección de veinte mil libros, treinta y cinco mil fotografías y cuarenta mil encuestas LGTBQ fue destruida. Hirschfeld decidió refugiarse en París y abrir una nueva sede, pero, ante la crisis económica y la falta de apoyos, se fue a Niza con Tao Li, su joven amante chino. Acabó sus días escribiendo contra el racismo y revisando muchas de sus ideas. Esperamos que, en aquel retiro, refugio de un mundo amenazado por el fascismo, el pionero de la defensa de la diversidad sexual en Europa encontrara la paz.

1920 Comienza a gestarse la *pansy craze*, una moda de «lo marica», en locales ilegales y cabarés neoyorquinos. Florecerá a lo largo de esta década y se extenderá durante toda la siguiente.

1920

1920 Serge Vóronov, cirujano francés de origen ruso, abre su clínica, especializada en el trasplante de tejido de testículos de chimpancés en penes humanos. La técnica, destinada a rejuvenecer sexualmente a sus pacientes, le dará fama y dinero en el París de entreguerras (operará a muchísimos hombres hasta 1940). El xenotrasplante le convertirá en una celebridad que dará nombre a cócteles —el monkey gland—, canciones y novelas —aunque no románticas, sino de ciencia ficción, como *La isla del doctor Moreau*, de H. G. Wells.

1927 En Estados Unidos se han vendido quince millones de coches del modelo Ford T. Esta popularización del automóvil en los países anglosajones, sobre todo entre la gente joven, crea un nuevo espacio para los encuentros sexuales. El interior del vehículo, considerado ahora un espacio entre lo privado y lo público, permite la experimentación sexual en los llamados «lovers' lane», así como en los autocines.

ADOLESCENCIA, SEXO Y CULTURA EN SAMOA

1928 Se publica *El pozo de la soledad*, una historia de amor lésbico que convulsionó a la sociedad británica de la época y que fue prohibida. Su autora, Marguerite Radclyffe Hall, se convirtió en un icono de la literatura LGTB.

1928 Margaret Mead —en estrecha colaboración con Ruth Benedict, ambas antropólogas y amantes— publica su famoso *Adolescencia, sexo y cultura en Samoa*, donde se analizan los roles de género y su importancia en distintas culturas.

1923 *Amor conyugal* (1918), de Marie Stopes, se convierte en un fenómeno cultural de tal calado que el director de cine Alexander Butler decide hacer una versión cinematográfica.

1927 Basándose en una política pronatalista, pero también homófoba, Benito Mussolini aprueba un impuesto especial para los hombres solteros, muy duro para aquellos que tienen entre treinta y cinco y cincuenta años (en 1936 llegarían a pagar el doble de impuestos que una familia) y del que estaban exentos los militares y los curas. Los impuestos que gravan la soltería se remontan a la *Lex Papia Poppaea* (9 e. c.).

1925 El sexólogo Aron Zalkind sienta las bases del Partido Comunista ruso sobre sexualidad en su panfleto «Los doce mandamientos sexuales del proletariado revolucionario». Zalkind afirma que la energía sexual es un recurso para el desarrollo y la creatividad del pueblo, por lo que no debe malgastarse, sino que ha de destinarse a la procreación. La coquetería o las perversiones, por tanto, deben evitarse. También subraya, tras condenar los celos, el afecto y la igualdad en el seno de la pareja.

1928 El pintor japonés Seiu Ito publica las primeras imágenes de *kinbaku*, un estilo de *bondage* japonés que consiste en atar a una persona con varias cuerdas hasta crear un complicado patrón, en su libro *Estudio de la tortura*. Originado en las artes marciales y en el kabuki, esta expresión sexual está asociada a unos valores diferentes de los del sadomasoquismo occidental (como los de «sufrimiento noble») y tiene una fuerte impronta estética.

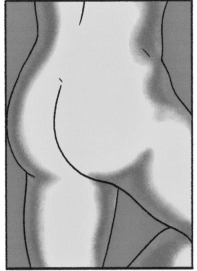

1928 Después de difundirse en copias piratas, D. H. Lawrence decide publicar con su propio nombre su célebre novela *El amante de lady Chatterley*, texto que no escatima en descripciones de sexo anal y orgasmos. El libro protagonizará distintos intentos de censura durante las siguientes décadas y trastocará las leyes de obscenidad en Estados Unidos o el Reino Unido.

1929

Década de 1920

Pansy craze: la revuelta de las locas

En la era del jazz —y como respuesta a los discursos que patologizaban la homosexualidad—, surge en los cabarés la llamada *pansy craze:* una efervescente moda de «lo marica» de éxito internacional. La descarada pluma de sus artistas constituía el eje del espectáculo. En Estados Unidos, el rey de los *pansies* será Jean (Gene) Malin, transformista con carita de niño, cuerpo de casi dos metros y lengua de víbora. Su número más famoso era la imitación de un actor hetero de vodevil, que a su vez imitaba a un gay muy exagerado: una lasaña a base de parodias. Malin triunfó como presentador de los primeros *shows* de *drags* durante la ley seca, y obtuvo un gran éxito como intérprete del tema «I'd Rather Be Spanish Than Mannish» ('Prefiero ser español que amanerado'). Ahora bien, en el territorio de la canción, el *pansy* más famoso fue, sin duda, el dramaturgo y cantante inglés Noël Coward, que en 1929 era uno de los autores mejor pagados del mundo, gracias a sus disparatadas obras sobre los excesos narcóticos y neuróticos de las clases altas. Elegante y discreto, fue también famoso por su técnica al piano y por su fraseo (una de sus composiciones más famosas fue «Mad About the Boy»). Y, si todo eso pasaba fuera de Berlín, imagínense lo que sucedía en la capital «marica» de Europa: triunfaban himnos homosexuales como «Das Lila Lied», y el artista Max Hansen grababa una canción sobre un Hitler borracho al que le «entra» un judío. Ni que decir tiene que Hansen, finalmente, tuvo que huir del país. En España, por supuesto, tuvimos nuestra locura «marica»: Álvaro Retana era su principal autor, con cuplés y novelas como *Las locas de postín* (1919) o *A Sodoma en tren botijo* (1933), que hablaban del mundo homosexual aristocrático del Madrid de 1920 y 1930. A Retana, que acudía a las manifestaciones anarquistas vestido con una bata de seda, le tocó vivir dos dictaduras y una guerra civil. Su fama le precedía y, al final de la contienda, fue detenido y juzgado por poseer objetos de culto religioso y por «haber bebido semen en cálices consagrados», una acusación a la que respondió que él «siempre bebía eso directamente de la fuente». Solo la intervención del Papa logró salvarlo del paredón.

Manuales para casados: heterosexualidad prescrita desde los años veinte

A principios del siglo XX, ser heterosexual era otra cosa (literalmente). El término *heterosexual*, acuñado por el húngaro Károly Mária Kertbeny, era otra categoría dentro del abanico de perversiones y hacía referencia a una pasión anormal por miembros del sexo opuesto. Con el progresivo abandono de las ideas victorianas de sexualidad, que reprimían y patologizaban el deseo, la atracción heterosexual entraba en el *mainstream* y pasaba a ser considerada la categoría sexual contraria a la «homosexualidad».

Este cambio de definición tuvo que ver con las transformaciones en la intimidad sexual y amorosa después de la Primera Guerra Mundial, cuando se popularizó la sexología. Frente a los psiquiatras obsesionados por las perversiones, esta nueva rama se empezó a centrar en el sexo heterosexual y florecieron los manuales matrimoniales, como el de Marie Stopes *Amor conyugal* (1918), el primero en poner sobre los edredones el concepto radical de «igualdad de placer» en la pareja y en subrayar la importancia del placer femenino para el bienestar matrimonial. La idea que subyace en este tipo de libros es que el sexo no debe dejarse solo al instinto, sino que ha de ser aprendido y ensayado. El orgasmo mutuo, heterosexual y simultáneo se plantea como la obra maestra de la naturaleza, una idea que se convierte en universal. En China, el sexólogo Zhang Jingsheng es tan partidario del orgasmo mutuo que afirma que es esencial para concebir un niño sano.

Los manuales matrimoniales ampliaron las técnicas y los actos sexuales aceptables —muchos de ellos en beneficio de las mujeres—, pero, como cualquier otra prescripción, tuvieron efectos colaterales: la evolución hacia los matrimonios de compañía —centrados en el cuidado mutuo, la unidad económica y el placer— se vivió en paralelo con la demonización del lesbianismo, que bien podía truncar la carrera de las mujeres hacia el altar.

Invertidas: lesbianismo y normalización en *El pozo de la soledad*

«Y esa noche no estuvieron divididas». Esa es la frase que convirtió el libro *El pozo de la soledad* en un auténtico escándalo de su tiempo. Marguerite Radclyffe Hall, su autora, era una rica heredera con una dura infancia a sus espaldas. De cría se hacía llamar Peter, como su abuelo, y a los cuarenta hablaba de sí misma como una «invertida congénita», término usual en la sexología de una época en la que los conceptos de «diversidad sexual» e «identidad de género» aún no estaban acuñados. Radclyffe tuvo numerosas amantes: la escultora Una Troubridge, la cantante Ethel Waters, la migrante rusa Evguenia Souline... Antes de escribir sobre amor lésbico, lo había hecho sobre la emancipación femenina y las madres posesivas en *Casi un amor* (1924), sobre precariedad y huida a los bosques en *De la raza de Adán* (1926) y sobre temas cómicos en *A Saturday Life* (1925) y *The Forge* (1924). Aunque *De la raza de Adán* ya había sido galardonada y Radclyffe —que firmaba sin su nombre de mujer— era una escritora reconocida, *El pozo de la soledad* resultó ser muy polémico y la llevó a aparecer en grandes titulares y hasta a sentarse ante un juez. La novela tiene como protagonista a una lesbiana masculina con nombre de varón puesto por sus padres —Stephen—, una supuesta *butch* de principios del siglo XX, que, igual que Radclyffe, se identifica como invertida, incómoda en la etiqueta y las prendas de mujer. A Stephen Gordon su sexualidad le causa una gran angustia social, pero todo ese malestar procede de la mirada ajena y no de su propia visión del lesbianismo, que es presentado como algo natural, dado por Dios, que debe ser normalizado. La autora, de hecho, afirmó: «Puse mi pluma al servicio de las personas más perseguidas e incomprendidas en el mundo. [...] Hasta donde sé, nunca se había intentado nada similar en la ficción». Con pretensiones literarias, pero también morales y políticas, el libro fue objeto de un juicio por obscenidad en el Reino Unido (donde todas las copias fueron destruidas), pero en Estados Unidos se permitió al final su difusión. Hoy, a Radclyffe se la considera una figura imprescindible de la lucha cultural LGTB.

Las dos grandes damas de la antropología

Otro de los discursos que va a definir la sexualidad a principios de siglo va a ser el de la antropología, la cual nos va a ayudar a pensar la naturaleza de nuestras prácticas y roles sexuales. Dentro de ese nuevo y floreciente campo, hubo dos pioneras llenas de pasión, tanto en sus estudios como en sus camas: Ruth Benedict y Margaret Mead. Ambas desarrollaron una parte importante y rigurosa de su labor analizando los roles de género en distintas culturas y tuvieron una fructífera amistad con periodos de romance. Benedict se embarcó en antropología por la Universidad de Columbia siendo un ama de casa frustrada y Mead fue una de sus primeras alumnas: Benedict estaba en la treintena y Mead tenía diez años menos, y entre ellas surgió la chispa. Se apoyaron anímica y económicamente, fueron compañeras de estudio y cada una crítica con el trabajo de la otra; fueron también amantes. Mead despuntó con *Adolescencia, sexo y cultura en Samoa* (1928), en el que, rebatiendo el determinismo biológico, afirmaba que cualquier individuo nace con la capacidad de desarrollar cualquier rol de género que su sociedad le determine y subrayaba la maleabilidad cultural de la sexualidad. Desmontando ideas hegemónicas y homófobas, Benedict, en su famoso *El hombre y la cultura* (1934), se centró en los marginados, explicando que las estrechas definiciones sociales causaban un gran sufrimiento social a numerosos individuos. La homosexualidad como subtexto y la desviación de la norma eran temas recurrentes de estas autoras durante esta década. Mead y Benedict se distanciaron físicamente: Mead se casó tres veces y Benedict tuvo varias parejas femeninas; entre ellas, sin embargo, hubo una sólida amistad y posibles reencuentros. A la muerte de Benedict (en 1948), convertidas las dos en importantes figuras, Mead, siempre discreta con la relación, se convirtió en la heredera espiritual de su trabajo. Años después, Mead habló de su bisexualidad uniéndola a la creatividad y la innovación. Después de su muerte, la hija de Mead habló de este romance que iba a cambiar el modo en el que pensamos el género.

El jazz y el blues como vanguardias sexuales

Corría 1920 y el sonido de las bayonetas se veía sustituido por los ritmos sincopados del jazz. El mundo había sido un matadero y los viejos valores victorianos parecían derrumbarse por el efecto de los nuevos bailes. Atrás quedaban el vals y el foxtrot: la libertad del jazz invitaba a tocarse, a soltarse la melena, al frenesí. Una serie de artistas afro alcanzan un notable protagonismo al combinar vanguardia y sexualidad.

Un nombre clave es Joséphine Baker, bailarina icono de la sensualidad en la Europa de entreguerras. Sus actuaciones, según Sylvie Kandé, se movían entre la cosificación colonial del cuerpo de la mujer negra, el respeto por las tradiciones afroamericanas y la reivindicación mediante la parodia. Un mar de tensiones que se resume en una de sus frases: «Ya que represento a la salvaje en el escenario, en mi vida cotidiana intento ser lo más civilizada posible». Baker, nacida en la pobreza de Missouri, triunfó en París con *La revista negra* (1925), una caricatura del charlestón adulterada con una «danza salvaje» ante la que se postró la clase intelectual de la Europa colonialista. Otro nombre que triunfó fue el senegalés François «Féral» Benga, bailarín especializado en danza erótica. Cosmopolita e icono gay internacional, Benga apareció en las películas de Jean Cocteau e impulsó el estudio de las culturas senegalesas junto con el antropólogo Geoffrey Gorer.

Junto a París, otro gran foco de cultura afro fue el de Harlem, en Nueva York, debido a la Gran Migración (1915-1940). En 1900, el 90 por ciento de las personas afroamericanas vivían en el sur del país, pero con el incremento de la violencia racial, unos seis millones se trasladaron al norte, lo que convirtió sus ciudades en bulliciosos centros culturales. El llamado «renacimiento de Harlem», en el que la revolución musical se mezcló con la literaria y la plástica, provocó también la aparición de una serie de subculturas sexuales. Las fiestas se sucedieron en clubes y apartamentos alquilados —los llamados *buffet flats*—, hasta crear una mística de «zona salvaje» que atraía a muchos blancos, en un turismo sexual de fin de semana. Muy visibles en cuanto a diversidad sexual fueron las cantantes de blues, un género que hablaba de matrimonios fallidos, mujeres aventureras y sexualidades poco ortodoxas. Eran mujeres de clase obrera que vestían con ropa masculina y organizaban las famosas fiestas de chicas —por las que a veces eran arrestadas—, como Gertrude «Ma» Rainey, la «madre del blues», o Gladys Bentley. La propia Rainey grabó en 1928 una canción —«Prove it On Me Blues»— en la que afirmaba su deseo de vestir ropas masculinas y su atracción por las mujeres, algunas tan famosas como Bessie Smith.

Otro gran fenómeno de Harlem fue la *ball culture*, un espacio de baile y expresión para la comunidad LGTB en el que al principio, sin embargo, el papel preponderante lo tenían hombres blancos. Si los afroamericanos querían participar, debían «blanquearse» la piel con maquillaje. Allí triunfaban los bailes *drag* y la mascarada de género. El Hamilton Lodge Ball fue uno de los grandes acontecimientos LGTB de la época; allí se congregó a una muchedumbre ataviada con sus mejores galas dispuesta a ser coronada como reina mientras el vecindario disfrutaba con las transgresiones. A pesar de que la apertura de Harlem se diluyó con la crisis económica de 1929, el espíritu de los bailes *drag* sobrevivió al racismo. Ya en los sesenta, los afroamericanos habían creado su extraordinaria escena *ball*, un espacio de seguridad y creatividad para la comunidad *queer* no blanca. De ahí al hoy célebre *vogue* había un paso, corto pero firme, que sería dado con el mayor estilo por la comunidad LGTB afro y latina de Nueva York ya en la década de los ochenta.

Durante esa década, los bailes como eventos de competición se organizaban en torno a categorías que satirizaban la heterosexualidad, la capacidad para imitarla y en torno a «casas», grupos de apoyo y convivencia tal como aparece retratados en la serie *Pose* (2018-2021).

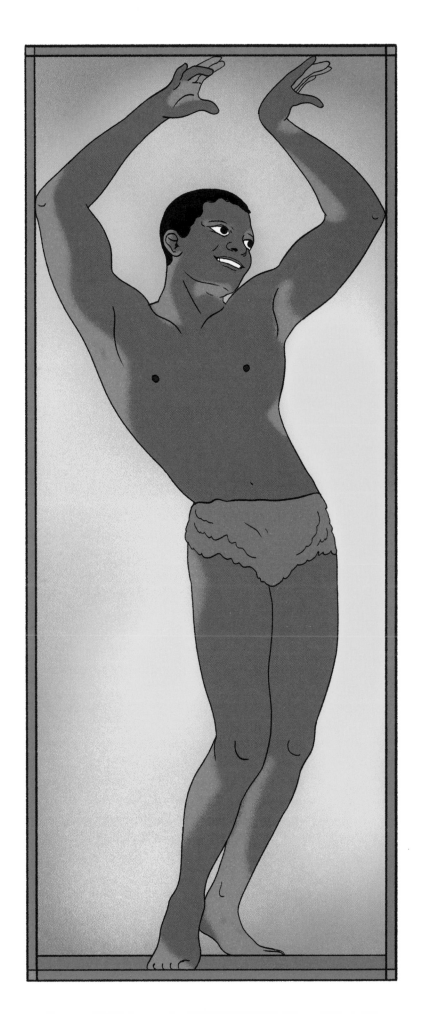

Esterilizando a la nación: el triunfo de la eugenesia

El descenso de la natalidad tras la Primera Guerra Mundial lleva a gobiernos como el del Reino Unido o Alemania a prohibir los anticonceptivos a fin de impulsar los embarazos. Sin embargo, dichos como «Prefiero limpiar las sábanas que los pañales» (usual en Hungría) revelan el extendido uso de la «marcha atrás». Por otra parte, los reformistas sexuales claman por mejorar las condiciones de las clases populares y, en particular, de sus mujeres. Se plantea que la libertad femenina ha de pasar por el control de su sistema reproductivo y que la merma de la población es síntoma de una sociedad más civilizada. Así, tanto los críticos como los defensores de los anticonceptivos llegan a la conclusión de que, en dicho contexto, debe imponerse la eugenesia.

Esta es una forma de ingeniería social basada en la reproducción selectiva. Como seudociencia, parte de una estricta concepción de las leyes hereditarias de Mendel, sin tener en cuenta las cuestiones ambienta-les —quizá esa tos tan fea se deba a los humos fabriles y no a una debilidad física— e incluso inventa enfermedades raciales. A pesar de sus múltiples errores, la eugenesia fue el «sentido común» de principios del siglo XX y a ella se adscribieron políticos y sexólogos reaccionarios, socialistas y anarquistas. Para los ideólogos de izquierdas, las condiciones económicas que sufrían las mujeres obreras y racializadas complicaban su maternidad, por lo que la limitación del número de hijos obraba en su beneficio. Para los reaccionarios, la eugenesia podía mejorar la nación, pues con ella solo los más aptos se reproducirían.

La eugenesia se acabó convirtiendo en ley con políticas de «higiene racial», como las puestas en práctica por los gobiernos de Alemania y de Suiza. El Partido Democrático alemán abrió en 1926 unos consultorios matrimoniales eugenésicos, que desaconsejaban la reproducción si entre los antepasados de los padres había casos de epilepsia, alcoholismo,

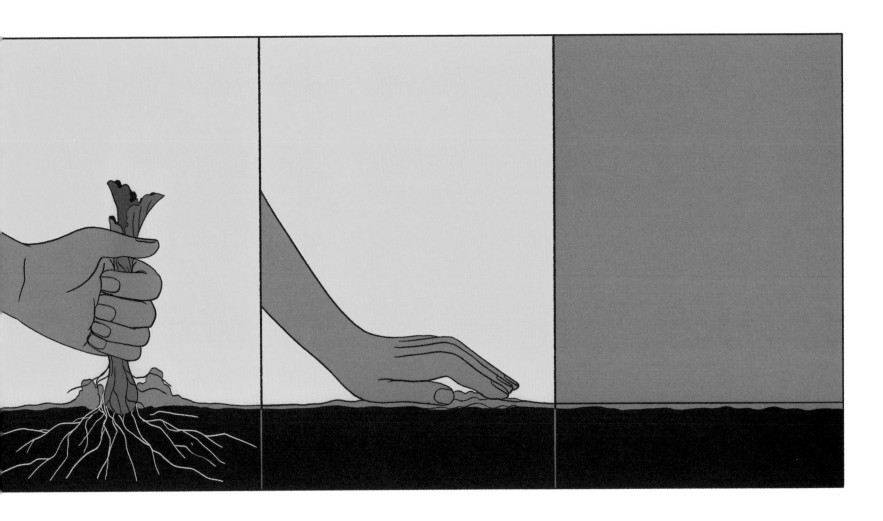

diversidad funcional u homosexualidad. Tener hijos no era una decisión que se debía pensar en pareja, sino que debía ser valorada por un comité médico, ya que perpetuar dichas condiciones se consideraba «degeneración» o «suicidio racial». Además, las primeras estructuras del Estado del bienestar impulsaron la idea de que, para poder mantenerlo, se debía ahorrar, lo que implicaba no malgastar recursos en los individuos más débiles. Margaret Sanger, una activista que luchó por los derechos reproductivos de las mujeres mientras apoyaba los ensayos de esterilización forzosa de mujeres en Latinoamérica, afirmó: «La naturaleza elimina las malas semillas, pero nosotros les dejamos reproducirse y convertirse en parásitos».

Tal como señala Véronique Mottier, la esterilización fue una de las herramientas más visibles de la eugenesia, pero no la única: hubo ingresos en manicomios, encarcelamientos y la implantación de medidas públicas específicas para, entre otros, gitanos,

vagos o «desviados sexuales». En Suiza, seiscientos niños gitanos fueron arrancados de sus hogares para ser criados en hospicios o dados en adopción, en un programa que duró hasta 1973. Además, unas sesenta y tres mil ciudadanas suizas fueron esterilizadas, la mayoría mujeres solteras a las que se aplicaba con ligereza la etiqueta de débiles mentales. La pureza racial estaba muy ligada a la regulación de la sexualidad femenina. Dos décadas más tarde, en Perú, Fujimori y varios ministros de Sanidad forzaron la esterilización de más de doscientas mil mujeres, la mayoría indígenas. Dieciocho de ellas fallecieron a causa de la intervención. En mayo de 2021 se descubrieron una serie de cuerpos de niños enterrados en los centros de reeducación para niños indígenas de Canadá que, según los expertos, forman parte de los 4.134 menores asesinados. Las heridas de la eugenesis aplicada a la población indígena es una terrible herida aún por cerrar.

Petting, cocaína y maquillaje de rodillas: las *flappers*

Durante la Primera Guerra Mundial, con las calles vacías de hombres, las mujeres acceden en masa por primera vez al mercado laboral. Así descubren qué es tener un salario, qué es rozar la independencia con la punta de los dedos. Los iconos femeninos ya no son las mujeres de la aristocracia, sino las actrices que protagonizan las películas que llenan las salas de cine. Concluida la guerra, Europa está devastada, pero Estados Unidos va a ponerse a la cabeza del mundo y a iniciar su periodo de hegemonía internacional. La ley seca entra en vigor en 1920, lo que propicia la aparición de numerosos locales clandestinos. Tan defendida por los religiosos y tan sorteada por el resto de la población, esta ley suscita una sensación de desafío a la autoridad, un ambiente de transgresión que lo empapa todo. En ese caldo de cultivo nace un modelo de mujer radicalmente distinto, las *flappers*: mujeres que quieren salir a los clubes de jazz, moverse con libertad, conducir, saber qué es el sexo antes de casarse. El término está tomado de una película de Olive Thomas, estrella del cine conocida por estar siempre de fiesta, por beber y conducir a toda mecha y —claro está— por haber sufrido un par de accidentes de tráfico. Las *flappers* cambiarán la forma en que se perciben los cuerpos de las mujeres, con vestidos amplios que buscan la androginia y se atreven a mostrar las rodillas (estas, al igual que el rostro, con un llamativo maquillaje reservado antes a las prostitutas), y con el pelo cortado *à la garçonne*. Aunque en un principio las faldas anchas y los cabellos cortos estaban destinados a proporcionar una mayor comodidad durante el trabajo, pronto se convirtieron en símbolo de modernidad y se sofisticaron. Al look se añadieron elementos nuevos, como el bronceado, que hablaba, según Coco Chanel, de una vida disipada, llena de placeres. Y es que, aunque el origen de las *flappers* se encuentra en la inclusión de la mujer en el mercado laboral, sus ambiciones tienen mucho de hedonismo y de experimentación. Las *flappers* fuman con boquilla, tontean con chicos con los que no piensan pasar más de una noche y algunas hasta esnifan cocaína. Se hacen habituales las fiestas de *petting*, organizadas por una juventud que comienza a reivindicar su derecho a traspasar ciertas barreras, a cambiar la forma de hacer las cosas. Según Paula S. Fass, autora de *The Damned and the Beautiful. American Youth in the 1920s*, estos encuentros servían a las jóvenes para indagar sexualmente, a base de besos y magreo, y luego frenar antes de consumar: la presencia de otras parejas servía como un límite al ímpetu que evitaba embarazos o pérdidas de virginidad. Los jóvenes de la década de 1920, ese periodo entre guerras llamado a menudo «los años locos», luchaban por derribar las herencias opresoras de la era victoriana. Para muchos, el rechazo de la *flapper* a encerrar su deseo bajo llave era el síntoma de una sociedad en decadencia. Organizaciones de madres y adultos preocupados se reunieron en Chicago en 1922 para determinar quiénes eran los culpables de esas *petting parties* celebradas en espacios públicos, donde la policía de lugares como Atlantic City llegó a intervenir tirando agua helada a los asistentes. Un administrador escolar afirmaba: «Las chicas dan libertades a los chicos. Los animan a tomárselas, y si los chavales no lo hacen, los acusan de *sissies* [maricas] y *flat tires* [neumáticos desinflados]».

Las ambiciones de las *Flappers* tienen mucho de hedonismo y de experimentación.

Sin embargo, el hedonismo de las *flappers* y su búsqueda del placer sensual y sexual se topó en 1929 con un muro que resultaría imposible de franquear, el crac que dio inicio a la Gran Depresión: ante la inseguridad económica, cualquier avance social de las mujeres fue cercenado. El modelo de chica «disfrutona» e independiente que representaba la *flapper* no sobrevivió a la ruina generalizada y a la fuerte caída del consumo.

1930 Se popularizan las llamadas «biblias de Tijuana», pequeños cómics pornográficos anónimos de ocho páginas, muchos de ellos centrados en escenas sexuales de iconos de la época como Betty Boop, Popeye o Dick Tracy. Populares durante la Gran Depresión, su espíritu pervivió en autores como Carlos Zéfiro, que llenó el Brasil de la década de 1950 con sus minicómics pornográficos (los «catecismos»).

TIJUANA BIBLES

1930 La asociación de productores cinematográficos de Estados Unidos pone en marcha el código Hays, una autocensura centrada sobre todo en el sexo.

1934 En medio de un debate sobre cómo la revolución había afectado al género, Diego Rivera publica el artículo «Arte puro: puros maricones», en el que arremete contra una poesía que no refleja la lucha de clases y señala a un grupo de «escribidores burguesillos que, diciéndose poetas, no son en realidad sino puros maricones». Estos son los conocidos como los Contemporáneos, poetas revolucionarios de la lengua castellana, entre los que se encontraban renombrados homosexuales como Salvador Novo, cuya autobiografía *La estatua de sal* recorre «el mundo soslayado de quienes se entendían con una mirada», el México homosexual.

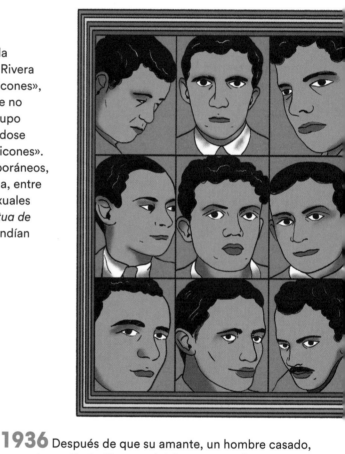

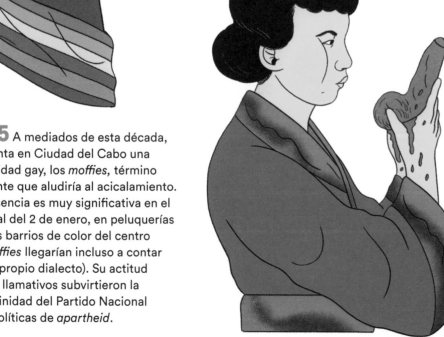

1935 A mediados de esta década, se asienta en Ciudad del Cabo una comunidad gay, los *moffies,* término insultante que aludiría al acicalamiento. Su presencia es muy significativa en el carnaval del 2 de enero, en peluquerías o en los barrios de color del centro (los *moffies* llegarían incluso a contar con su propio dialecto). Su actitud y estilo llamativos subvirtieron la masculinidad del Partido Nacional y sus políticas de *apartheid*.

1936 Después de que su amante, un hombre casado, comentase a Sada Abe que debían ser más discretos, esta, durante el acto sexual, se enfurece y lo asfixia hasta provocarle la muerte con un kimono. Luego lo castra y lleva su pene consigo durante tres días, hasta que la policía la detiene. El caso se convierte en un mito moderno japonés, centrado, antes de la Segunda Guerra Mundial, en la sexualidad anormal y peligrosa de Sada Abe, y, tras la contienda, en una heroína que representa los valores antipatriarcales de un país vencido. Su salto a la fama internacional se produjo con la película *El imperio de los sentidos* (1976), de Nagisa Ōshima.

1931 Se estrena la película *Muchachas de uniforme*, dirigida por Leontine Sagan, que narra la pasión de la alumna Manuela von Meinhardis por su profesora dentro de un estricto internado femenino prusiano. La película, considerada la primera película lésbica de la historia del cine, ha sido aclamada por sus valores antifascistas y antipatriarcales, pero también fue perseguida por su marcado erotismo y por su contenido explícito (¡ese beso!).

1934 El periodista comunista escocés Harry Whyte escribe a Stalin para preguntarle si un homosexual puede ser miembro del Partido Comunista.

1933 Mientras duerme, una de las grandes reformadoras sexuales socialistas que ha tenido España, Hildegart Rodríguez, es asesinada por su madre. El caso sacudirá al país.

1938 Cole Porter compone «My Heart Belongs to Daddy», canción en la que refleja una de las fantasías sexuales y sentimentales de la Gran Depresión: un marido rico.

1938 El Gobierno de Mussolini deporta a un centenar de homosexuales y personas *trans*, en su mayoría de la región de Catania, a la deshabitada Isla de San Domino. Bajo vigilancia policial, horarios estrictos y en unas condiciones austeras —sin agua ni luz— la población reclusa, sin embargo, experimentó la sensación de comunidad por primera vez y, paradójicamente, cierta libertad frente a las dificultades que vivían en sus lugares de origen. La cárcel se cerró en 1939, con el inicio de la Segunda Guerra Mundial.

1939

Década de 1930

Hays, el pacto que nos hizo dormir en camas separadas

Durante la década de 1920, el éxito de Hollywood proporciona a sus actores gran proyección mediática. Todo el mundo quiere saber qué hacen las estrellas. Y estas hacen... de todo. A los estadounidenses más conservadores no les gusta que sus ídolos sean un escaparate de los instintos más bajos del ser humano. La gota colma el vaso cuando Virginia Rappe, una joven actriz, muere en una fiesta del cómico Roscoe Arbuckle. El actor será acusado de su asesinato en un caso muy mediatizado, aunque al final se concluirá que no hay pruebas contra él. Desde entonces, la censura federal contra el cine es cada vez mayor y la propia industria cinematográfica opta por autocensurarse. Para ello recurren al republicano William Hays y a diferentes asesores religiosos. Se elaborará entonces el código Hays, que, desde 1934, vigilará de forma exhaustiva la sexualidad. Los desnudos quedarán prohibidos (con un curioso temor hacia el ombligo) y los besos deberán durar, como mucho, tres segundos, lo que hará que las pantallas se llenen de alas de sombrero y de oportunos paraguas. Y no solo eso: los besos clásicos reforzarán los roles de género, al optar siempre por una postura («The Dip») en la que el varón se inclina sobre la mujer y esta arquea su espalda hacia atrás. Los matrimonios dormirán en camas separadas y la diversidad sexual, que había sacado la patita en películas de la década anterior, será borrada de un plumazo. Con el fin del monopolio americano del cine, en 1948, las productoras perderán el control de las salas y las películas extranjeras inundarán las pantallas de Estados Unidos: el código empezará a debilitarse.

Querido camarada Stalin

Harry Whyte se encontraba inquieto: hacía meses que no sabía nada de su amante, un apuesto ruso encarcelado en 1934. Whyte era un famoso reportero que, desde su Escocia natal, había logrado escalar dentro del Partido Comunista británico hasta convertirse en editor del prestigioso *Moscow News*. Whyte, homosexual declarado, decide, indignado por la ley antisodomía aprobada ese mismo año, escribir una carta personal a Stalin: «¿Puede un homosexual ser miembro del Partido Comunista?». En ella, Whyte explica que la homosexualidad está presente en todas las clases sociales, pero que la burguesía puede evitar las penas legales, y afirma: «Siempre he considerado un error separar la cuestión de la liberación de los homosexuales de la clase obrera de las condiciones de explotación capitalista». Desde la Revolución rusa, el Partido Comunista había adoptado una actitud ambivalente hacia la homosexualidad, que será despenalizada en 1922. Sin embargo, la década de 1930 será distinta: el Partido Comunista se alejará del concepto de «revolución sexual» y afirmará que los homosexuales, como cualquier otro camarada, debían centrarse en la revolución y no en reivindicar sus vicios privados. A las puertas del conflicto mundial, el Partido Comunista vinculará nazismo con homosexualidad (Gorki llegará a afirmar años después: «Destruyan a los homosexuales y el fascismo desaparecerá»). ¿Qué contestó Stalin a la carta de Whyte? Una nota al margen decía: «Idiota y degenerado, para archivar».

La década de las miserias económicas y sexuales

La década de 1930 fue una época reaccionaria en muchas partes de Europa y de Estados Unidos. La crisis económica posterior al crac de 1929 había acabado con la independencia de muchas mujeres libres y de los homosexuales. Además, Europa era presa de un patriotismo machista y la ley seca estadounidense se cebaba en bares de gais y lesbianas. La familia parecía un buen refugio frente a las adversidades, y las necesidades económicas llevaron a «romantizar la prostitución». El compositor Cole Porter compone en 1938 una canción, «My Heart Belongs to Daddy», en la que se ensalza la figura del *sugar daddy*, es decir, un hombre mayor que ofrece dinero o regalos a cambio de compañía o de favores sexuales. Junto con él, se populariza la figura de la *gold digger*, la cazafortunas, que busca un marido rico y que suplanta a la vampiresa letal de los años veinte. La necesidad hace que se multipliquen trabajos como el de las *taxi dancers*, mujeres jóvenes que bailan con hombres por dinero. Ted Peckham, por su parte, funda en 1930 en Nueva York la primera oficina de gigolós destinada a la compañía femenina.

La miseria económica creó en Estados Unidos una subcultura propia, la de los *hobos,* personas sin techo que intentaban salir adelante como podían recorriendo el país en trenes de mercancías. No faltaban las *sisters of the road*, mujeres en su mayoría lesbianas y de clase obrera, que, según Nan Cinnate, tuvieron que adaptarse a una cultura masculina e itinerante para poder sobrevivir, viajando en grupo y haciéndose pasar por hombres. Quizá el hecho más conocido de este fenómeno es el del caso Scottsboro, de 1931, en el que, después de una pelea en uno de estos trenes de carga, nueve adolescentes afroamericanos fueron falsamente acusados de violación por dos chicas blancas que, como ellos, huían de la pobreza y temían a la policía. A pesar de que una de ellas se retractó, la vida de estos chicos se convirtió en un verdadero infierno. Gracias al Partido Comunista de Estados Unidos, esta causa se hizo célebre, y mostró cómo la pureza femenina blanca se construía de manera brutal sobre la violencia contra los afroamericanos.

Hildegart, la virgen roja

 Tras leer esto, seriéfilos de toda España se preguntarán cómo Netflix no ha producido aún un *true crime* sobre Hildegart Rodríguez Carballeira. Su madre, Aurora, hija de un político y lectora de los socialistas utópicos, creía en la educación como vía para cambiar la sociedad. Ya había experimentado con su sobrino, Pepito, para convertirlo en un niño prodigio, pero cuando él se reveló como virtuoso del piano su madre tomó el control y Aurora, despechada, decidió engendrar a su propio vástago. Quería un hijo, pero no un marido, así que escogió un padre que no pudiera darle problemas: un sacerdote. Embarazada,

se mudó de El Ferrol a Madrid. Allí educó a Hildegart para ser «la mujer del futuro», que liberaría al proletariado y a las féminas, cuyo carácter sometido Aurora despreciaba. Aurora apartó a Hildegart de cualquier niño: solo se relacionaba con adultos. Con dos años leía, con cuatro tocaba el piano. A los diez sabía cinco idiomas y a los catorce comenzó las carreras de Derecho, Filosofía y Letras y Medicina. Fue entonces cuando empezó su carrera de periodista, publicando sus artículos en revistas y periódicos como *El Socialista, La Tierra, La Libertad, Gaceta Médica, Heraldo de Madrid*. Con quince ingresó en el Ateneo de Divulgación Social y en las Juventudes Socialistas, donde llegó a ser vicepresidenta. Sin embargo, decepcionada con el PSOE, acabó acercándose al republicanismo más radical y adoptando puntos de vista más cercanos al anarquismo. Pese a que su deriva insinúa una asociación cada vez más directa con las nociones de «libertad» e «independencia», lo cierto es que Hildegart estaba muy sometida a su madre: ella la dirigía férreamente y le impedía tener relaciones amorosas. Estaba llamada a ser la gran intelectual de la izquierda española y no debía dedicarse a nada más. Hildegart tuvo siempre una gran sensibilidad hacia la sexualidad femenina y dedicó sus esfuerzos a su liberación. Abogó por una natalidad consciente —consideraba que el principal problema de la mujer eran los embarazos, muchos por inercia— y reivindicó la separación entre sexo y procreación. Publicó *El problema sexual tratado por una mujer española* (1931) y *Profilaxis anticoncepcional* (1931), entre otros. Sin embargo, Hildegart, oprimida por su madre, no disfrutaba de su sexualidad. Era virgen, y lo sería hasta su muerte. Con la llegada de la Segunda República, Hildegart inició una crítica del socialismo que disgustó profundamente a Aurora. Se acercó cada vez más al Partido Republicano Federal y empezó a relacionarse con un escritor, Abel Velilla, lo que su madre consideró una traición. Para colmo, su relación epistolar con H. G. Wells era tan estrecha que este le invitó a pasar una temporada en Londres. Aurora no lo pudo soportar: la aisló en casa y trató de convencerla de que toda aquella atención estaba destinada a alejarla de su verdadero fin. Una noche, mientras Hildegart dormía, su madre le disparó y la mató. No podía consentir su independencia. Por lo visto, la mujer del futuro estaría libre de todo yugo…, excepto del maternal.

Las décadas del triángulo rosa

Parece mentira lo rápido que cambia todo. Ayer Berlín poseía una bulliciosa cultura homosexual y hoy, debido al rápido auge del nazismo, las calles y los locales parecen más vacíos y más grises. Estamos en el invierno de 1933, y todo se está empezando a acelerar. El diciembre pasado, la policía cerraba las puertas de Eldorado, el antro «marica» más famoso de Berlín, que funcionaba —al igual que todos— como un club privado. Allí te podías encontrar a la Dietrich, a Otto Dix, o a ese escritor estadounidense tan mono, Christopher Isherwood. Y también a Ernst Röhm, jefe de las SA. Esto demostraba que el artículo 175, una vieja ley prusiana contra la sodomía, era papel mojado de puertas para adentro. Tan solo unas semanas después del cierre de Eldorado, en enero de 1933, Hitler asciende al poder e institucionaliza la persecución a los homosexuales: en febrero se cierran todos los bares gais y se prohíbe la venta de revistas como *Die Freundin* («La amiga»), que, con el subtítulo «Revista semanal para la amistad ideal entre mujeres», incluía desde reportajes políticos hasta páginas de contactos. También se cerraron las primeras asociaciones de gais y de lesbianas, que tenían la forma de clubes sociales con miles de asociados (como la Alianza de Amistad Germana). En mayo de 1933, el Institut für Sexualwissenschaft de Magnus Hirschfeld fue saqueado por un grupo de estudiantes nazis con ayuda de las SA. Se rumoreó que en el ataque asesinaron a Dora Richter, una trabajadora *trans*. Lo que nadie puede negar es que su administrador llevaba unos meses pudriéndose en un campo de concentración. La documentación del viejo profesor Hirschfeld se convirtió en pasto de las llamas. Sin embargo, cuando todo va mal, siempre puede ir a peor: en 1935 se refuerza el artículo 175 para multiplicar las denuncias a homosexuales, muchas veces por parte de vecinos. En Alemania las ventanas tienen ojos. El aumento de condenas fue aplastante. Además, se intensificaron las redadas en bares y parques, muchas veces auspiciadas por la Oficina Central de Seguridad del Reich para Combatir la Homosexualidad y el Aborto, fundada en 1936 por Heinrich Himmler. El nerviosismo iba en aumento: muchos gais decidieron escapar del país, y no pocas lesbianas recurrieron a matrimonios de conveniencia.

Al finalizar el régimen nazi en 1945, y con los pocos registros que tenemos, se calcula que cien mil hombres fueron juzgados por el «delito» de homosexualidad. De ellos, 53.438 fueron multados o encarcelados. Entre los detenidos, se calcula hoy que entre cinco mil y quince mil gais fueron recluidos en campos de concentración (en la mayoría de los casos, menos de un 5 por ciento de la población reclusa en estos terribles lugares). Sin embargo, esta estadística olvida las vidas perdidas por el camino —los suicidios o la violencia policial— y dice poco del sufrimiento de aquellos hombres, convertidos en lo más bajo dentro de la jerarquía social de los campos. Marcados con diferentes distintivos, como el número del artículo de la ley que les condenó (el 175) u otros relativos al sexo anal, al final de la década de 1930 se impuso el triángulo rosa como el signo identificativo de estos presos. Encerrados en barracones separados, con raciones más pequeñas de comida y sometidos a palizas o a salvajes jornadas de trabajo (exterminio por trabajo), los homosexuales, en su gran mayoría, se libraron de la cámara de gas, pero su mortalidad se ha calculado en un 65 por ciento debido a las extremas situaciones que vivieron. Una de las más duras fue la de la experimentación hormonal o la castración: se pensaba que, sometidos a este tipo de torturas, los homosexuales no naturales, es decir, los que habían sido seducidos, contaminados por el vicio, podrían reintegrarse en la sociedad. Miles de hombres homosexuales vivieron esa suerte en una Europa dominada por los nazis, que llevaron a cabo una persecución de «personas asociales» (una denominación que incluía a criminales, excéntricos, vagos y lesbianas).

En 1949, llegó por fin la caída del régimen nazi. Sin embargo, este final también resultó amargo para algunos, hasta el punto de que uno de los supervivientes homosexuales llegó a decir: «La liberación fue para otros». Debido a que la homosexualidad continuaba siendo delito en la jurisdicción alemana, los aliados decidieron que los homosexuales, junto con las personas que habían delinquido, no fueran liberados, sino que terminaran sus condenas en otras cárceles. Eso dejaba muy claras las cosas: en los sucesivos juicios que se hicieron, incluido el de Núremberg, jamás se habló de las minorías sexuales, y la Alemania occidental decidió mantener la versión dura del artículo 175. Así, en plena democracia, entre 1949 y 1969, otros cien mil gais fueron condenados a la cárcel o debieron pagar multas. En 1960, el alcalde de Dachau aún se oponía a convertir el lugar en un espacio consagrado a la memoria, porque allí también habían estado «criminales y homosexuales». Ni que decir tiene que fueron excluidos de las compensaciones económicas del Gobierno en 1957, y, tras muchas presiones, se consiguió incluir a los gais en las ayudas de 1984 cuando solo se presentaron veintiuna solicitudes (once de ellas fueron rechazadas). En 2002, el Gobierno alemán perdonó a los gais condenados, pero solo a los del periodo nazi. Los condenados en democracia tuvieron que esperar hasta 2017 para que se aprobara su compensación. Al parecer, todo lo bueno cambia rápido, pero lo malo tiende a permanecer.

Los aliados decidieron que los homosexuales, junto con las personas que habían delinquido, no fueran liberados, sino que terminaran sus condenas en otras cárceles.

Muerte al pudor, muerte al bañador

En el siglo XIX, con la industrialización, las ciudades se llenaron de suciedad y sus gentes se hacinaron. Las calles rebosaban de tabernas para dar asueto al obrero, y se disparó el consumo de café y tabaco. Había llegado un nuevo mundo, «el mundo moderno», y, por supuesto, este no convenció a todos. Los primeros en reaccionar fueron los alemanes, que entendieron que la Revolución Industrial amenazaba a la humanidad. Grupos de lo que después se llamarían «naturistas» promovieron el vegetarianismo, los baños de sol y, sobre todo, la huida de las ciudades y la vida en la naturaleza. En 1898 nació en Alemania la Freikörperkultur, la «cultura del cuerpo libre», que a los preceptos del naturismo sumó la desnudez.

Desprendiéndose uno de la ropa, se hallaba en el mejor estado posible para integrarse con la naturaleza y vivir en armonía con esta. Como a veces sucede con las buenas ideas, el asunto degeneró. De mostrar el cuerpo se pasó a venerar el cuerpo, y el culto a la anatomía evolucionó en la consideración del pueblo alemán como superior. Y ya sabemos hasta dónde se llevó esa idea. Sin embargo, el nacionalsocialismo no dudó en prohibir el nudismo en cuanto alcanzó el poder: al fin y al cabo, había surgido como contracultura libertaria y, una vez al mando, era mejor deshacerse de cualquier amago de libertad.

Aun así, la moda del nudismo se extendió por Europa y fue acogida con los brazos abiertos en países como Croacia. En la década de 1930 vivió su gran auge en la isla croata de Rab, cuya primera playa nudista fue inaugurada por Richard Ehrman, presidente de la Federación Internacional de Naturistas de Viena, en un ejercicio apostólico del nudismo.

Su llegada a España tuvo lugar en Barcelona, ligada al anarquismo, y el movimiento fue polémico tanto dentro como fuera de la izquierda. Gran parte de la prensa nacional entendió el nudismo como un chiste, pero un artículo de Adolfo Marsillach y Costa, en 1931, dio con alguna de sus claves. En consonancia con los defensores de la desnudez, afirmó que la inquietud sexual, el morbo, era uno de los grandes problemas del siglo XX, y que la forma de acabar con ella era entender el cuerpo como algo natural. «El vestido es la causa, el origen de la inquietud sexual. [...] Con el vestido, el individuo toma para sí lo que no es suyo, imagina, fantasea, dibuja, siempre fuera de la realidad. [...] El desnudo absoluto es casto», afirmó. Y para contradecir a aquellos que ligaban nudismo y sexualidad, manifestó: «Hasta ahora no se ha registrado entre los desnudistas catalanes el más leve caso de impureza. [...] No hay nada más inocente que sus juegos. Bailan la sardana y danzas rítmicas».

Para los anarquistas españoles, el nudismo fue un ejercicio de liberación, un modo de deshacerse de ese marcador de clase que constituía la ropa. El mostrarse tal como la naturaleza los trajo al mundo podría lograr, por fin, que los cuerpos fueran solo cuerpos: si un tobillo femenino al aire era motivo de alarma, ¿cómo no iban a verse los cuerpos de las mujeres como vergonzantes objetos de deseo?, ¿cómo no iban a convertirse en focos de agresiones?

La dictadura, por supuesto, puso fin a todo amago de libertad respecto a los cuerpos, especialmente a los femeninos. En palabras de Francisco Umbral: «Nos enseñaron a odiar el propio cuerpo, a temerlo. [...] Odiábamos nuestro cuerpo, le temíamos, era el enemigo. [...] Había un enemigo que vencer, el demonio, pero el demonio era uno mismo».

El nudismo sobrevive hoy en multitud de playas, y hasta tiene sus propios días en determinadas piscinas públicas. También existen pueblos, como El Fonoll (Tarragona), habitados exclusivamente por seguidores del movimiento. Con respecto a si los cuerpos son hoy «solo cuerpos», no hay debate posible: las personas seguimos torturadas por nuestro aspecto físico, avergonzándonos de nuestros cuerpos, de esas carcasas de piel y pelo que deberíamos amar.

Reich: a un orgasmo de la revolución

1934 fue un año que rompió en dos la biografía de Wilhelm Reich: es expulsado del círculo psicoanalítico por sus ideas políticas y del Partido Comunista por sus ideas sobre sexualidad. Ese no era el primer revés que había recibido en su vida, ya que se culpaba del suicidio de su madre tras haberla delatado por haber mantenido un romance con uno de sus profesores. La decadencia familiar le lleva a refugiarse con las prostitutas durante su adolescencia y su sexualidad se tiñe de culpa. Estudiando medicina en 1919 conoce a Freud y, años más tarde, en 1928, se convierte en vicedirector del Vienna Psychoanalytic Ambulatorium, una clínica de Freud que proporciona tratamiento psicológico gratuito a unas mil quinientas personas, la mayoría obreros. Al mismo tiempo empieza a establecer relaciones con otros psicoanalistas de izquierdas que buscan unir a Freud y Marx. Guiado por esos dos pensadores, pone en marcha iniciativas de control de natalidad y de aborto seguro para jóvenes de clase obrera, a los que habla de «la miseria sexual de las masas bajo el capitalismo». En 1927 publica el libro que le separará de Freud: *La función del orgasmo*.

Para Reich, un orgasmo satisfactorio es la base de la buena salud mental, y el origen de todas las neurosis se encuentra en la falta de satisfacción sexual. Reich sostiene que el ser humano es el único animal que ha destruido su propia función natural sexual, sobre todo con instituciones autoritarias como la familia. Si Freud decía que sublimando el deseo sexual se habían conseguido las grandes obras de la humanidad, Reich apuntaba que en la represión del orgasmo se encontraba el origen de todos los males, incluido uno muy cercano: el fascismo. Reich señala que el fascismo habría canalizado esa energía sexual sobrante hacia la violencia y afirma que la represión sexual no solo convierte a las masas en pasivas y apolíticas, sino que «estructura un interés por apoyar activamente el orden autoritario». De este modo, solo por medio de la liberación de energía sexual las clases obreras se darían cuenta de su misión histórica. Una de las herramientas predilectas para ese proceso es el orgasmo, que es visto como esencialmente heterosexual (continua fricción del pene y la vagina), sensual y con el que se alcanza el clímax y la pérdida de conciencia mutua.

En 1930 Reich llega a Berlín con una mujer, dos hijas y una retahíla de amantes. Los chismes vuelan rápido y el Partido Socialdemócrata de Alemania redobla la vigilancia sobre Reich, que empieza a dar mítines con miles de asistentes. Con la llegada al poder de Hitler, los acontecimientos se precipitan: Reich rompe con su familia para escapar con una bailarina. El exilio es un calvario y en ese momento de su vida ciertas cosas comienzan a descarrilar. Reich pasa de una visión psicoanalista del orgasmo a otra bioenergética de este: empieza a medir las descargas eléctricas que se producen durante el orgasmo y se mete a ciegas en el laboratorio. En 1939 decide reunirse con su familia en Estados Unidos para iniciar la última parte de su tortuosa biografía.

Para Reich, un orgasmo satisfactorio es la base de la buena salud mental, y el origen de todas las neurosis se encuentra en la falta de satisfacción sexual.

Mientras su megalomanía crecía, anuncia el descubrimiento de una partícula, entre lo orgánico y lo inerte, cuya transformación está vinculada a la energía del orgasmo, el orgón, una fuerza primigenia y universal que, redirigida, puede provocar la aparición de la lluvia o curar el cáncer. Reich construye cajas de acumuladores de orgón, multiplicadores de potencia orgiástica con forma de cabina telefónica en los que intenta tratar a pacientes, lo que termina en una serie de denuncias. Convertido en un científico loco, un seductor crepuscular y el líder dictatorial de una secta que avista ovnis, fue perseguido por el FBI, que quemó todos sus documentos y lo encarceló en 1957. Murió en prisión, oficialmente, de un paro cardiaco.

1940 El artista Alberto Vargas inicia su serie de *pin-up girls* para la revista *Esquire*, que concluye en 1946. Sus imágenes de chicas ligeras de ropa serán copiadas en numerosos aviones de combate estadounidenses.

1940 Después de escribir un escandaloso artículo científico en el que afirmaba que la infertilidad también podía ser una dolencia masculina, la obstetra inglesa Mary Barton abre en Londres su clínica de infertilidad, que será pionera en la inseminación artificial. Durante la década de 1940 este tipo de técnica se popularizará y recibirá una enorme oposición debido a que la fecundación tiene lugar fuera del coito y porque el semen podía ser de un donante, lo que se relacionaba con el adulterio. Años más tarde, la clínica de Barton suscitará polémica por haber recurrido a un grupo muy bajo de donantes: su marido y unos cuantos hombres más.

1945 Con el final de la Segunda Guerra Mundial muchos veteranos de guerra recalan en la costa oeste de Estados Unidos y deciden refugiarse en ella. Alrededor de los clubes de moteros, muchos exmilitares homosexuales querrán reproducir las relaciones de camaradería y poder de las que habían disfrutado durante la contienda y dan inicio a la cultura *leather gay* (sadomasoquista y exclusivamente masculina).

1946 Durante la segunda mitad de la década, el escritor Jean Genet produce sus obras más conocidas, aquellas que retratan una sexualidad marginal y salvaje. *Santa María de las Flores* (1944), con un personaje *trans*, *Querelle de Brest* (1947), sobre las aventuras sexuales de un marinero, y *Diario del ladrón* (1949), que narra su vida de vagabundo y rebelde sexual por Europa. De esta obra es muy recordado el relato de la primera manifestación gay de la que se tiene constancia: un cortejo fúnebre en la Barcelona de 1933 para conmemorar el destrozo de un urinario de ligue gay. Hombres vestidos con chales «vinieron al solar a depositar un ramo de rosas rojas, anudado con un velo de crespón».

1946 La antigua prostituta, exespía y política Marthe Richard consigue, con los votos de democristianos y comunistas, cerrar todos los burdeles de Francia, unos mil cuatrocientos. La ley, que no perseguía la prostitución, sino a su organización y a las redes criminales que la financiaban, acabó por cerrar las puertas de locales de lujo como Le Chabanais, pero también de prostíbulos más concurridos, como Le Fourcy. El éxito de la medida es hoy puesto en duda por asociaciones como el Mouvement du Nid de apoyo a trabajadoras sexuales.

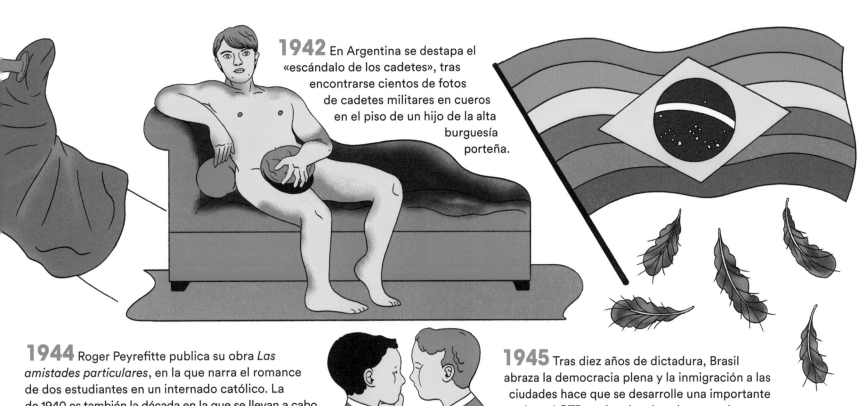

1942 En Argentina se destapa el «escándalo de los cadetes», tras encontrarse cientos de fotos de cadetes militares en cueros en el piso de un hijo de la alta burguesía porteña.

1944 Roger Peyrefitte publica su obra *Las amistades particulares*, en la que narra el romance de dos estudiantes en un internado católico. La de 1940 es también la década en la que se llevan a cabo estudios sobre la llamada «homosexualidad situacional»: relaciones homosexuales que se producen en entornos homosociales, como las escuelas, las prisiones o el ejército, que en esa época había movilizado a una gran cantidad de hombres. Descritos como actos sexuales de sustitución, implicaban la existencia de una homosexualidad verdadera. El estudioso LGTB Ned Katz explicó que no existía tal fenómeno y que toda la homosexualidad, al igual que toda la heterosexualidad, se situaba en una sociedad, una clase y un tiempo determinados.

1945 Tras diez años de dictadura, Brasil abraza la democracia plena y la inmigración a las ciudades hace que se desarrolle una importante cultura LGTB nacional en las playas, en los concursos de belleza y en particular en las *turmas*, grupos de amigos que se presentan como alternativa a la familia. En esos mismos años cobran protagonismo dentro del carnaval los bailes *drags*, cuyos fantasiosos trajes se convierten en uno de los sellos del carnaval carioca.

1948 Alan L. Hart, uno de los primeros hombres *trans* en la historia de Estados Unidos, consigue importantes avances en su lucha contra la tuberculosis.

LE DEUXIÈME SEXE

1949 La filósofa francesa Simone de Beauvoir publica su libro *El segundo sexo*, en el que dedica una breve pero interesante reflexión al tema de la frigidez femenina.

1949

Década de 1940

De guerras, chicas en cueros y el *baby boom*

Es 1942 y, en plena Segunda Guerra Mundial, una joven de sugerentes curvas se eleva sobre la Francia ocupada para derribar varios aviones de combate alemanes. La joven va pintada en el morro de un Boeing B-17, el *Memphis Belle*, y ha sido diseñada por el artista de *pin-ups* George Petty. Las *pin-ups*, mujeres ligeras de ropa en actitudes provocativas, llevaban ya muchos años alegrando las páginas de revistas masculinas como *Esquire* o *True, The Man´s Magazine*, pero será en la década de 1940 cuando alcancen su apogeo. A los soldados les gusta conjurar la mala suerte adornando sus bombarderos con sexis muchachas en bañador o montadas sobre misiles. Muchos bautizan sus aviones con nombres femeninos como un recordatorio de lo que les espera cuando regresen a casa: mujeres jóvenes dispuestas a hacer el amor con ellos, a ocuparse de la casa, a prepararles la cena y a engendrar a sus hijos. La guerra, en su vertiente activa, es muy masculina y heteronormativa.

Antes de convertirse en estrellas de ese *nose art* destinado a levantar la moral de los soldados, las *pin-ups* fueron habituales en pósteres de los años veinte, y su nombre deriva de su destino más común: ser colgadas (*pinned-up*) en las paredes de espacios masculinizados, como dormitorios, cabinas de camiones, bares... Con un posible antecedente en las postales que las artistas de *burlesque* usaban a finales del siglo XIX para anunciar sus *shows*, muchas actrices de la edad de oro del cine se convirtieron en modelos *pin-up*. La historiadora Joanne Meyerowitz nos cuenta que, para muchas mujeres, estas imágenes de consumo masculino constituían también un empoderamiento femenino, pues desligaba el cuerpo de la mujer de la vergüenza y de la opresión propias de la época victoriana. Otras, sin embargo, se quejaban de que las *pin-ups* reducían a las mujeres a meros objetos de deseo, lo que las devolvía al espacio privado: a la pared del dormitorio masculino o a la cocina de la casa residencial una vez acabada la guerra, tal como contará Betty Friedan en *La mística de la feminidad* (1963).

Las batallas de género de Alan L. Hart y Michael Dillon

La década de 1940 fue una época de cambios para los doctores Hart y Dillon, sobre todo porque, desde 1939, y para tratar el sangrado abundante de la menstruación, se sintetiza la testosterona. En esa década, el doctor Alan L. Hart obtiene su máster en Salud Pública en la Universidad de Yale y pasa a dirigir el centro para la prevención de la tuberculosis de Connecticut. Criado a finales del siglo XIX con cierta libertad con respecto a los roles de género, Alan L. Hart decide en 1917, a los veintisiete años, contactar con el doctor Joshua Allen Gilbert para convencerle de la necesidad de llevar a cabo una serie de operaciones que le acercaran a su identidad sentida. A pesar de las dudas iniciales, las intervenciones se llevan a cabo y, con el nombre cambiado, entra en la facultad de Medicina de Oregón y desposa a Inez Stark. Uno de sus compañeros lo reconoce y divulga su situación, hecho que le obliga a cambiar de estado e iniciar una vida errante de médico rural que mina su matrimonio. La década de 1920 asentará su carrera con estancias en prestigiosos hospitales y con una vida más tranquila con la que afianzar su relación con Edna Ruddick, con la que compartió toda su vida.

En Inglaterra, Michael Dillon, de origen noble, sufre un desmayo en el taller de coches en el que trabajaba después de huir de Londres debido a que su médico había difundido su condición de *trans*. Ese incidente le pone en contacto en el hospital con un cirujano que había estado trabajando en la reconstrucción plástica de penes de soldados heridos y que inicia sus operaciones. Dillon, en ese largo proceso, acaba licenciándose en medicina, escribiendo un libro sobre su caso en 1946 y realizando operaciones de cambio de sexo. Su alta posición social le pone, a su vez, en un aprieto: reconocido legalmente como hombre, puede optar al título familiar. El escándalo estalla y, gracias a su trabajo como cirujano naval, desembarca en la India y el Tíbet, donde se convierte al budismo después de refugiarse en distintos monasterios y escribe sobre esa religión con un nuevo nombre: Lobzang Jivaka.

La «noche de los cadetes» y la fugaz estrella española

Existen escándalos capaces de devorar al propio país que los crea. Argentina vivía en octubre de 1942 en la prosperidad de la neutralidad de la Segunda Guerra Mundial, pero esa bonanza se va a romper con la detención de dos hijos de buena familia: Jorge Horacio Ballvé Piñero, de veinticinco años, y Rómulo Naón, hijo de un exministro de Justicia. En el piso de Jorge Horacio, aficionado a la fotografía y a la anatomía masculina, se habían encontrado fotos de jóvenes cadetes militares semidesnudos y la prensa de derechas entró a degüello, ya que no solo se trataba de un asunto de perversión de jóvenes, sino también del descalabro del mismo futuro militar de la nación. Las cabeceras reaccionarias se llenaron de historias de extorsión a menores y estrafalarias orgías. Una verdadera caza de brujas de homosexuales con listas públicas, lo que provocó el suicidio de uno de los encausados. El asunto emponzoñó tanto la situación que hubo enfrentamientos callejeros entre los cadetes y la población con insultos y palizas. Un año después, en 1943 y habiendo asociado democracia a decadencia moral gracias a casos como este, los militares daban un golpe de Estado.

A ese país, próspero pero convulso, llegaba un refugiado de lujo que iba a cambiar las palizas y los escupitajos de los fascistas por ver su nombre en grandes carteles. El cupletista español Miguel de Molina, cuya fama como cantante (pero también como homosexual) le precedía, se exiliaba a Argentina desde Lisboa, acompañado por su representante, Polín, de quien estaba enamorado. El éxito de Molina en Buenos Aires será inmediato y se le oye decir: «¡Vaya, vaya! En España los Ramírez son sirvientes y en la Argentina presidentes». Sin embargo, la suerte no está de su lado: convertido en el gay oficial del país, cuando el clima moral del Gobierno militar se endurece, la policía se presenta en su piso y, sin más, le invita a abandonar el país por conducta escandalosa. Polín, mientras tanto, vaciaba sus cuentas.

Para Osvaldo Bazán estos dos casos «buscaban disciplinar a las locas porteñas. El miedo hizo el resto».

Beauvoir y Wilhelm Stekel: la frigidez como arma arrojadiza

Según Suzanne Laba Cataldi, la frigidez femenina ha sido explicada por la escuela freudiana como la incapacidad de la mujer de abandonar ese estadio infantil centrado en el clítoris para experimentar el placer vaginal con la penetración. Aunque el término es ambiguo, tendremos que esperar a Beauvoir para que se empiece a hablar de esa falta de apetito como una respuesta a la cultura patriarcal. Según Cataldi, para Beauvoir, la frigidez es un uso simbólico que las mujeres hacen de su cuerpo a modo de contestación a las humillaciones, la vergüenza y el miedo al embarazo que conlleva el sexo heterosexual.

Beauvoir tomó esta idea —de que las mujeres pueden utilizar su cuerpo como arma o refugio en la guerra de sexos— del psicoanalista Wilhelm Stekel, una oveja negra del psicoanálisis vienés que veía la frigidez como un ataque de las mujeres liberadas, trabajadoras y (muy) posiblemente lesbianas, que se negaban con obstinación a alcanzar el placer con la eyaculación masculina. Este tipo de mujeres habían sido descritas por el doctor Robert Teutsch en *Le Féminisme* (1934) como una aberración feminista y degenerativa por rechazar la maternidad y negarse a aumentar el número de patriotas. Aunque en las antípodas de Beauvoir, esta visión coincidía con ella en presentar a las frígidas como guerreras dispuestas a dar batalla contra el poder masculino.

En esa misma década se publican los trabajos de Marie Bonaparte sobre la frigidez, en los que consideraba el placer clitoridiano como algo fálico y el exceso de libido en las mujeres como un rasgo masculino. Bonaparte, una de las seguidoras más destacadas de la escuela de Freud, se autodiagnosticó como «frígida» y utilizó sus conocimientos para remediar su condición. Bonaparte coincidía con Freud en que la estimulación del clítoris era un signo de infantilización y en que «reemplazar» el placer del clítoris por el de la vagina por medio del psicoanálisis era la única salida. Sin embargo, optó por la cirugía. Entre 1927 y 1931 se sometió a una serie de operaciones con el ginecólogo vienés Josef Halban para recolocar el clítoris y ponerlo más cerca de la entrada de la vagina.

Y libra(las) del mal:
el Patronato de Protección a la Mujer

Es de noche y Marian Torralbo regresa a su casa desde una fiesta. Ha bailado, ha reído, incluso puede que se haya fumado un cigarrillo y que haya hablado con un par de chicos. Está deseando meterse en la cama y descansar, pero la vida le tiene reservado un destino muy diferente: en casa la esperan su hermano —miembro de Acción Católica—, su cuñado y una pequeña maleta con sus cosas. Esa misma noche, Marian dormirá en un piso custodiado por monjas. Sus padres renunciarán pronto a ella, y Marian acabará en el reformatorio de las Hermanas Oblatas, uno de los numerosos centros para mujeres «caídas o en peligro de caer» bajo el control del Patronato de Protección a la Mujer.

El patronato nace en 1941, con la presidencia de honor de Carmen Polo y la intención de sofocar cualquier afán de libertad en adolescentes y mujeres jóvenes. La vigilancia moral de las mujeres es una parte integral del régimen, tanto que se crea un equi-

po de funcionarias cuyo trabajo consiste en pasearse por las llamadas «zonas calientes de pecado» —piscinas, cines o bailes— en busca de chicas cuyo comportamiento no encaje con el de una católica apostólica de pro. Los motivos de ingreso en el patronato son tan heterogéneos como ambiguos: haber sido víctima de abusos sexuales, negarse a rezar, no obedecer a los padres, llevar la falda corta, coquetear, ser lesbiana, ejercer la prostitución. Cualquier muestra de una sexualidad no aplacada por la moral franquista es razón suficiente para ser privada de libertad, y en numerosas ocasiones son las propias familias las que envían allí a sus hijas (por motivos ideológicos, por no poder o no querer hacerse cargo de ellas y hasta por ignorancia con respecto al funcionamiento de dichos centros). Una vez bajo el control del patronato, salir de él es casi imposible. A muchas se les rapa la cabeza y se las despoja de todo aspecto femenino: la feminidad es igual a la sensualidad y esta su-

pone una tentación para los hombres rectos. También se les realiza una prueba de virginidad y, sobre la base del resultado, se las envía a un centro u otro. En cada orden se hacen las cosas de una manera: en El Buen Pastor son más benévolas, en las Adoratrices se ofrece formación, en las Hermanas Oblatas no hay clases y la experiencia se limita a la explotación laboral. En cualquier caso, la vida de las internas consiste en fregar, coser y rezar. Rezan para reeducarse en la fe, para salvar sus almas. Y, de paso, trabajan gratis para empresas como El Corte Inglés, Pinaud o Tang. La explotación de las internas alimenta las arcas de las órdenes, y los padres que tratan de recuperar a sus hijas lo tienen muy difícil.

El destino de las adolescentes embarazadas es, si cabe, aún peor: repudiadas por sus familias, son internadas en el centro madrileño de Peña Grande, donde trabajan como esclavas en tareas tan dispares como montar cajas de perfume de Agua de Rosas, hacer flores de plástico o coser etiquetas en prendas de ropa. En el centro dan a luz en situación de absoluto aislamiento y las presiones para dar a sus futuros bebés en adopción son continuas. Sor María, una de las monjas encargadas de atender a las recién llegadas, se hará célebre décadas después por el escándalo de los niños robados durante el franquismo. Itziar, una de las internas de Peña Grande, cuenta que cuando se puso de parto, la obligaron a ir andando sola hasta el paritorio y a subirse al potro para dar a luz. Debido a ello, su hija nació con la cabeza un poco deformada. También refiere que ya no insistieron para que la entregara. A otras les dijeron que sus bebés habían nacido muertos, aunque no les permitieron ver sus cuerpos, ni les dieron los certificados de defunción. Muchos de los hijos de esas jóvenes, consideradas descarriadas e indignas de la maternidad, fueron a parar a los brazos de parejas pudientes que pagaban por ellos hasta quinientas mil pesetas..., ya en la década de 1980.

El sexo en la Segunda Guerra Mundial

¿Cómo sería follar en una casa que se incendia? Desde luego, podríamos decir que una experiencia contradictoria, pero que puede definir muy bien cuáles fueron los principales discursos sobre el sexo en medio de un conflicto bélico mundial. En algunos países, como en Estados Unidos, se vivió una apertura sexual: con los hombres movilizados en el frente y sintiendo el aliento de la muerte en la nuca, los parámetros morales se relajaron hasta el punto de que el ejército puso en marcha campañas contra las enfermedades venéreas, por no hablar de la experimentación homosexual en ambientes exclusivamente masculinos. Además, el fantasma de la sífilis se desvanecía al final del conflicto con la generalización del uso de la penicilina. Las mujeres jóvenes, necesarias como fuerza de trabajo y ya con cierta independencia económica, van a acabar desestabilizando algunos pilares, como el de la pérdida de la virginidad, que poco a poco será considerada un rito de paso. Con el fin de la contienda, la edad de matrimonio se adelanta en Estados Unidos y, con ella, la cultura de las citas, del *dating*, que se extiende a una nueva geografía: autocines y bares. La prosperidad económica, el regreso de los soldados y la vuelta al hogar de las mujeres hará el resto: el país estará al borde de un *baby boom*.

Aunque resulte difícil hablar de puntos en común sobre el sexo en los países ocupados durante la guerra (Francia, Polonia, Dinamarca, entre otros), existen algunos: pese a que mantener relaciones íntimas con la población autóctona estaba prohibido, estas se produjeron sobre la base de dos ejes: el de la violencia y el de la confraternización. Según el historiador Fabrice Virgili, el uso de la violencia sexual fue sistemático contra las mujeres, sobre todo contra las que participaron en la Resistencia. En el otro lado, se encuentran las llamadas «colaboracionistas horizontales», mujeres sumidas en una compleja situación vital (ocupación militar, desabastecimiento y sentido de derrota en una sociedad patriarcal) que confraternizaron con el enemigo. Quizá la más famosa sea la actriz y modelo

Arletty, de la que se dice que alegó en su juicio: «Mi corazón es francés, pero mi coño es internacional». En una situación parecida, a unas veinte mil mujeres se les rapó la cabeza y sufrieron el escarnio público como un modo de purgar ese pasado de derrota.

El último escenario, por supuesto, es el de la brutalidad de un conflicto. En la Segunda Guerra Mundial vemos desde la creación de una red de prostíbulos nacionales —con trabajo esclavo— en los territorios ocupados por Japón y Alemania hasta el uso masivo de la violencia sexual. Las cifras son escalofriantes, en particular entre el ejército ruso, el cual, según la historiadora Dagmar Herzog, llegó a violar hasta un millón de mujeres en diferentes países (Alemania y Hungría, entre otros). Debido a las secuelas de la guerra, la vuelta a casa fue terrible: los hombres parecían destrozados por las atrocidades vividas o ejercidas y las miserias sufridas por las mujeres hacía que estas no se dejaran dominar. Todo esto se tradujo en un aumento considerable de los divorcios en Europa. Las sociedades se replegaron sobre sí mismas y la reconstrucción de Europa se hizo sobre la familia nuclear. En el centro de Europa, por ejemplo, se vivió el auge de los partidos democristianos, sobre todo en Alemania occidental (con la CDU) y en Italia, donde el Partido Comunista estuvo próximo a la Iglesia en cuestiones morales. La retórica de esos partidos trataba de presentar el reciente pasado nazi como una época de desenfreno y exceso sexual, por lo que pedía a la población que volviera a las costumbres más tradicionales. Así, en Europa, se quiso superar el trauma de la guerra aplastando la libertad de las mujeres y las minorías sexuales.

Las relaciones íntimas con la población autóctona se produjeron por violencia o confraternización.

La *butch*: el poder de la masculinidad femenina

Situada entre los mecanismos de la identidad de género y la autopresentación, entre el escarnio público y el romance privado, la figura de la *butch*, la lesbiana masculinizada, es de vital importancia para comprender la historia del lesbianismo, pues fue, durante muchas décadas, el único tipo de lesbianas legibles. Aunque sus orígenes se remontan a principios del siglo XX con las teorías de la inversión sexual, acabó asentándose más adelante con la celebración subcultural en los pequeños círculos bohemios parisinos de la década de 1920, hasta alcanzar su auge en la década de 1940, en particular en Estados Unidos. Una relativa independencia económica, una mayor movilidad y una menor vigilancia social hicieron surgir en ciudades como Búfalo una cultura lésbica pública, de clase obrera, alrededor de fiestas en casas y en bares. Allí, las mujeres *butch* vestían pantalones, llevaban el pelo corto y generalmente establecían relaciones amorosas con mujeres más femeninas: las *femmes*.

Las identidades *butch* y *femme* eran utilizadas como roles sociales que no solo configuraban relaciones románticas, sino que también unían a la comunidad, pues, al sacar el lesbianismo del circuito de bares, constituían a su vez un acto político. Algunas estudiosas, como Joan Nestle, han señalado cómo esas parejas creaban un nuevo tipo de romance y de familia, con sus ritos de seducción y sus normas de convivencia. La *butch* podría llevar la iniciativa, pero, a diferencia de los hombres, uno de sus rasgos definitorios era su entrega en el sexo: se enorgullecía del placer que podía dar a su pareja más que del que podía obtener. La *femme* podría parecer el elemento pasivo, pero era fuerte hasta el punto de enamorarse de una persona antisocial y su aspecto (más normativo) muchas veces le permitía encontrar un empleo estable con el que poder mantener a la familia. Según Nestle, en esas relaciones surgía con el tiempo un tipo de cuidados igualitario y una verdadera red de solidaridad fuera del mundo heterosexual y del control masculino.

Esas identidades, como los bares en los que se forjaron, eran espacios seguros de experimentación entre las mujeres lesbianas de clase obrera, en su mayoría caucásicas. Las mujeres de clase alta, que podían tejer otro tipo de relaciones sociales, evitaban esos locales que sufrían continuas redadas y la vida de mujeres afroamericanas generalmente transcurría en fiestas privadas. Ese rechazo se traspasó, en 1950, a las primeras asociaciones lésbicas, formadas sobre todo por mujeres de clase media, que, tratando de integrarse en la sociedad, rechazaban esos roles en su defensa de la feminidad de todas las mujeres. Mas adelante, una parte del movimiento feminista, especialmente el feminismo lésbico, descalificó el binomio *butch-femme* por reproducir y erotizar las diferencias de poder de las relaciones heterosexuales y ser ejemplo de las diferencias de género. A pesar de que el *butch-femme* se mantenía entre las minorías raciales o entre las presidiarias, hemos de esperar a la década de 1980 para que sea reivindicado por su valor cultural e histórico. Las teorías posmodernas de género, como las de Judith Butler o J. Halberstam, en la década de 1990, dieron un giro a esas categorías al relacionarlas con el modo en que el género era representado. Hoy se subraya la fluidez de esas posiciones, con una escala de gradación *butch-femme* (desde *high femme* hasta *stone butch*) y se abrazan las conexiones con otras minorías sexuales, como las de los hombres *trans*. A pesar de no ser una categoría única, las relaciones *butch* y *femme* continúan siendo una amenaza creativa y afectiva a los límites de la masculinidad y feminidad heterosexual.

La figura de la *butch*, la lesbiana masculinizada, es de vital importancia para comprender la historia del lesbianismo, pues fue, durante muchas décadas, el único tipo de lesbianas legibles.

1950

1951 El papa Pío XII, en una encíclica dedicada a las matronas, declara apto como método anticonceptivo el Ogino-Knaus, basado en contar los días del ciclo menstrual para evitar mantener relaciones sexuales durante los días fértiles. Una broma que hacía referencia a la escasa fiabilidad del método se extendió durante décadas: la de los «hijos de Ogino».

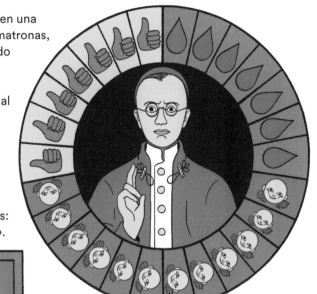

1952 Se publica la primera edición del *Manual diagnóstico y estadístico de los trastornos mentales*, piedra angular de la psiquiatría. En él se clasifica la homosexualidad como desorden mental, lo que conduce al desarrollo y auge de las llamadas «terapias de conversión».

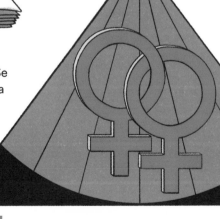

1952 El *New York Daily News* anuncia la cirugía de reasignación de sexo de Christine Jorgensen. Su historia, reproducida internacionalmente, populariza la experiencia *trans*. En el ámbito clínico, el endocrino Harry Benjamin empieza una serie de tratamientos específicos para hombres y mujeres *trans* en Estados Unidos.

1954 Se publica en Francia *Historia de O*, novela de erotismo masoquista que la intelectual Dominique Aury (Anne Desclos) escribió (con el seudónimo de Pauline Réage) para alimentar las fantasías de su amante, el escritor Jean Paulhan.

1955 Vladímir Nabokov publica *Lolita*, un hito de la literatura en inglés y texto polémico por dar voz al pedófilo Humbert Humbert. Nabokov sentía gran atracción por la hebefilia como tema literario, como muestran «Un cuento de hadas», *El hechicero*, *La dádiva*, etcétera. La figura de la Lolita, adolescente que encandila a hombres maduros con fingida ingenuidad, pasará de inmediato al imaginario colectivo como versión pubescente de la *femme fatale*.

1955 Se funda en San Francisco (California) la asociación secreta Daughters of Bilitis (DOB), uno de los máximos exponentes del movimiento de defensa de los derechos de las lesbianas.

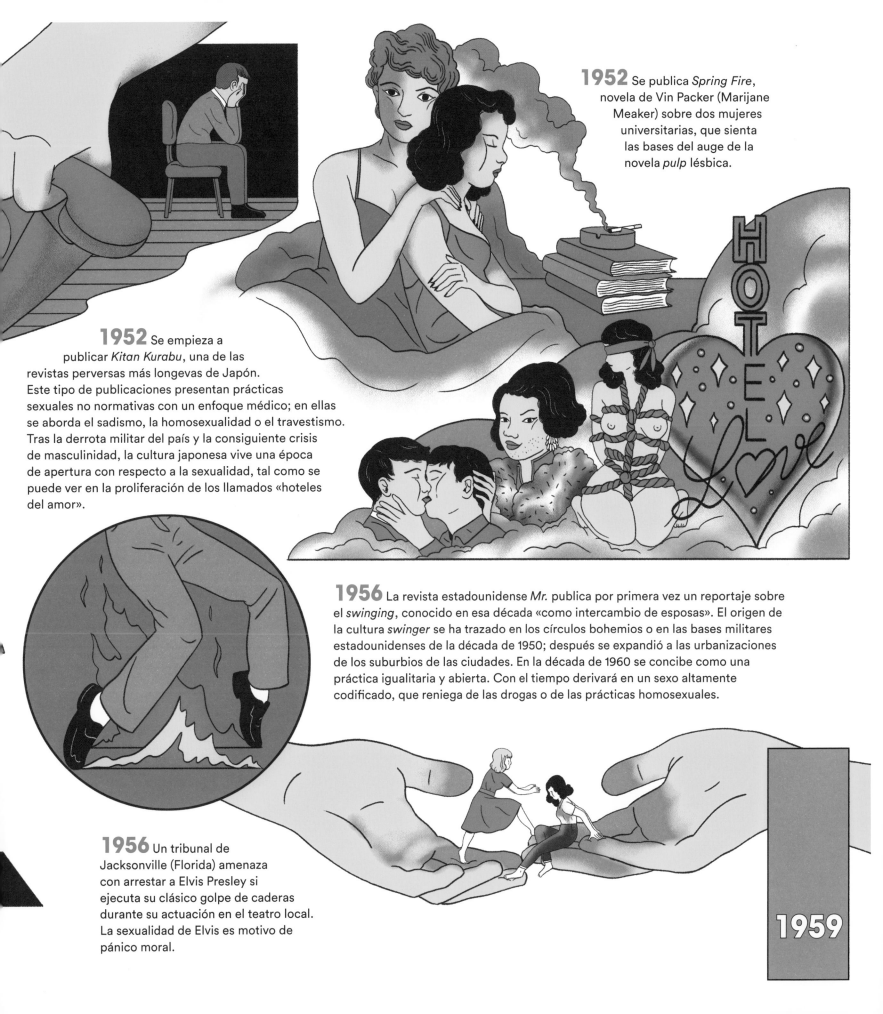

1952 Se publica *Spring Fire*, novela de Vin Packer (Marijane Meaker) sobre dos mujeres universitarias, que sienta las bases del auge de la novela *pulp* lésbica.

1952 Se empieza a publicar *Kitan Kurabu*, una de las revistas perversas más longevas de Japón. Este tipo de publicaciones presentan prácticas sexuales no normativas con un enfoque médico; en ellas se aborda el sadismo, la homosexualidad o el travestismo. Tras la derrota militar del país y la consiguiente crisis de masculinidad, la cultura japonesa vive una época de apertura con respecto a la sexualidad, tal como se puede ver en la proliferación de los llamados «hoteles del amor».

1956 La revista estadounidense *Mr.* publica por primera vez un reportaje sobre el *swinging*, conocido en esa década «como intercambio de esposas». El origen de la cultura *swinger* se ha trazado en los círculos bohemios o en las bases militares estadounidenses de la década de 1950; después se expandió a las urbanizaciones de los suburbios de las ciudades. En la década de 1960 se concibe como una práctica igualitaria y abierta. Con el tiempo derivará en un sexo altamente codificado, que reniega de las drogas o de las prácticas homosexuales.

1956 Un tribunal de Jacksonville (Florida) amenaza con arrestar a Elvis Presley si ejecuta su clásico golpe de caderas durante su actuación en el teatro local. La sexualidad de Elvis es motivo de pánico moral.

1959

Década de 1950

«Terapias de conversión»: el deseo como enemigo

«Es una enfermedad y, como tal, se puede curar. ¡De eso van las enfermedades!»

Eso era, a grandes rasgos, lo que desde la invención de la psicología en el siglo XIX pensaron los eruditos sobre la homosexualidad. Incluida en el primer manual dedicado a perversiones sexuales, *Psychopatia Sexualis* (1886), la homosexualidad se consideró una desviación de la norma que debía ser corregida. Aunque Freud no la consideraba una enfermedad, su creencia en la bisexualidad innata del ser humano no ayudó: si todos somos bisexuales, la orientación puede educarse y escogerse. Esta idea, en lugar de normalizar la atracción homosexual, legitimó las llamadas «terapias de conversión», en alza hasta el nacimiento del activismo LGTB.

Las «terapias de conversión» incluían electrochoques en los genitales, fármacos inductores de la náusea, castración química y hasta lobotomías, como las ejecutadas en Argentina por los doctores Værnet. Un caso célebre es el de Alan Turing, padre de los algoritmos y, para más inri, inventor de los métodos de desencriptado de los mensajes alemanes durante la Segunda Guerra Mundial. En resumen, él ayudó a vencer a los nazis y el mundo se lo agradeció considerándolo un criminal. Tras ser detenido por «conducta inmoral» y como forma de evitar la prisión, Turing escogió la castración química. Dos años después, falleció por envenenamiento con cianuro. Gran parte de las sociedades dictatoriales, como la España franquista, hicieron del campo de concentración y de las «terapias de conversión» el tratamiento institucional de la homosexualidad. Hoy no han desaparecido y continúan en países como Estados Unidos, Perú, Sudáfrica o la India.

La época dorada del *pulp* lésbico

Con portadas llamativas y excusas tan peregrinas como excitar a los hombres o constituir literatura médica, las novelas lésbicas florecieron entre 1950 y 1965 gracias a editoriales como Fawcett Gold Medal. El género fue inaugurado con las ventas millonarias de *Spring Fire* (novela de Vin Packer [Marijane Meaker] publicada en 1952). Según Linnea A. Stenson, estas novelas —llamadas *pulp* por su papel barato— solían incluir una advertencia sobre la vida lésbica: la «verdadera» lesbiana, manipuladora y seductora, moriría o sería recluida al final, y la joven seducida sería recuperada para el matrimonio heterosexual. Pese a su habitual mensaje, estas novelas eran devoradas por una audiencia lésbica, que disfrutaba con sus descripciones explícitas y con el reconocimiento de su propio deseo. Consideradas por algunas escritoras «literatura de supervivencia», parte de ellas sirvió para dar una imagen más compasiva de la identidad lésbica: en esa línea están las novelas de Ann Bannon, en cuyas tramas proliferan los finales infelices, el alcoholismo y la violencia.

Otra de estas autoras, Valerie Taylor, llegó a participar en el naciente movimiento feminista y lésbico, cuyas reivindicaciones iban a requerir otro tipo de literatura.

Historia de O: la literatura como arma de seducción

Cuando el escritor francés Jean Paulhan le dijo a su amante, la intelectual Dominique Aury (Anne Desclos), que ninguna mujer podría escribir como el marqués de Sade, ella se lo tomó como un reto. Ensayista y editora, Aury se puso manos a la obra y, capítulo a capítulo, fue convenciendo a su amante de su error, hasta llegar a escribir uno de los libros más célebres de la literatura erótica moderna: *Historia de O* (1954). Publicada con el seudónimo de Pauline Réage, la novela cuenta la historia de una fotógrafa de moda francesa que, para agradar a su amante, ingresa en una fraternidad sadomasoquista. Allí es educada para ser una esclava al servicio de los hombres, se somete a intervenciones corporales y (algo que define la naturaleza de la obra) encuentra un gran placer en su papel de sierva.

El libro causó sensación y dio una visión del sadomasoquismo poco usual, la de la sumisión voluntaria, y hasta orgullosa, como forma de empoderamiento. Feministas como Andrea Dworkin escribieron contra la obra, pues consideraron que glorificaba la sumisión femenina y reforzaba los roles de género tradicionales. Aury no confesó ser la autora de la novela hasta cuatro décadas después y aseguró que el texto era una ficción. La novela solo había sido un látigo con el que azuzar la fantasía de su amante. Y, según Paulham, parece que así fue.

El «movimiento homófilo» y la Guerra Fría

Durante la conservadora década de 1950, los países anglosajones viven un proceso de remasculinización: la autoridad del hombre en la casa era similar a la del patriota en el país. Las antítesis del buen estadounidense son, así pues, los comunistas y los homosexuales. Dentro de la retórica de la época, unos y otros eran retratados como inmaduros y moralmente débiles, con una lealtad política dividida y objetivo de chantajes por parte de la Unión Soviética. Bajo el mandato del senador Joseph McCarthy, la persecución de homosexuales se institucionalizó dentro de la administración, desde altos funcionarios hasta profesores.

En este clima surgen las primeras organizaciones LGTB de las que tenemos constancia: la Mattachine Society y las Daughters of Bilitis. Ambas se extendieron por Estados Unidos hasta conformar el «movimiento homófilo», que buscaba la integración dentro de la sociedad heterosexual. La Mattachine Society fue fundada en 1950 por tres homosexuales comunistas para revindicar la homosexualidad como una minoría con cultura propia. A partir de 1953, los fundadores se separaron del proyecto, que pasó a subrayar su política de asimilación: se animaba a los homosexuales a llevar ropa formal durante las manifestaciones y a abandonar prácticas que daban mala imagen, como el ligue callejero. El grupo Daughters of Bilitis (DOB) (fundado en 1955) se centró en organizar eventos y crear espacios seguros para lesbianas, así como en enfatizar sus semejanzas con las mujeres heterosexuales. Su proyecto estrella fue la revista *The Ladder* (1956-1972), la cual muestra la

evolución del grupo: se pasó de un proyecto minoritario que buscaba asimilarse a la sociedad heterosexual a una gran organización que aplaudía la radicalidad del feminismo.

Caderas, clase obrera y hormonas desatadas: el pánico moral en torno a Elvis

La Guerra Fría propició un contexto de intensa vigilancia y contención social en Estados Unidos: se elaboraron listas de comunistas y de homosexuales y se impulsaron los discursos sobre las mujeres como «ángeles del hogar». Esto hizo que muchas renunciaran al trabajo asalariado y se dedicaran a la casa y a la familia. Sin embargo, pronto apareció una figura que iba a amenazar lo que la estudiosa Elaine Tyler May llamó «la era de la contención doméstica»: se trataba de Elvis Presley, que enloquecía a la juventud con su *rock n' roll* y sus movimientos sensuales. Todo un striptease con ropa.

La amenaza que Presley representaba para la América blanca de los cincuenta era de muchos tipos: no solo daba alas a las hormonas de sus hijos e hijas —según su propia mujer, Priscilla, «Elvis despertaba en las adolescentes cosas que no debían ser despertadas»—, sino que era percibido como un no blanco, un elemento racialmente ambiguo imposible de identificar con la clase media estadounidense. Esto se debía a su origen obrero y a su actitud sobre el escenario. El músico de rhythm and blues Hank Ballard dijo al respecto: «En la sociedad blanca, el movimiento del trasero, el agitarse de la pierna, todo eso era considerado obsceno. Ahora llega este chico blanco que [...] agita esas piernas llamativas. Ni siquiera los negros hacían eso». Los gobiernos locales cerraron sus salas a Elvis, amenazaron con detenerlo y Sinatra tildó su música de «afrodisiaco [...] que fomenta reacciones destructivas en los jóvenes». Sea como fuere, sus conciertos continuaron llenándose y las adolescentes siguieron desmayándose, conectando con ese deseo del que los discursos sobre la decencia trataban de apartarlas.

Playboy y el nacimiento de la revista pornográfica *mainstream*

Hoy relegadas a objeto caprichoso, *souvenir* de un mundo en papel cada vez más extinto, las revistas constituyeron uno de los principales órganos de expresión de la cultura pop durante todo el siglo XX. En el universo de la sexualidad, y a una escala similar a la de la pornografía y el cine, las revistas para adultos configuraron las fantasías del público masculino y establecieron los cánones del atractivo sexual requerido a las mujeres. Este camino hacia el *mainstream* lo inician Hugh Hefner y su *Playboy* en 1953. Nunca hasta ese momento las revistas comerciales habían mostrado un material tan erótico, y *Playboy* nace con el éxito asegurado gracias a una fotografía de Marilyn Monroe desnuda que Hefner había adquirido cuando ella todavía era aspirante a actriz.

Si a principios de la década la soltería masculina levantaba sospechas en Estados Unidos, con la expansión del consumismo y de unas actitudes morales más relajadas aparece un nuevo tipo de hombre personificado por Hefner: el *playboy*. Soltero, heterosexual, adinerado y hedonista, tiene acceso tanto a bienes de lujo como a una interminable lista de mujeres. Para este nuevo modelo de hombre se construirá una arquitectura a su medida: el lujoso y urbano apartamento de soltero, polo opuesto de la casa familiar de los suburbios. En palabras de Paul Preciado: «De la misma manera que la sociedad ilustrada creyó que la celda individual podía ser un enclave de reconstrucción del alma criminal, *Playboy* confió a la mansión de soltero la fabricación del nuevo hombre moderno». El éxito de *Playboy* en la década siguiente debe enmarcarse en la llamada «revolución sexual» y su demanda de una mayor libertad sexual, de la cual Hefner era defensor, aunque siempre sobre la base de deseos masculinos y desnudos femeninos. *Playboy* mantenía un estilo que hoy entraría dentro del *softporn*, aunque en la época supuso toda una novedad. Ciertas barreras se respetaban: sus modelos (semidesnudas o desnudas del todo) no mostraban los genitales o el vello púbico y podían insinuar poses —como la de la masturbación—, sin llegar a ser explícitas.

Hefner, con su mansión plagada de atractivas «conejitas», se convirtió enseguida en un modelo de virilidad al que aspirar. Su estilo fue copiado en los numerosos clubes Playboy que florecieron en Estados Unidos y pasó a ser objetivo de los ataques feministas. A principios de la década de 1960, cuando la revista *Playboy* alcanzaba el millón de lectores, la periodista feminista Gloria Steinem se introdujo como trabajadora en uno de esos clubes y denunció sus condiciones laborales, sus bajos salarios, las horas de pie y la imposición de beber con los clientes. Las protestas en estos clubes se organizaban regularmente, y el colectivo feminista WITCH amenazó de muerte a Hefner en 1970. Este, al tiempo que defendía el derecho al aborto, clamaba contra las feministas radicales y hablaba de una supuesta emasculación cultural del varón.

Con la llegada de *Penthouse* —la gran competidora de *Playboy*—, ya en 1965, los genitales y el vello púbico se reproducen con libertad, lo que amplía el rango de obscenidad ofrecido por estas publicaciones. La fórmula de *Penthouse*, fundada por Bob Guccione, será copiada años más tarde por la revista española *Interviú*, que incluirá un póster central mostrado con orgullo en espacios masculinizados. La ética de Guccione quedará en evidencia en 1984 con el escándalo de Vanessa Williams, la primera afroamericana en conseguir el título de Miss América. *Penthouse* publicará unos desnudos de Williams —realizados dos años antes— contra su voluntad, y las presiones obligarán a la *miss* a renunciar a su corona. Parece que, para ellos, la libertad de las revistas eróticas estaba por encima de la de las mujeres.

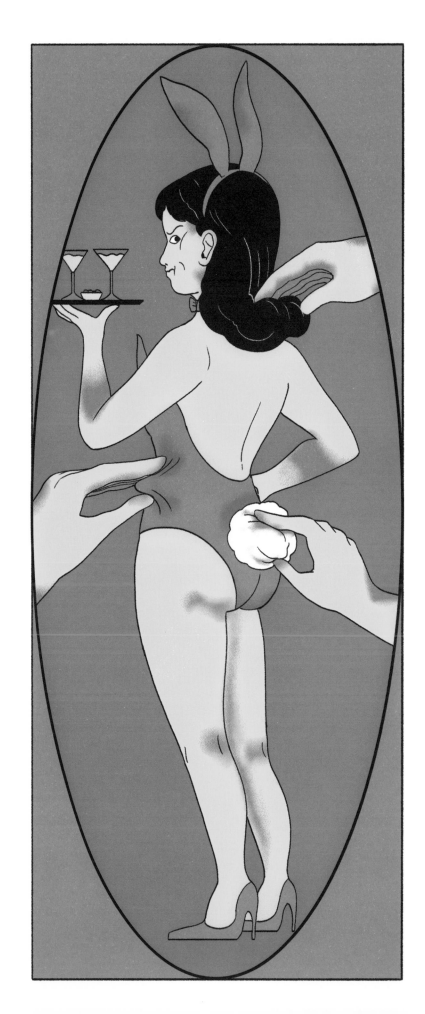

El *camp* y la herencia cultural gay

La historia de la sexualidad está llena de palabras equívocas y de dobles sentidos, de lenguajes secretos y de cuerpos revueltos.

Una de esas palabras mágicas es la de *camp*. ¿Qué es el *camp*? Aunque resulta difícil definirlo, en primer lugar haría referencia a un modo de actuar o a un aspecto de la personalidad relacionado lejanamente con «tener pluma». El *camp*, a su vez, estaría también relacionado con un modo de consumir cultura de manera crítica que pertenece a un grupo marginado concreto: los gais. Cronológicamente podríamos decir que el *camp* determina la cultura homosexual pre-Stonewall, caracterizada en rasgos generales por ser afectada, falsa, ostentosa, afeminada y teatral. Es, en definitiva, una táctica de supervivencia y resistencia cultural que mezcla la alta y la baja culturas, lo serio y lo cómico, y que, en su ambigüedad, permite dar a conocer la propia sexualidad a personas afines en un ambiente social homofóbico.

Una de las formas más socorridas de hablar de este fenómeno es hacer listas de cosas *camp*. Como, por ejemplo, esta: son *camp* las óperas de Bellini, Oscar Wilde, Mae West, Liberace, los péplums, las telenovelas (como *Dinastía*), Warhol, los musicales, Dolly Parton, Eurovisión, Terenci Moix, Kylie Minogue, la mayoría de los *biopics* y la película *Showgirls*, John Waters y Bárbara Rey diciendo «Tú y yo, Chelo, y siento mucho que no me hayan gustado las mujeres, hemos tenido una noche de amor». Lil Nas X, La Veneno, Sagittaria haciendo de Encarnita la del Baptisterio en Drag Race España, las divas en decadencia —como en la película *Grey Gardens*—, Lady Gaga, Marc Almond, las Scissor Sisters, Rafael Conde (El Titi) y las folclóricas, que en España vamos sobrados de *camp*. Para la estudiosa Lidia García (@thequeercanibot) el *camp* cañí «invoca toda una genealogía de la disidencia sexual ya inscrita en la propia idiosincrasia de géneros como la copla o el flamenco».

Como legado cultural, el *camp* sobrevivió a las décadas de 1950 y 1960 y fue sometido a una serie de críticas: para la nueva generación de gais politizados era un término que flirteaba demasiado con los estereotipos y, por consiguiente, caduco. Por otro lado, Susan Sontag, en «Notas sobre lo *camp*», de 1964, abordó ese concepto como una estética definida por el gusto irónico por lo vulgar, una actitud apolítica y lejanamente emparentada con la homosexualidad. Frente a ello, teóricos como Andrew Ross o Richard Dyer señalan que, aunque la popularización cultural de la homosexualidad ha convertido al *camp* en un rasgo de la cultura mayoritaria, sigue siendo subversivo por el modo en que parodia y desestabiliza las jerarquías culturales y las estructuras de poder. Bajo ese punto de vista, el *camp* ha recibido atención

Son *camp* las óperas de Bellini, Oscar Wilde, Mae West, Liberace, los péplums, las telenovelas (como *Dinastía*), Warhol, los musicales, Dolly Parton, Eurovisión, Terenci Moix, Kylie Minogue...

por parte de la teoría *queer*, que ha señalado que fenómenos como el *drag*, con sus representaciones exageradas y retorcidas, acaban cuestionando la naturalidad de las reglas del género y la sexualidad.

Según el modo en que se enfoque, el *camp* puede ser la contraseña secreta de una época más oscura, una herencia cultural que celebrar, un refugio cultural marcado por el artificio, un modo de estar en el mundo que no se ajusta a los cánones o una crítica mordaz de una cultura heterosexista que continúa silenciando a las minorías. El *camp* parece ser una lentejuela caída en una pista de baile, que vuelve a brillar cada vez que un joven homosexual aprende a jugar con la cultura y con su cuerpo —«Strike a pose!»— para aligerar el peso de un contexto sofocantemente heterosexual.

Alfred C. Kinsey y su escala sexual

Si hubo un estudio que, en pleno siglo XX, cambió el modo en que pensamos sobre la sexualidad, este fue el de Alfred C. Kinsey (1894-1956). Hijo de una familia humilde y conservadora, Kinsey reaccionó a sus numerosas enfermedades infantiles desarrollando una pasión por los espacios abiertos y la naturaleza. Tras enfrentarse a su padre, estudió biología y realizó un doctorado sobre la taxonomía de las avispas gallaritas (de las que aprendió que la naturaleza tiene pocas reglas generales), con el que consiguió un puesto de profesor en Indiana. En su época adulta experimentó las dificultades de un matrimonio con cuatro hijos, sumadas a las tensiones que le provocaba una bisexualidad combinada con la carga represiva de una educación castradora.

El interés por la sexualidad aparece en un momento tardío de su carrera: a partir de 1938 impartió un cursillo sobre sexo prematrimonial que, por su franqueza y apertura de miras, se hizo muy popular entre los universitarios. Kinsey, siempre cercano y atento a la confidencia, aprovechó esta popularidad para poner en marcha sus primeras investigaciones sobre sexología, que repudiaban el moralismo victoriano y se centraban en la recopilación científica de datos. Gracias a una serie de becas públicas y privadas, fundó el Kinsey Institute, que se convirtió en la plataforma para sus grandes estudios. Para el primero de ellos, el de sexualidad masculina —publicado en 1948—, entrevistó a cinco mil trescientos hombres caucásicos, en cuestionarios de trescientos cincuenta ítems que trataban comportamientos (masturbación, sexo vaginal o anal...). En los cuestionarios se les preguntaba por sus fuentes de conocimiento respecto al sexo y su número y tipo de parejas sexuales, siempre mediante preguntas sin moralismos y con espíritu clasificador. Este, por otro lado, voluminoso y árido trabajo

académico, realizado durante diez años, le lanzó a la fama internacional: fue portada de revistas y protagonista de canciones. Este reconocimiento le duró exactamente cinco años, hasta 1953, con la publicación del volumen dedicado a la sexualidad femenina sobre la base de cinco mil novecientas cuarenta entrevistas y cuyas conclusiones fueron demasiado fuertes para la moralidad de la época. Hablaba del deseo sexual de las mujeres, de sus experiencias lésbicas y de su masturbación. Tras la publicación de este segundo volumen, su salud empeoró, sus fuentes económicas cerraron el grifo y el Kinsey Institute llegó a ser investigado por tráfico de pornografía (esto es, su material de estudio sexológico).

Aunque la labor de Kinsey y su equipo fue muy importante para normalizar la masturbación, su hallazgo más destacable fue su comprensión de la orientación sexual.

Aunque la labor de Kinsey y su equipo fue muy importante para normalizar la masturbación, su hallazgo más destacable fue su comprensión de la orientación sexual. Siguiendo su idea de que la naturaleza es un continuo, Kinsey desacreditó la binariedad de la «inversión sexual» y defendió que homosexualidad y heterosexualidad son, en realidad, dos extremos de una misma escala: de 0 (completamente heterosexual) a 6 (completamente homosexual). Fuera de la escala había una categoría para aquellos que no sienten atracción sexual, denominada X, que constituyó una de las primeras teorizaciones sobre la asexualidad (más frecuente, según él, en las mujeres). La escala, además, es importante porque presenta la sexualidad como un espectro que varía en el tiempo y que reconoce distintos grados de bisexualidad.

A pesar de que sus métodos se han puesto en cuestión y que parte de su lenguaje parece ya desfasado, la labor de Kinsey, junto con la de los grupos LGTB, fue esencial para despatologizar la homosexualidad y erosionar las distintas leyes que la perseguían en Occidente.

1960

1960 Tras décadas de investigación sobre las hormonas femeninas y la inhibición de la ovulación, Enovid comienza a comercializarse en Estados Unidos como píldora anticonceptiva.

1962 Se estrena la película *Nikutai no ichiba* (o *Flesh Market* en inglés) después de una fuerte polémica sobre sus escenas de desnudos. Problemas económicos hacen que la producción cinematográfica japonesa se abra al cine porno *soft-core* en una serie de películas baratas rodadas en una semana: la industria de los *pink-films*. Sin retratar los genitales o el vello público, la libertad con la que se realizaron y el deseo de molestar a los censores propició que algunas obras incluyeran mensajes políticos y recursos vanguardistas (como en las películas de Kōji Wakamatsu).

1965 Se pone en escena en Londres la pieza teatral *El asesinato de la hermana George*. En ella una actriz interpreta a una bondadosa enfermera en la ficción que, en la vida real, es una lesbiana masculina, malcarada y sádica. Tres años más tarde se estrena en el Off-Broadway *Los chicos de la banda,* que muestra un cumpleaños de un grupo de amigos gais marcado por el rencor, la envidia y la desesperación. Aunque la representación LGTBQ saltaba a las tablas, siempre era entendida como problemática social o como una obra psicológica.

1966 William Masters y Virginia (matrimonio desde 1971) Johnson publican conjuntamente la primera parte de su célebre estudio sobre sexualidad, *La respuesta sexual humana*. El libro los catapulta de inmediato a la fama.

1967 Serge Gainsbourg escribe para la *sex symbol* francesa Brigitte Bardot, con la que mantenía una aventura, la canción «Je t'aime... moi non plus». Ante las amenazas del marido de Bardot, el tema, aunque se escucha en la radio, no se edita como single hasta 1969 con la voz de la nueva pareja de Gainsbourg, Jane Birkin. La canción, de alto voltaje sexual, estuvo rodeada de todo tipo de especulaciones —como que hubo sexo durante la grabación— y fue prohibida en países como España o Italia. Gainsbourg sostuvo que fue una canción incomprendida, ya que trataba sobre la imposibilidad de mantener relaciones sexuales.

1966 El filósofo marxista Herbert Marcuse reedita con importantes cambios, una de sus obras fundamentales, *Eros y civilización*, que tendrá una enorme influencia en la liberación sexual, el movimiento hippy y los derechos LGTBQ. Marcuse defiende que el capitalismo precisa de un excedente de represión para funcionar y, siguiendo a Marx y Freud, aboga por un socialismo capaz de superar la historia, que no entiende como lucha de clases, sino como represión de los instintos.

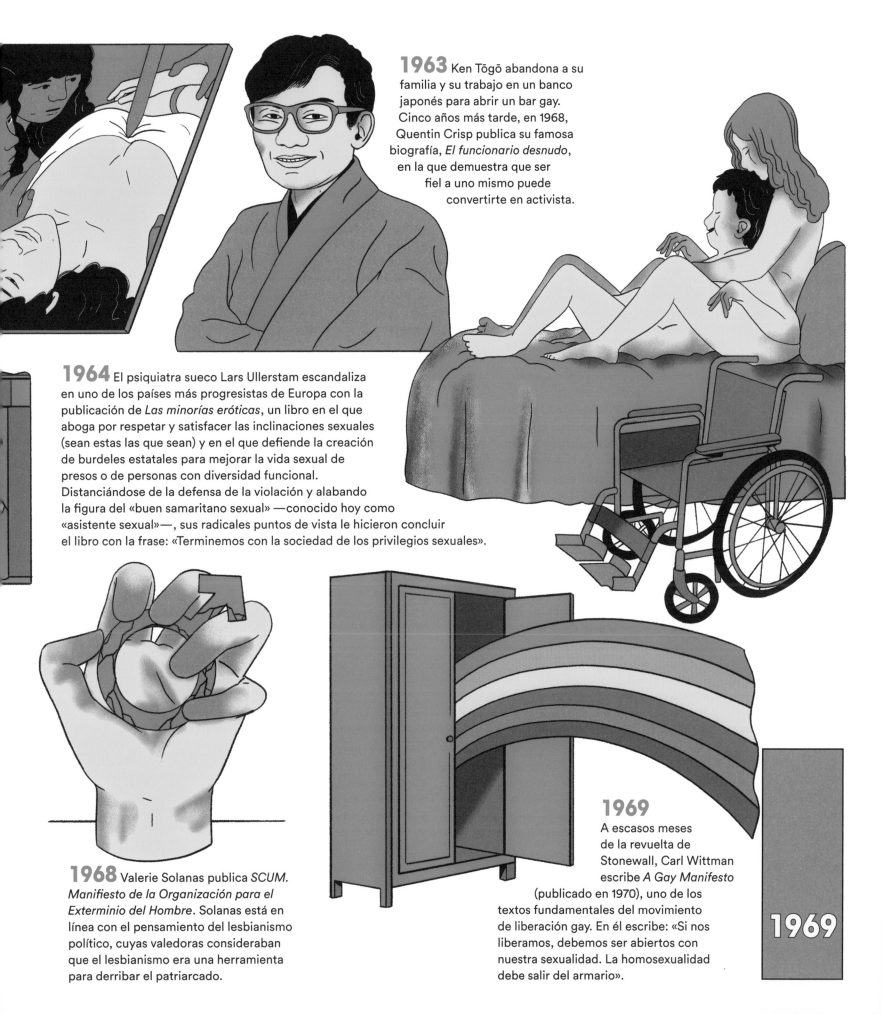

1963 Ken Tōgō abandona a su familia y su trabajo en un banco japonés para abrir un bar gay. Cinco años más tarde, en 1968, Quentin Crisp publica su famosa biografía, *El funcionario desnudo*, en la que demuestra que ser fiel a uno mismo puede convertirte en activista.

1964 El psiquiatra sueco Lars Ullerstam escandaliza en uno de los países más progresistas de Europa con la publicación de *Las minorías eróticas*, un libro en el que aboga por respetar y satisfacer las inclinaciones sexuales (sean estas las que sean) y en el que defiende la creación de burdeles estatales para mejorar la vida sexual de presos o de personas con diversidad funcional. Distanciándose de la defensa de la violación y alabando la figura del «buen samaritano sexual» —conocido hoy como «asistente sexual»—, sus radicales puntos de vista le hicieron concluir el libro con la frase: «Terminemos con la sociedad de los privilegios sexuales».

1968 Valerie Solanas publica *SCUM. Manifiesto de la Organización para el Exterminio del Hombre*. Solanas está en línea con el pensamiento del lesbianismo político, cuyas valedoras consideraban que el lesbianismo era una herramienta para derribar el patriarcado.

1969 A escasos meses de la revuelta de Stonewall, Carl Wittman escribe *A Gay Manifesto* (publicado en 1970), uno de los textos fundamentales del movimiento de liberación gay. En él escribe: «Si nos liberamos, debemos ser abiertos con nuestra sexualidad. La homosexualidad debe salir del armario».

1969

Década de 1960

Luces y sombras de la píldora anticonceptiva

La historia de la píldora anticonceptiva es larga y está llena de recovecos. Impulsada por feministas partidarias de la planificación familiar y el aborto desde los inicios del siglo XX, su desarrollo coincide con las décadas más racistas del siglo. Es más, Margaret Sanger, una de sus activistas más entregadas, se declaraba en 1930 partidaria de la eugenesia. Sanger no entendía la píldora como una herramienta que permitiera a las mujeres disfrutar de su sexualidad sin consecuencias, sino como un método de control de la población. Sus obras son una sucesión de declaraciones racistas: en su artículo «Un plan para la paz» (1932), Sanger llega a afirmar que se deben «mantener cerradas las puertas para evitar la entrada de ciertos extranjeros cuya condición se sabe que es perjudicial para la raza, como los retrasados, locos, sifilíticos, criminales, prostitutas. [...] Apliquen una rígida política de esterilización [...] a aquellas partes de la población cuya progenie ya esté corrompida».

Debido a ese cóctel de planificación familiar e ideas racistas, el primer ensayo con Enovid se lleva a cabo en 1956 en Río Piedras (Puerto Rico). La mujer al cargo es Edris Rice-Wray, una especialista de similar perfil que Sanger, que convocó a decenas de mujeres sin recursos para que se sometieran al ensayo de la píldora. Según relata Jonathan Eig en *The Birth of the Pill* (2014), el ensayo no fue nada ético: no se informó del objetivo del estudio ni sus riesgos. A lo largo de la historia, la capacidad reproductiva de muchas mujeres empobrecidas se ha visto comprometida en aras de intereses de terceros: el caso más terrible es el de las esterilizaciones forzosas de mujeres nativas y sin recursos durante el mandato de Alberto Fujimori en Perú. Muchas de estas mujeres peruanas murieron debido a infecciones derivadas de la ligadura de trompas.

La píldora anticonceptiva fue clave en la incorporación de las mujeres al mercado laboral, en el control de su cuerpo y en el de su trayectoria vital. Una auténtica «revolución tranquila» que coincidió con la década revolucionaria por excelencia. En esta primera década de comercialización, se detectó que la píldora podía causar trombosis. En 1969, la activista Barbara Seaman consiguió que se incluyera un prospecto que alertaba de este efecto secundario potencial. En la actualidad la píldora no solo se usa como método anticonceptivo, sino que también trata el acné, el síndrome premenstrual, la endometriosis, etcétera.

Hoy por hoy, y aunque se han desarrollado píldoras anticonceptivas masculinas, su uso no está generalizado del todo y el peso de la contracepción sigue recayendo en las mujeres.

Las abuelas de Samantha Hudson: el activismo de ser uno mismo

Antes de la irrupción del movimiento político gay y su retórica masculina, la visibilidad LGTB estuvo protagonizada por personas que por medio de sus discursos, comportamientos vanguardistas y unas apariencias femeninas rompían la monotonía heterosexual. Personas como la activista (y personaja) Samantha Hudson, que forma parte de un largo camino de disidencia sexual que podemos rastrear hasta mediados del siglo XX en ejemplos como el del japonés Tōgō Takeshi.

Conocido como Ken Tōgō, Takeshi pertenecía a una familia adinerada a la que defraudó en 1963, cuando abandonó a su esposa e hijos, así como su respetable trabajo en un banco, para abrir un bar gay. A los treinta años, se enamora de un estudiante radical envuelto en las protestas de 1968, que le abre los ojos a la interconexión entre distintas discriminaciones —lo que ahora llamaríamos «interseccionalidad»—, y empieza a criticar el *jōshiki* o «sentido común» por el que la gente vive y organiza su vida (también la sexual y amorosa). Adopta el nombre de Okama Tōgō Ken, literalmente, el «maricón de Tōgō Ken», y crea un partido político que aúna al colectivo LGTB, pero también a los practicantes de sado, a las trabajadoras sexuales y a gente alienada por el sistema familiar japonés. Por medio de esa plataforma obliga al Gobierno a darle el tiempo televisivo electoral y aprovecha la fama para lanzar proclamas rompedoras como «Si el pueblo de Japón ha aceptado que un emperador, considerado divino, se haya transformado en hombre después de la derrota de la Segunda Guerra Mundial, podrá entender que un hombre se convierta en mujer». Las apariciones de Tōgō, con kimono, ligeramente maquillado y hablando en femenino marcaron a toda una generación de activistas, muchas veces de forma negativa: la identidad gay se construirá de manera internacional en masculino y contra la pluma.

Ahora bien, si hablamos de extravagancias, los británicos tienen también a su reina particular: Quentin Crisp. Su vida empieza a cambiar en 1968 cuando publica su autobiografía (*El funcionario desnudo*), a la que le seguirán dos documentales y una serie de televisión para hablar de una vida inabarcable. Figura mítica de apariencia extremadamente femenina, se paseaba por el Londres de la década de 1930 con el pelo de colores y las uñas pintadas (sufrió numerosas palizas que afrontaba con una ironía digna de Oscar Wilde: sus moratones eran el triunfo de alguien incapaz de doblegarse). Quentin trabajó como ilustrador, ejerció la prostitución y fue modelo en la escuela de Bellas Artes hasta convertirse en una celebridad y en un personaje. Gran parte de su madurez transcurre en los escenarios, en los que narra anécdotas sobre su vida y contesta a preguntas del público, pero también dice cosas políticamente incorrectísimas, ya sea contra el movimiento gay, lady Di o la importancia del sida. Amante de la cultura estadounidense, se traslada a Nueva York en 1981. Fue la estrella del videoclip de Sting «Englishman in New York» (1987) e interpretó a Isabel I en *Orlando* (1990). A los noventa años, y gracias a una biografía póstuma, sabemos que se identificó como mujer *trans*.

Masters y Johnson: la heterosexualidad bajo el microscopio

Siguiendo el consejo de un mentor, el profesor William Masters solo se decidió a abarcar el estudio de la sexualidad humana cuando tuvo una carrera científica ya establecida. Era un hombre con una larga trayectoria en ginecología, que, a sus cuarenta años, se propuso poner en marcha el primer estudio sistemático sobre la fisiología y la anatomía de la actividad sexual humana. En el proceso emplearía una serie de métodos novedosos, como los electrocardiogramas o la fotografía intravaginal. Este innovador estudio comenzó en 1954 y se alargó durante más de una década con entrevistas y observaciones directas de más de un millar de individuos y varios centenares de parejas casadas. Conforme el proyecto se fue desarrollando, Masters contrató como secretaria a Virginia Johnson, una enfermera divorciada con dos hijos, que acabó adquiriendo conocimientos sobre sexualidad y cuyo carácter empático resultó esencial para reclutar y descifrar la vida sexual de los participantes, sobre todo en dos aspectos: la masturbación y el sexo heterosexual. La idea principal que había detrás de todos esos experimentos era la de mejorar las relaciones matrimoniales mediante el sexo, con el coito como epicentro de la sexualidad.

En 1966 publicaron conjuntamente la primera parte de sus resultados en un libro que los catapultó de inmediato a la fama: *La respuesta sexual humana*. El libro, con un discurso científico y aséptico, fue capaz de derribar distintos mitos, como el del orgasmo vaginal, además de subrayar la capacidad de la mayoría de las mujeres para alcanzar orgasmos múltiples.

Junto con ello, diferenciaron las cuatro fases del acto sexual: excitación, meseta, orgasmo y resolución, con una reducción de la tensión y una sensación de bienestar. Este trabajo supuso un cambio de discurso sobre sexualidad: frente a las disquisiciones psicoanalíticas y los consejeros matrimoniales, la ciencia había hablado por medio de sus aparatos de medición y la terapia sexual se basaba en la técnica. Su trabajo se centró en la calidad del orgasmo, que en la mujer pasaba por el clítoris, y no en la cantidad de sexo.

Cuando el público de Estados Unidos descubrió que se había experimentado con humanos y sexo dentro de universidades públicas se escandalizó, pero Masters y Johnson evitaron ser retratados como radicales sexuales y jugaron la carta de la terapia científica. El éxito de sus teorías fue celebrado por ciertas feministas, que vieron subrayada la importancia del clítoris o la responsabilidad del hombre a la hora de proporcionar orgasmos. Además, tal como afirma Angus McLaren, la idea de que el sexo se podía mejorar con la técnica alumbró a toda una serie de consejeros y consejeras sexuales que describieron el sexo como un acto muy codificado: frente a la frigidez o la impotencia, las columnas de consejos se llenaron de lecciones sobre aspectos tan variopintos como qué música o qué luz poner, qué comer o qué beber antes del coito.

La aproximación de Masters y Johnson tuvo sus repercusiones negativas en la época, ya que no solo era mecanicista —qué botones tocar para hacer que la mujer alcance el orgasmo múltiple—, sino que además seguía centrada en la penetración como objetivo último. Dicho en palabras del propio matrimonio: «El pene es imprescindible para aliviar la tensión sexual femenina». Además, la terapia propuesta de Masters y Johnson era violentamente heterosexista: un buen ejemplo es su libro *La homosexualidad en perspectiva* (1979), en el que hablan de sus exitosas «terapias de conversión» realizadas a docenas de homosexuales. Esta falta de cientificismo caló en su estudio sobre el virus de inmunodeficiencia humana (VIH), de 1994, en el que llegaron a afirmar que este se transmitía por medio de objetos como, por ejemplo, unas gafas prestadas, lo que no hizo sino aumentar el pánico. Ese mismo año, y después del divorcio (en 1993), el matrimonio cerró su instituto de investigaciones sexológicas.

El reto del lesbianismo político: del separatismo a la desexualización

La popularidad del movimiento de liberación de la mujer creció durante la segunda mitad de la década a base de manifestaciones, publicaciones y una vibrante lucha social. Acompañando al movimiento se produce la politización de las mujeres lesbianas, para las que el movimiento feminista fue el ámbito político en el que muchas reconocieron y vivieron su sexualidad. La alianza política entre mujeres heterosexuales y lesbianas,

sin embargo, pasó por momentos complicados a finales de los sesenta y principios de los setenta.

En 1970 Betty Friedan, autora de *La mística de la feminidad* (1963) y presidenta de NOW, la principal organización feminista estadounidense, califica a las lesbianas como «amenaza lavanda», considerando que pueden restar credibilidad al feminismo. Los mensajes de Friedan y sus seguidoras presentan el lesbianismo como un estilo de vida que debe permanecer en privado, no como un conjunto de mujeres que sufren una discriminación añadida por su sexualidad. La reacción no tarda en llegar y un grupo de lesbianas, entre ellas Rita Mae Brown, crea Radicalesbians y boicotea distintos congresos feministas. Para uno de ellos, el de Nueva York de la década de 1970, redactan el manifiesto «The Woman Identified Woman», en el que se propone el lesbianismo como estrategia política, se critica la heterosexualidad y se sostiene que todas las mujeres son lesbianas potenciales.

Según Linda Garber, el lesbianismo político es un movimiento y una filosofía que afirma que ser lesbiana es una opción política al alcance de cualquier mujer, basada en el rechazo radical a participar en la institución social de la heterosexualidad. Dicho en una famosa frase de Ti-Grace Atkinson: «El feminismo es la teoría, el lesbianismo es la práctica». La idea de afirmar la diferencia femenina y hacerlo mediante el lesbianismo se expresó en una serie de estrategias: desde librerías, festivales de música o discográficas solo para mujeres hasta grupos autónomos como The Furies, que ocuparon casas y crearon centros sociales. En su ala más radical encontramos a Valerie Solanas, que en 1968 publicó *SCUM*, un manual para hacer picadillo a los hombres, y a Jill Johnston, que en su libro *Lesbian Nation. The Feminist Solution* (1973) exponía que el lesbianismo es la vanguardia del feminismo. En el ala más reformista encontramos a a Adrienne Rich, que en 1980 habló del «continuo lésbico». Rich afirmaba que entre las mujeres existía un espectro de relaciones, no solo de índole sexual, que pueden ser definidas como «lésbicas» y que se resisten a la dominación masculina por medio del compromiso emocional entre las mujeres.

Muchas de estas aproximaciones, destinadas a subrayar un tipo específico de rasgo —el de género—, acabaron borrando otras diferencias, como las de raza y de clase. A esto hemos de sumar que las mujeres afroamericanas, como las Combahee

River Collective, veían con recelo la idea de crear un tipo de oposición mediante la biología, que siempre las había dibujado como otredad. En líneas generales, la principal crítica que recibió el lesbianismo político fue la de desexualizar las relaciones lésbicas, así como la de rechazar las diferencias culturales lésbicas. Esta desexualización fue atacada por una serie de autoras como Gayle Rubin o Pat Califia (representantes de un feminismo con un enfoque positivo de la sexualidad), que expusieron que la visión reproducía dinámicas patriarcales al negar el placer sexual lésbico y solo subrayar sus valores políticos.

La década que salió del armario

La revolución sexual de los sesenta y setenta y el cambio de costumbres que conllevó hizo que los movimientos de liberación homosexual cambiaran su modo de actuar: del deseo de asimilarse a los heterosexuales a recrudecer sus tácticas, subrayar sus diferencias y convertir el reconocimiento público de la propia homosexualidad en una estrategia política. Es en ese contexto en el que surge la imagen del «armario». Según Scott De Orio, el concepto del «armario» podría definirse como una serie de reglas sociales que «identifican y convierten a determinadas sexualidades y géneros no normativos en secretos inefables e impronunciables por ser fuente de vergüenza». Este tipo de silencio censor fue definido por Oscar Wilde como «el amor que no se atreve a decir su nombre», aunque De Orio señala que el uso actual del término *armario* proviene de un poema del poeta gay Frank O'Hara, fechado en 1958 y dedicado a los intelectuales negros parisinos, «Ode. Salute to the French Negro Poets», en el que establecía un paralelismo entre la marginalización de gais y personas racializadas. El concepto de *armario* se popularizó, a lo largo de la década de 1960, como una cuestión no tan personal como colectiva y política, al aludir a las normas que gobiernan la sexualidad por medio de ideas como el «decoro» o la «normalidad».

Aunque las décadas de 1960 y 1970 estuvieron marcadas por lemas como «Out of the closet and into the streets!», el reconocimiento público de una sexualidad disidente y no normativa ha significado un reto para gran parte de la población LGTBQ a lo largo de la segunda mitad del siglo XX. En 1990, la teórica Eve Kosofsky Sedgwick publicó su famoso libro *Epistemología del armario*, en el que exponía el concepto de «secreto abierto». Según esta autora, al ser la homosexualidad un estigma no visible y al presuponerse la heterosexualidad de todo el mundo, las personas no heterosexuales tienen que decidir continuamente si exponer su sexualidad a otras personas en los diferentes escenarios sociales en los que viven, por lo que una persona puede estar dentro y fuera del armario. En ese sentido, «salir del armario» es un proceso ininterrumpido y gradual, que va desde las personas más próximas hasta el conjunto de la sociedad. Planteado de este modo sería un camino que iría de la oscuridad de la vergüenza a la luminosidad de la autoaceptación, cerrando de algún modo la narración personal de aceptación.

La metáfora de «salir del armario» ha sido también sometida a críticas, por ser una imagen que solo tiene valores positivos en las democracias occidentales de finales del siglo XX. Distintos estudios sobre el lesbianismo en las antiguas repúblicas soviéticas o la homosexualidad en China señalan que el concepto de «revelar» la sexualidad puede tener demasiadas connotaciones negativas como para que sea útil políticamente. Según Scott De Orio, existen circunstancias históricas y sociales en las que vivir «debajo del radar» heterosexual puede producir espacios seguros en los que ejercer la libertad. Un ejemplo es lo que Hassan El Menyawi llama «activismo desde el armario» para referirse a las tácticas de personas LGTBQ dentro de algunos países árabes que, sin aludir a reivindicaciones LGTBQ, sí que pueden luchar por cuestiones que benefician a esta comunidad.

Aunque la metáfora del «armario» no pueda ser una imagen aplicable de manera universal y tenga sus limitaciones, no podemos negar su utilidad en nuestro entorno más inmediato, en el que la vida de las personas gais, bisexuales o transexuales sigue siendo negada e invisibilizada. El acto de «salir del armario» vivió una revolución con la llegada de internet: desde encontrar redes de apoyo para declarar públicamente la homosexualidad hasta grabar ese rito de paso frente a la familia para difundirlo por YouTube o TikTok: bailando o celebrando la diversidad.

Revolución sexual (o lo que sea)

La de 1960 es la década revolucionaria por antonomasia. Tras un primer medio siglo de moral encorsetada, las nuevas generaciones se lo cuestionan todo. En Estados Unidos nace la contracultura hippy; en Europa, la llamada Primavera de Praga pretende reformar la política y Mayo del 68 se extiende por París. Las revueltas estudiantiles de México concluyen con la terrible matanza de Tlatelolco, y en 1963 Martin Luther King pronuncia su célebre «Tengo un sueño». En 1966 nace Panteras Negras, inicialmente fundado para defender a los ciudadanos de Oakland de la brutalidad policial. A estas ansias revolucionarias se suma el cuestionamiento de toda la moral sexual heredada, y se reivindica el sexo como algo intrínseco a la naturaleza humana.

Sin embargo, la revolución sexual no llega como un paracaidista despistado que cae del cielo para golpear las cabezas de un montón de jóvenes con pantalones acampanados, sino que se va gestando durante todo el siglo XX. Ya a principios de siglo existía un movimiento en favor de la desregularización del sexo y las relaciones, el «amor libre», cuyos seguidores pretendían alejarse de la castidad, el matrimonio y la familia tradicional como fin humano primordial, y hasta fundaban comunas para vivir de manera alternativa. A este afán se suman las teorías de Freud, que considera la represión sexual como un desastre para la psique humana, y los avances en obstetricia y sanidad. Para estudiosos como Andrew M. Francis, la llegada de la penicilina en 1943 reduce en gran medida el impacto de la sífilis a lo largo de las dos décadas siguientes, lo que procura un marco más seguro para las relaciones extramatrimoniales y reconfigura la sexualidad moderna. Los estudios de Kinsey o Masters y Johnson analizan sin pudor la sexualidad humana, y la generación del llamado *baby boom* goza de un mayor acceso a la educación y a la socialización. El aumento de los embarazos adolescentes en los años cincuenta demuestra que lo de dejar las relaciones para el

matrimonio ya no era la norma. Aunque, evidentemente, faltaba información sobre prevención del embarazo.

En la década de 1960, las mujeres se construyen como un potente e hiperactivo sujeto político. La segunda ola del feminismo es muy fructífera en reflexiones, alianzas y activismo, con una mirada que se vuelve hacia la intimidad y analiza lo privado: la familia, las relaciones y la sexualidad. Desde 1960, el lanzamiento de la píldora anticonceptiva permite que las mujeres puedan mantener relaciones sin temor al embarazo. Tanto el aborto como el divorcio son exigidos por una generación que marca el paso hacia una sociedad en la que estos son derechos ampliamente defendidos.

1967 es el año clave, el llamado «año del amor», desarrollado a la luz del histórico eslogan «Haz el amor, no la guerra»: promiscuidad y experimentación sexual se valoran como parte indispensable de la revolución.

Muchos jóvenes se sirven de esta nueva forma de entender el sexo para presionar a las mujeres a mantener relaciones. Una mujer que dice «no» es una mujer que no está lo bastante liberada, que aún permite que una moralidad atrasada constriña sus verdaderos deseos. Abundan las revistas con desnudos femeninos y los cuerpos de las mujeres se exponen y mercantilizan. En un ambiente supuestamente revolucionario, la misoginia campa a sus anchas y las feministas responden quemando sus sujetadores en el concurso de Miss América de 1969. Kate Millet y Shulamith Firestone hablarán en sus obras del peligroso fondo de la llamada «revolución sexual»: ambas mantendrán que una liberación a medias, mal entendida y ejecutada —a veces incluso puesta al servicio de los hombres—, solo supondría una mayor cosificación de los cuerpos de las mujeres.

Ya en los ochenta, el sida frenará la revolución sexual y traerá de nuevo discursos moralistas y represores sobre la sexualidad y las relaciones.

Los otros Stonewall: toda una vida de revueltas *trans*

La revuelta de The Stonewall Inn, iniciada el 28 de junio de 1969, ha pasado a la memoria colectiva como el inicio del activismo LGTB contemporáneo. Sin embargo, no debemos pensar en Stonewall como un hecho aislado, ya que cuenta con numerosos antecedentes.

Ardel Haefele-Thomas señala los puntos en común de las revueltas que precedieron a la de Stonewall. Todas ocurrieron en barrios marginales que habían sido abandonados por la población blanca. Barrios con una población ecléctica y una rica vida nocturna en la que convivían personas de color, inmigrantes, marginados y trabajadores sexuales que, para la policía, formaban un todo. Todas estas revueltas, además, habían ocurrido en relación con un tipo de local específico: las cafeterías veinticuatro horas. Estas eran espacios en los que descansar de la fiesta, hablar con las amigas, tomarse un café caliente o refugiarse del mal tiempo. Locales que reunían a toda una clientela de forajidos y rebeldes sexuales: chaperos, lesbianas y, en particular, *drag queens* y personas *trans* que luchaban contra una legislación que podía detenerlos(las) si usaban más de tres prendas del «género equivocado».

El primero de esos incidentes se produce en 1959, en Los Ángeles, en la cafetería Cooper Do-nuts. Esta se encontraba entre dos bares gais que no permitían la entrada a *drags*. La cafetería, en cambio, era un lugar más amable, salvo por la continua presión policial. Una noche de mayo de 1959, dos policías entraron en el local dispuestos a encarcelar a todos los presentes. Uno de los testigos fue el escritor John Rechy, que presenció cómo las cinco personas arrestadas —«dos chaperos, dos reinas y un chaval que pasaba por ahí»— se resistieron a la autoridad y, con su actitud, acabaron animando a la revuelta a los presentes, que a su vez lanzaron café, dónuts, basura y todo lo que pillaron. La policía se marchó en busca de refuerzos, pero, cuando volvieron, los clientes gais de los bares contiguos se habían unido a la rebelión. Una de las escenas que se recuerdan de aquella revuelta es la de dos *drag queens* bailando alrededor de un coche de policía volcado.

En 1965 tiene lugar otro altercado en una cadena de cafeterías de Filadelfia, la Dewey's. Uno de los locales de esta tenía fama de acoger a una clientela sexual muy variada, pero en otra de las cafeterías de la cadena, unas calles más arriba, se implantó una política discriminatoria que prohibía servir a «homosexuales» o a cualquier persona con «ropa inconformista». El 25 de abril de 1965, tres jóvenes, replicando las estrategias de resistencia contra la discriminación racial, vestidos con ropa «inapropiada» hicieron una sentada en el bar y rechazaron marcharse hasta ser atendidos. Una muchedumbre sexual y racialmente diversa los apoyaba desde el exterior. Sus detenciones por parte de la policía llevaron a inundar el barrio de panfletos y a una segunda sentada que logró la retirada de las políticas discriminatorias.

En 1966, un año antes del «verano del amor», se produce en San Francisco la revuelta de la cafetería Compton's, en el distrito de Tenderloin, otro barrio marginal. Las tres noches de protesta, rescatadas del olvido por la historiadora *trans* Susan Stryker, surgieron de un patrón repetido: la cafetería había sido un lugar de cobijo, comida y café barato para una variopinta clientela, pero los nuevos dueños iniciaron una campaña de acoso con subidas de precio aleatorias y la contratación de seguridad privada. Según explica Stryker, aquella noche los dueños llamaron a la policía para que desalojara una mesa ocupada por mujeres *trans* y una de ellas les tiró un café a la cara, lo que fue el detonante de una revuelta dentro de la cafetería que acabó con mesas tiradas, cristales rotos y coches vandalizados. Según Stryker: «Las *drag queens* golpearon

a la policía con sus pesados bolsos y sus afilados tacones». La revuelta se extendió al exterior con varios coches destrozados y un puesto de prensa incendiado. Según Stryker, en ese levantamiento formaron parte entre cincuenta o sesenta personas, muchas de ellas vinculadas a Vanguard, una asociación vecinal formada en 1965 para jóvenes en situación de calle y que, en su gran mayoría, estaba formada por prostitutos y personas *trans*.

Recordar esos otros momentos es importante porque sitúan Stonewall en su contexto y porque forman parte esencial de la historia *trans* del siglo XX: las personas *trans* y, de manera más amplia, las de género no normativo estuvieron siempre a la cabeza de todas las

Las personas *trans* y, de manera más amplia, las de género no normativo estuvieron siempre a la cabeza de todas las revueltas LGTBQ.

revueltas LGTBQ. Sylvia Rivera, una de las iniciadoras de Stonewall junto con la revolucionaria *trans* Marsha P. Johnson, señalaba años más tarde la decepción con la que las reivindicaciones *trans* fueron apartadas de la agenda conforme el movimiento gay se hizo más mayoritario. Según Craig J. Peariso, la creación de una nueva identidad, la del gay o lesbiana liberado, hizo que el movimiento rechazara a las personas *trans* o no binarias.

A pesar de esos avances colectivos, la vida de las personas LGTBQ ha seguido siendo complicada, en particular para las personas *trans* y pobres, y las persecuciones y revueltas han seguido sucediéndose. Por ejemplo, el 21 de mayo de 1979, la ciudad de San Francisco ardía por la laxa condena al asesino de Harvey Milk en la llamada «White Night». Dos años más tarde, el 5 de febrero de 1981, se produce una redada masiva en las saunas de Toronto, Canadá, lo que desencadena numerosas protestas. Como es obvio que estos ciclos se repiten, fijaos muy bien en quién lucha a vuestro lado en las calles y no lo dejéis tirado cuando las reivindicaciones suban a los despachos.

Anne Koedt: el clítoris sobre la mesa

Hordas de mujeres sexualmente inmaduras se levantan temprano para acudir al trabajo, para atender a sus hijos, para ser infieles a sus maridos, para luchar por sus derechos. Mujeres de toda edad y condición parecen compartir la inmadurez sexual como nexo de unión.

Eso es, al menos, lo que a principios del siglo XX opinaba Freud.

Sus influyentes ideas sobre la sexualidad femenina establecieron el orgasmo clitoriano como algo propio de la inmadurez, como algo infantil que una vez alcanzada la pubertad debía ser sustituido por el orgasmo vaginal. En caso contrario, una era frígida. El hecho de que las frígidas fueran una inmensa mayoría no desalentó a Freud, sino todo lo contrario: la frigidez, entendida como rasgo de inmadurez psicológica y sexual, solo reforzaba sus ideas sobre la inferioridad de las mujeres. Cientos de mujeres, acosadas por la culpabilidad, recurrieron al tratamiento psicológico para tratar de reubicar su placer en la vagina. Las piruetas mentales de la psiquiatría llegaron hasta tal punto que Marie Bonaparte, tras intimar con Freud, acabó proponiendo su propia solución al problema: si el asunto era alcanzar el orgasmo vaginal, solo había que operar a las mujeres... para ponerles el clítoris dentro de la vagina.

La verdad es que Marie no andaba del todo desencaminada, pues reconocía que el verdadero órgano de placer femenino era el clítoris. Fallaba, claro, al pretender que aquello tenía que apañarse de alguna manera para confirmar las teorías de un montón de hombres que consideraban su pene el centro del mundo conocido.

Poner orden en esta locura solo fue posible gracias al feminismo y a la creciente conciencia de las mujeres sobre cómo la medicina, la política y la cultura las había considerado e interpretado: siempre desde una mirada masculina.

Ya en 1968, Anne Koedt, integrante del colectivo feminista New York Radical Women, publica en *Notes from the First Year*, la revista del grupo, un esbozo de su futuro ensayo *El mito del orgasmo vaginal* (1970), hoy un texto imprescindible del feminismo. En él, Koedt explica cómo todas las teorías sobre el clítoris y el placer sexual de las mujeres responden a un pensamiento misógino y acientífico. Tras años de maltrato, el clítoris se describe como lo que realmente es: el centro del placer femenino. Koedt dice que, aunque hay muchas zonas erógenas, solo existe una para el clímax: el clítoris. Debido a que este no se estimula lo bastante en las posiciones sexuales convencionales, a las mujeres se las considera «frígidas».

La naturaleza del clítoris como órgano de placer ya había sido comentada por los estudios de Kinsey y de Masters y Johnson, pero esta es la primera vez que se traza una historia política del clítoris. Koedt señala que «hoy, con un conocimiento amplio de anatomía [...], ya no hay ignorancia en la materia. Hay, sin embargo, razones sociales por las que este conocimiento no ha sido popularizado».

Estas razones son, por ejemplo, que la verdadera naturaleza del clítoris descoloca al coito como centro del acto sexual y subraya que el pene no es necesario para que la mujer alcance el orgasmo. Koedt, de hecho, subraya que los hombres, al igual que las mujeres, sí que saben que la forma de excitación femenina pasa por la estimulación clitoriana, pero que, en cuanto aquella se consigue, se pasa al coito, lo que deja a la mujer tan excitada como insatisfecha.

Didáctica y sensata, Koedt habla así de las implicaciones de este hecho: «Debemos descartar los conceptos "normales" de sexo y crear nuevas pautas que tomen en cuenta el goce sexual mutuo. [...] Debemos comenzar a exigir que si ciertas posiciones, denominadas ahora "estándar", no conducen a ambos al orgasmo, ya no sean calificadas como tales».

El clítoris, lejos de ser reubicado dentro de la vagina, debía, de una vez por todas, ponerse sobre la mesa.

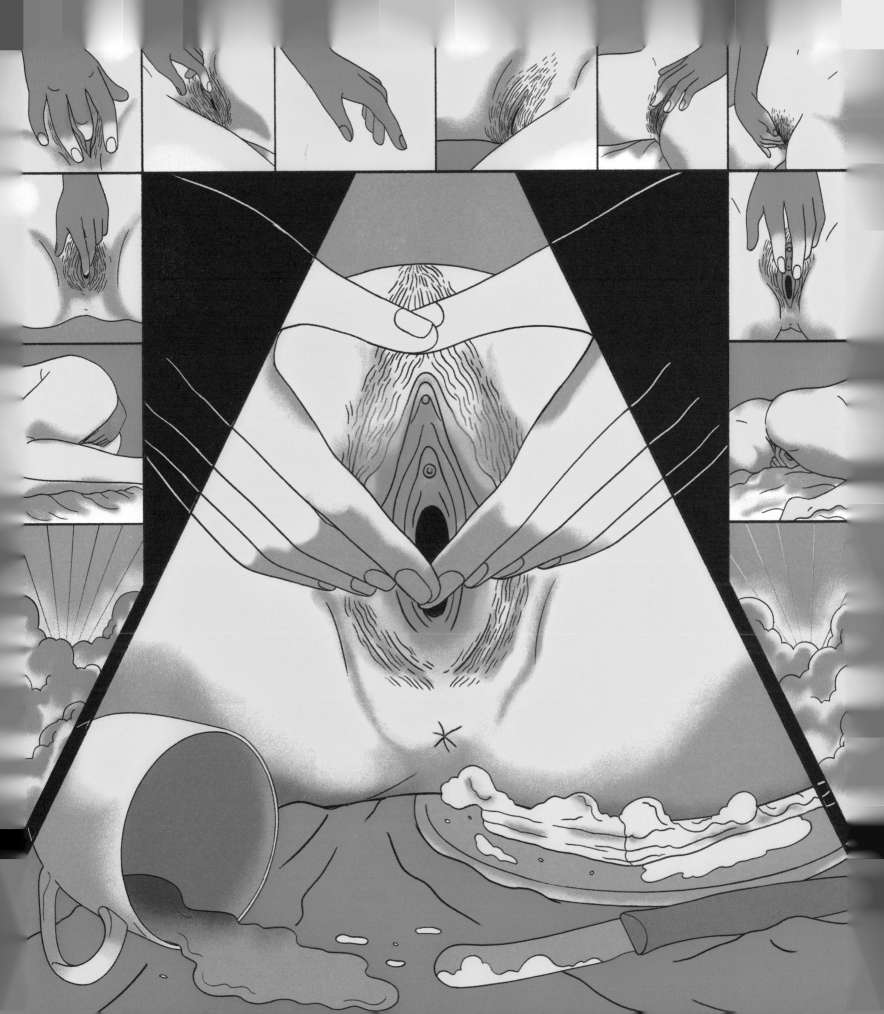

1970

1971 Se funda en Buenos Aires el Frente de Liberación Homosexual (FLH) de Argentina, asociación que aglutina a los grupos de defensa de los derechos de los homosexuales del país: desde el pionero Nuestro Mundo, fundado en 1967 por sindicalistas, obreros y migrantes, a los más radicales Eros, surgidos en la facultad de Filosofía y Letras de Buenos Aires.

CASTRO

1971-1973 El barrio Castro (San Francisco) se transforma con la apertura de locales destinados al público gay que, en plena liberación, crean una estética dedicada a ensalzar la masculinidad.

1973 La filósofa materialista francesa Monique Wittig publica *El cuerpo lesbiano*, un texto poético, muy complejo, en el que la autora propone un nuevo relato del erotismo: retrocediendo hasta un origen previo a lo social —y al régimen heterosexual—, quiere refundar el sujeto lesbiano y reformular nuestras nociones de «sexualidad», «placer» y «corporalidad».

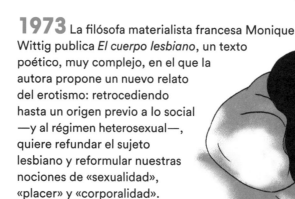

1975 Más de cien prostitutas ocupan la iglesia Saint-Nizier de Lyon en una protesta que durará diez días y que tendrá como objetivo denunciar sus penosas condiciones laborales, agravadas por la presión policial, que las lleva a realizar su trabajo de forma encubierta y las coloca en una situación más vulnerable frente a la violencia. Esta ocupación y las que le siguieron en otras ciudades de Francia galvanizaron al país: el ministro del Interior calificó las ocupaciones como una estrategia de sus chulos por mantener su negocio, mientras que las líderes del movimiento, la mayoría francesas o europeas, luchaban por subrayar su agenda.

1977 Tras la muerte del dictador Franco en 1975, Barcelona celebra en junio la primera manifestación nacional de liberación gay. Las cinco mil personas asistentes fueron duramente reprimidas por la policía. Dos años más tarde, la manifestación de Madrid se prohíbe y es sustituida por un mitin en la Casa de Campo, reventado por pistoleros de extrema derecha. Los enfrentamientos con grupos ultraderechistas se repiten en Valencia y Bilbao vive una jornada marcada por la represión policial. En diciembre de 1978 se elimina al colectivo homosexual de la Ley de Peligrosidad y Rehabilitación Social (1970) y se despenaliza la diversidad sexual por primera vez desde 1954.

1972 Se forma en Japón el grupo Chūpiren, conocido como las Cascos Rosas, que inicia una agresiva campaña en favor de la legalización de la píldora anticonceptiva.

1972 Se publica la novela de Kathleen Woodiwiss *La llama y la flor* que inaugura un nuevo subgénero de novela romántica conocida en inglés como *bodice ripper*, es decir, «arrancacorpiños», en referencia a la novela histórica sentimental con una marcada tendencia al erotismo. Este título clave, convertido en superventas millonario gracias al marketing editorial, simbolizó el auge de la literatura romántica que va a convivir con la segunda ola del feminismo. Si bien para una parte de este movimiento esta literatura era material masturbatorio para amas de casa, otras autoras como Modleski o Radway investigaron qué tipo de necesidades sentimentales, pero también sexuales, cubría este tipo de lectura.

1972 La periodista Jean Heller saca a la luz el escándalo alrededor del estudio aún en marcha sobre la persistencia de la sífilis en trescientos treinta y nueve hombres afroamericanos de la zona de Tuskegee (Alabama). En este estudio, iniciado por el Ministerio de Sanidad de Estados Unidos en 1932, se seleccionó a un grupo de jornaleros afroamericanos infectados por sífilis y se estudió la evolución de su enfermedad sin informarles de su estado, ni someterles a ningún tipo de tratamiento, como la penicilina, que fue asequible a partir de 1943. El racismo y la grave falta de ética del estudio acabó con una demanda colectiva contra el Gobierno.

1979 Tras siete años de campañas antinatalistas, reparto de anticonceptivos y presión estatal para el control de la población, se establece en China la política del hijo único. La concepción de más de un descendiente en áreas urbanas es penalizada económicamente y se promueve el aborto y la esterilización. En zonas rurales, si se ha concebido una niña y se paga el permiso correspondiente, se permite un segundo embarazo.

1979 Se publica uno de los mayores ataques al colectivo *trans* desde una parte del feminismo: *The Transsexual Empire*, de Janice G. Raymond. El éxito y las respuestas que obtuvo van a marcar gran parte de los debates posteriores sobre transexualidad en el ámbito anglosajón.

1979

Década de 1970

Revolucionarios maricas: el Frente de Liberación Homosexual (FLH) de Argentina

En 1971, las principales asociaciones por la defensa de los homosexuales de Argentina unen sus fuerzas y fundan el Frente de Liberación Homosexual (FLH) de Argentina. Sus principales líderes son Héctor Anabitarte, de Nuestro Mundo —conformado en 1967 por obreros y sindicalistas de Correos—, y Néstor Perlongher, del grupo Eros, más radical, nacido al calor de la facultad de Filosofía y Letras de Buenos Aires. A ambos los habían echado de sus respectivas asociaciones revolucionarias por defender la causa homosexual. La izquierda no parecía abierta a considerar la disidencia sexual como un asunto de su interés. Sin embargo, Héctor, Néstor y todo el FLH creen que el clima de represión generalizada que sufre Argentina acabará por acercar a la izquierda a la causa homosexual. Con esta aspiración, Manuel Puig, miembro del frente, publica en 1976 su novela *El beso de la mujer araña*, en la que nos presenta a dos detenidos (un guerrillero y un homosexual) que se ven obligados a compartir celda: el primero es víctima de la represión política y el segundo sufre la represión sexual. A lo largo de la novela, el homosexual logra romper esa coraza tan masculina de la militancia, granjeándose la empatía del guerrillero, y a su vez el homosexual comienza su propio proceso de politización y se implica con la militancia. En suma, la novela nos cuenta que la experiencia represiva común tenía que despertar la simpatía de los militantes hacia los homosexuales, al mismo tiempo que debía politizar a las masas de estos últimos.

Los clones gais del barrio Castro

Aunque la década de 1970 se suele asociar a la ambigüedad sexual de los cantantes glam, la primera subcultura gay que surgió tras el movimiento de liberación se centró en subrayar la masculinidad. Por aquellos años surgió en el barrio Castro de San Francisco la figura del «clon gay», un fenómeno sociológico y estético en el que los hombres homosexuales adoptaron la ropa y el estilo de una clase obrera idealizada y la masculinidad mítica norteamericana. Abundaron los pantalones vaqueros y las camisas de leñador, en una reacción tanto al relato del homosexual como hombre fallido como al movimiento hippy. Esta estética saltó del ámbito local al internacional con la obra del dibujante Tom of Finland o con el grupo Village People. Para un determinado grupo de hombres, el arquetipo del clon hacía referencia a un verdadero estilo de vida urbano que combinaba la música disco, las drogas y la promiscuidad sexual del mundo pre-sida: las saunas, las fiestas y el sexo construido colectivamente. Si bien esta estética creó sus propias exclusiones, también ha sido reivindicada por su capacidad para parodiar el género o para crear redes con las que hacer frente al sida, el cual, en cierto modo, significó su fin.

El movimiento de las Cascos Rosas

El movimiento feminista japonés de la década de 1970, conocido como Ūman Ribu, se caracterizó por la diversidad de puntos de vista. Sin embargo, la liberación sexual de la mujer fue un tema común a todos los grupos. En 1970, Mitsu Tanaka publicó uno de sus textos más famosos, *La liberación del inodoro*. La obra acusaba a los hombres del movimiento izquierdista de considerar a las mujeres un repositorio para sus fluidos.

La sexualidad también fue central en lo referente a los métodos de contracepción. Si bien la mayor parte del movimiento optaba por el uso del preservativo, un grupo de activistas formado en 1972, las Chūpiren —conocidas como las Cascos Rosas—, inició una agresiva campaña en favor de la legalización de la píldora. La presidenta de este grupo, la farmacéutica Misako Enoki, expuso que la píldora permitiría a las mujeres acabar con un aspecto clave de la sumisión femenina: la relación entre sexualidad y procreación. A pesar de los esfuerzos de este grupo por lograr la legalización de la píldora, esto no llegaría hasta 1999, después de tres décadas de campañas y de que Japón se convirtiera en uno de los países con la mayor tasa de abortos del mundo.

Además de su preocupación por la legalización del aborto y la píldora, las Chūpiren denunciaron actitudes que consideraban centrales del predominio masculino en la sexualidad japonesa, tal como había denunciado Mitsu Tanaka, y, ataviadas con cascos rosas y en formación militar, realizaron llamativas acciones.

Monique Wittig: nuevos relatos del placer

Nacida en 1935 en Dannemarie, Alto Rin, Alsacia, Monique Wittig es una de las pensadoras de mayor recorrido dentro del materialismo francés y el feminismo. Aunque sus textos más célebres son de corte ensayístico —como *El pensamiento heterosexual*—, la imaginación intelectual de Wittig no se ciñó al ensayo. Su poética y su obra académica parten de una misma idea: la visión de la heterosexualidad como una construcción social, como un régimen político que nos impone un único camino para desarrollar nuestra forma de estar en el mundo. Un *way of life* globalizado y legitimado mediante una ficción de «naturalidad». ¿A qué nos referimos con esto? A la ficción de que la heterosexualidad es algo natural y de que la sociedad se ha organizado en parejas hombre-mujer sobre la base de esa «ley natural», en lugar de reconocer que la heterosexualidad es un hecho social.

Con esta reflexión, Wittig vincula materialismo francés y lesbofeminismo: según ella, la única forma de escapar a este régimen heterosexual es el lesbianismo político; destruir el régimen heterosexual para refundarlo todo. Con esta idea en mente Wittig publica en 1973 *El cuerpo lesbiano*, un conjunto de impactantes textos breves con los que explora una nueva «imaginación» sexual. El libro rechaza las fijaciones sexuales de la heteronorma y abraza un erotismo en el que todo el cuerpo de la mujer es deseable. Todo lo que se considera abyecto, todo lo que constituye «lo otro» en el cuerpo, tiene su espacio en este texto como objeto de deseo: tendones, huesos, músculos, cartílagos. Mediante la interacción de dos amantes lesbianas en una isla, Wittig presenta un crisol de escenas sexuales en las que los cuerpos son desollados o desmembrados. Con esta deconstrucción de las anatomías, quiere refundar el cuerpo lesbiano, explorar un relato del placer al margen del sistema heterosexual. El libro fascinó, repugnó y fue objeto de gran controversia.

El imperio de la transfobia

Tal como afirma Susan Stryker, la década de 1970 fue un momento complejo para el colectivo *trans*. El movimiento gay, tras lograr sus primeras conquistas, rompió sus alianzas con la causa transgénero, al creer que su vinculación con esta perjudicaría el avance en la normalización de lo gay. Por otra parte, el auge del lesbianismo político y su retórica esencialista dificultaron la incorporación de las mujeres *trans* al feminismo. Estas tensiones derivaron pronto en ataques directos, como la publicación de *The Transsexual Empire* (1979), con el que su autora, Janice G. Raymond, ayudó a justificar y perpetuar la transfobia durante décadas. En esta obra se exponen una serie de peligrosas ideas: desde que la transexualidad es un producto de la industria médica para que las mujeres *trans* se infiltren en los movimientos feministas para dividirlos hasta que las técnicas quirúrgicas utilizadas para el cambio de sexo tienen paralelismos con las empleadas durante el nazismo. Según Raymond, estas técnicas de reasignación sexual crearían «mujeres-pastiche», mujeres que se ajustarían a la noción patriarcal de feminidad y que se encargarían de perpetuarla. El texto, tristemente célebre y reeditado con éxito en 1994, fue calificado como una fantasía paranoide por autoras como Carol Riddell. Esta última advirtió de la trampa que suponía el uso del lenguaje académico en este libro, ya que parecía legitimar intelectualmente su mensaje de odio. Para Riddell el libro, además de poner en peligro a muchas mujeres *trans*, pretendía expulsarlas del feminismo y convertirlas en un chivo expiatorio para la canalización del resentimiento por el poder patriarcal.

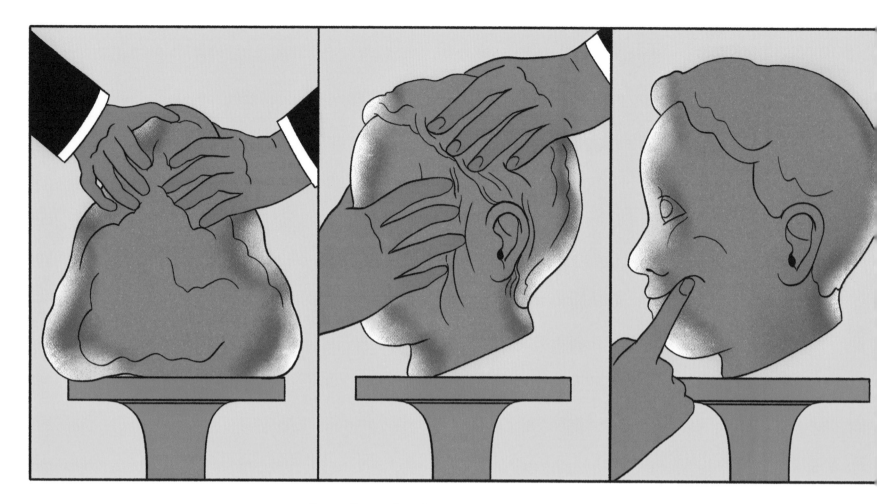

Foucault: donde hay pelo, hay poder

Hemos visto cómo a lo largo de las décadas de 1960 y 1970 se produjo una multiplicación de discursos sobre sexualidad. Todos ellos configuran lo que actualmente conocemos como «revolución sexual». El relato de la revolución sexual asume las ideas de que el sexo es un instinto natural que había sido reprimido y silenciado por distintos poderes (como la Iglesia o el capitalismo) y de que, una vez liberada, la sexualidad revelaría aspectos esenciales de nuestra identidad. ¿Qué pasaría si, frente a esas ideas, planteáramos la sexualidad como una construcción histórica, un discurso artificial que cambia con los momentos históricos?

Esta rompedora idea forma parte de la obra del filósofo e historiador francés Michel Foucault, que en 1976 publicó el primer volumen de su *Historia de la sexualidad*, una obra magna que quedó truncada por su muerte debida al sida. El libro parte de la idea de que la sexualidad no es algo natural, sino que es una construcción social, cultural y política en la que

las diferentes formas de poder (la Iglesia, el Gobierno, la medicina, la escuela) tienen un gran peso. Para Foucault el propio concepto de poseer una sexualidad y que ese aspecto nos defina es una idea que surge en el siglo XIX, lo que vendría a significar que antes de ese siglo no habría personas homo o heterosexuales, debido a que lo que tenía importancia para los distintos poderes serían los actos; actos como los de la sodomía, que eran temporales y que podrían ser considerados delitos o pecados, pero que no constituían identidades. Según Foucault, a partir de la época victoriana se ponen en marcha una serie de mecanismos para reprimir la sexualidad, que paradójicamente acabaron multiplicando los discursos sobre el sexo y el cuerpo. En su deseo de controlar a las distintas poblaciones y grupos sociales se vivió una proliferación de manuales médicos o de actos confesionales que dieron lugar a las identidades sexuales contemporáneas. ¿A qué nos referimos con actos confesionales? Cuando los moralistas y los psiquiatras del siglo XIX inventaron el con-

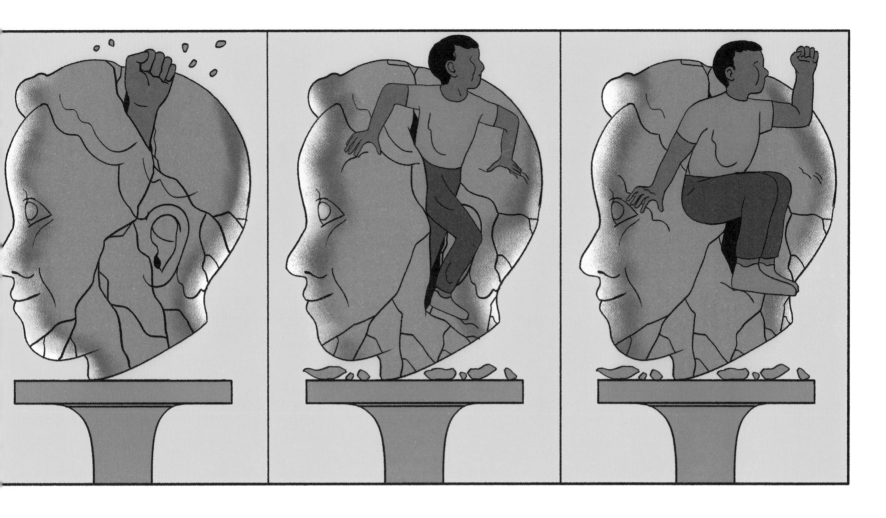

cepto moderno de «homosexualidad», esta se convirtió en una identidad, se creó un tipo de persona cuya sexualidad pasó a ser una verdad que debía ser conocida y reconocida mediante la confesión a un médico, a un psicólogo o un cura.

Si bien la obra de Foucault ha recibido críticas por parte de feministas y de distintos historiadores e investigadores, sus ideas tuvieron un gran calado a finales del siglo XX. Entre ellas, cabe destacar la noción de que la sexualidad está atravesada por las relaciones y los discursos del poder: la escuela, la familia, la Iglesia, la sexología. Cuando Foucault expuso que «allí donde existe deseo, el poder ya está presente», hablaba del modo en el que identificamos y confesamos nuestra sexualidad, en el que pensamos la frecuencia y el carácter de nuestros actos sexuales, el modo en el que nos ajustamos al concepto de «sexo

¿Qué pasaría si plantéaramos la sexualidad como una construcción histórica, un discurso artificial que cambia con los momentos históricos?

saludable» y participamos en las formas aceptables de expresión sexual de nuestra época, bien sea en forma de depilación brasileña, succionador de clítoris o app de ligue.

Foucault afirmaba que su propuesta de que las identidades sexuales son pura ficción histórica no significa que no sean íntimamente sentidas por las personas que las experimentan. Del mismo modo, afirmaba que aunque el poder parecía tener jurisdicción hasta en nuestra lubricación, también tenía grietas. Por eso pudieron aparecer discursos contra este: el insulto «maricón» puede ser reapropiado por los gais. Por encima de ello, su obra nos anima a preguntarnos sobre cómo pensamos nuestra sexualidad dentro de la historia de las ideas y cómo podemos desmontarla para que no sea un instrumento de poder.

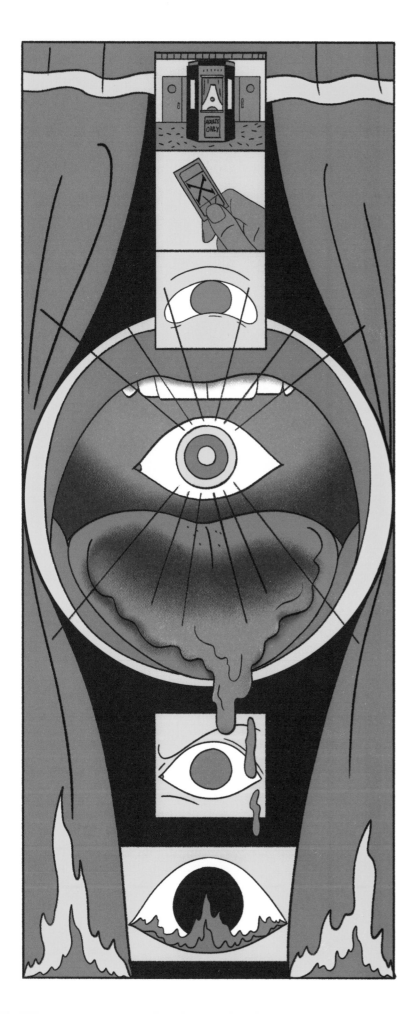

Un suspiro de oro: la era feliz de la pornografía

Se abre el telón. Frank Sinatra, Camille Paglia y Jackie Kennedy hacen cola para comprar palomitas en un cine de Nueva York. Se cierra el telón. ¿Cómo se llama la película? En efecto, amigas: hablamos de *Garganta profunda*.

La pornografía, hasta la década de 1970, es una producción clandestina: salas marginales, público restringido, actores caracterizados con bigotes postizos y peluquines con la esperanza de no ser nunca reconocidos. Dada la condena social hacia la obscenidad, las películas que se atreven a mostrar sexo explícito lo hacen amparadas en propósitos educativos: son usuales los filmes con escenas de sexo marital comentadas por voces en off que ofrecen lecciones de anatomía para recién casados. «A algunos hombres les resulta excitante el trasero de sus esposas, una tendencia sana y natural», dice una voz grave mientras Mindy y Alex le dan a la sodomía. En 1969, sin embargo, tenemos una novedad: por primera vez se proyecta en cines comerciales una película con una escena de sexo explícito. Se trata de *Blue Movie*, escrita y dirigida por el dandi del arte contemporáneo Andy Warhol. De pronto, caminan de la mano pornografía y vanguardia, sexo y chic, sicalipsis e intelectualidad. Un año después, la orgiástica *Mona*, producida por Bill Osco, se estrena en el mismo tipo de salas. Ambas son la puerta de entrada al fenómeno que está a punto de estallar y que llevará de cabeza a público, políticos, artistas y teóricas feministas: la hoy llamada edad de oro del porno. Más que edad, suspiro, pues apenas dura tres años.

De todas las películas producidas durante este periodo, entre 1969 y 1973, la joya de la corona es, sin ninguna duda, *Garganta profunda*. Su proyección en salas al uso legitimó su visionado y provocó una reacción sin precedentes: artistas vinculados con el Estudio 54 querían verla, aguerridas activistas de la segunda ola del feminismo querían verla, profesores de universidad con americanas de pana y coderas querían verla, pajilleros asiduos a los clandestinos cines X querían verla, abuelitas del Upper East Side querían verla.

Pero ¿por qué esta, y no otra, fue la película que encendió la fascinación por la pornografía?

Para saberlo, queridas lectoras, cojamos aire y sumerjámonos en las profundidades de la garganta más célebre de la historia del cine. Cuidado, ¡resbala!

Garganta profunda es un proyecto barato, de unos cincuenta mil dólares. Gerard Damiano, su guionista y director, buscaba ofrecer algo más que escenas sexuales sin ton ni son. Quería un argumento, una trama, un arco narrativo. Y vaya si lo encontró. La película nos presenta a una jovencita, Linda Lovelace, para la que el sexo supone un auténtico aburrimiento. Como el mete-saca no le resulta muy inspirador, su amiga Helen la anima a acudir a un sexólogo. Allí, el doctor Young descubre el problema: nada de mete-saca, lo que Linda necesita es que alguien le haga caso a su clítoris. Hasta ahí, perfecto: la lección de sexualidad que su público varón necesitaba. El asunto es que resulta que Linda tiene el clítoris en... la garganta. Así es como *Garganta profunda* pasa de potencial alegato feminista a *sci-fi* producto de la fantasía masculina por excelencia: la mamada como el súmmum de la excitación para la mujer. Linda se pasa la película haciendo uso de su garganta, especialmente capacitada para la felación —de ahí surgió el término *felatriz*—, mientras por la vagina de su amiga Helen desfila una caterva de hombres entusiasmados con el *cunnilingus*. Célebre es la escena en la que Helen saca un cigarrillo y le dice al joven que asoma entre sus piernas: «Disculpa, ¿te importa que fume mientras comes?».

Aunque inicialmente pasó desapercibida, pronto su argumento despertó inflamadas pasiones y —cla-

Dada la condena social hacia la obscenidad, las películas que se atreven a mostrar sexo explícito lo hacen amparadas en propósitos educativos.

ro— aún más inflamados odios. La película fue prohibida en veintitrés estados, lo cual, lejos de desanimar al público, la convirtió en un mito. El Gobierno de Nixon y los sectores conservadores impulsaron una persecución feroz que acabó con un polémico juicio en el que el actor principal, Harry Reems, fue condenado a cinco años de cárcel por su participación en la película. El famoso abogado Alan Dershowitz llevó la apelación que evitaría la cárcel a Reems.

El gusto de la década de los setenta por el cine subido de tono no acabó con *Garganta Profunda*: en Estados Unidos triunfaron *Tras la puerta verde* y *El diablo en la señorita Jones*. En Europa, los llamados «nuevos cines de la década de 1970» contribuyeron a la ampliación de la mirada obscena con una serie de películas. Por ejemplo, *El último tango en París*, que levantó ampollas en Italia y, más de treinta años después, en todo el mundo, tras conocerse que su director Bernardo Bertolucci y el actor Marlon Brando, sometieron a la actriz, Maria Schneider, a una violación en una de las escenas. Por su parte, la franco-japonesa *El imperio de los sentidos*, que fue censurada en diversos países de distintas maneras.

El punto de inflexión, sin embargo, se alcanzaría en Italia con el estreno de *Salò o los 120 días de Sodoma*, adaptación de una obra del marqués de Sade llevada a cabo por el poeta, dramaturgo y cineasta Pier Paolo Pasolini. El filme sacudió los cimientos de la sociedad italiana y convulsionó y horrorizó al público: su autor, conocido intelectual y comunista, recibió airadas amenazas de muerte. Y estas acabaron haciéndose realidad. A los pocos meses del estreno de *Salò*, Pasolini era brutalmente asesinado.

Quedaba claro que el mundo se había convertido en un lugar muchísimo más perverso que cualquier película.

Shere Hite y el placer de las mujeres

Inmaduras, incapaces, frígidas. Así eran, según Freud, las mujeres que llegaban al orgasmo mediante la masturbación. A una mujer hecha y derecha, debía bastarle la penetración para alcanzar el clímax sexual. El clítoris era algo indiferente, era como esas florecitas hechas de zanahoria con las que decoran los platos de carne o pescado en los restaurantes: uno puede comérselas si quiere, pero ni hace falta ni es, desde luego, el punto fuerte del menú.

En los setenta, las ideas de Freud no habían pasado de moda: no había sexo sin penetración y costaba imaginar cómo dos mujeres podían relacionarse sexualmente. En este clima llega al mundo Shere Hite, la mujer que revolucionará los estudios sobre sexualidad con su empeño en diseccionar el gozo femenino.

Nacida en Missouri en 1942, Hite se doctoró en Historia Social y Sexología Clínica, formación que le permitió desarrollar una visión crítica de los estudios sobre sexualidad ya publicados: por un lado, los del biólogo Alfred C. Kinsey, y, por otro, los del matrimonio formado por William Masters y Virginia Johnson. Para Hite, ambos estudios caían en el mismo error: entender el sexo como un fenómeno meramente físico y no cultural, construido en el marco de una sociedad en la cual el hombre es el centro. El desarrollo profesional de Hite coincidió con la segunda ola del feminismo y los «fogonazos» de la «revolución sexual» de los sesenta.

Hite no es la única interesada en el asunto: en 1970 Anne Koedt publica un ensayo trascendental para la sexualidad con perspectiva de género: *El mito del orgasmo vaginal.* Koedt reivindica en él la existencia y la legitimidad del orgasmo clitoriano y ahonda en las razones por las que el orgasmo vaginal se ha considerado el único válido y «normal».

Influida por la obra de Koedt y partiendo de los estudios de Kinsey y de Masters y Johnson, Shere Hite emprenderá una investigación que la llevará a enviar un extenso cuestionario a miles de mujeres estadounidenses. El cuestionario de Hite incluyó preguntas nunca antes formuladas sobre el coito, la masturbación, las fantasías y el placer femenino, cuya respuesta reveló que apenas un tercio de las mujeres llegaba al orgasmo mediante la penetración y que todas lo alcanzaban mediante la estimulación del clítoris.

Las conclusiones del informe Hite (*El informe Hite. Estudio de la sexualidad femenina*) supusieron un duro golpe para el ego masculino. Publicadas en 1976, coincidieron con la incorporación masiva de las mujeres al trabajo remunerado y mostraban que los hombres no eran la fuente del placer sexual femenino, que las mujeres fingían orgasmos durante el coito y que sabían darse a sí mismas un placer muchísimo mayor. En referencia a Freud, Kinsey y Masters y Johnson, Hite escribió: «Los investigadores deberían dejar de decir a las mujeres lo que deberían sentir sexualmente y empezar a preguntarles qué sienten sexualmente».

¿Cómo reaccionó el mundo ante la obra de Hite? Como siempre: las opiniones de las mujeres en la basura y el centro del placer femenino en la penetración.

Además de condenar la metodología del muestreo, seis años más tarde se publicó el primer texto sobre el punto G, esa misteriosa próstata femenina ubicada en el interior de la vagina: *El punto G y otros descubrimientos sobre la sexualidad* (1982), de Alice Kahn Ladas, Beverly Whipple y John D. Perry. Gracias a esta obra el placer de las mujeres volvió a situarse en el interior de sus cuerpos, en un lugar magnífico —o mágico—, la próstata femenina, que la mayoría de las mujeres afirmaron desconocer. Un punto cuya estimulación, claro, se lleva a cabo mediante la penetración. Por si había alguna duda del contexto en el que se gestó el —para muchos— mito del punto G femenino, la revista *Playboy* lo celebró así: «El descubrimiento del punto G liberará a los hombres de la tiranía clitoriana de Shere Hite».

Hoy la existencia del punto G femenino es todavía una cuestión sin resolver y la existencia del clítoris, pese a quien pese, está más que demostrada. Pregúntenle a cualquier mujer con uno.

1980

1984 La pintora y escultora Mónica Briones es asesinada en Chile. Mónica, una mujer que vivía en libertad su sexualidad en plena dictadura militar, se convirtió en un referente mundial y la fecha de su muerte conmemora el día de la visibilidad lésbica.

1985 Elizabeth McNeill, editora de la revista feminista *Ms.*, publica bajo seudónimo en 1978 su novela autobiográfica *Nueve semanas y media*. El libro narra la historia de sumisión masoquista que la autora mantuvo con un hombre al que conoció tras su divorcio y la pérdida de su hijo. La dureza del texto se convirtió en erotismo almibarado en la célebre adaptación cinematográfica (1986), que elevó a Mickey Rourke y Kim Basinger a la categoría de *sex symbols* y permaneció cinco meses en cartelera en París.

1986 Empiezan a circular leyendas populares sobre una misteriosa mujer que infecta de forma deliberada a hombres con el virus del VIH

AHORA TIENES SIDA

1986 Las jóvenes Arantxa y Esther son detenidas en Madrid, acusadas de escándalo público. Tanto ellas como su amigo Jesús, también detenido, pasarán dos días aislados en dependencias policiales, sin recibir asistencia de ningún tipo ni comunicarse con sus familiares. Hasta el día siguiente de su entrada en calabozos, pasadas las tres de la tarde, no se les leerán sus derechos. ¿El motivo de la detención? Arantxa y Esther se besaron en la vía pública.

1987 Gabriel Matzneff, escritor francés y reconocido pedófilo, recibe el prestigioso galardón literario Mottart, otorgado por la Academia Francesa. Pasadas más de tres décadas la fiscalía iniciará una investigación sobre los actos delictivos de Matzneff. La razón será un libro, *El consentimiento* (2020), de la editora y escritora francesa Vanessa Springora.

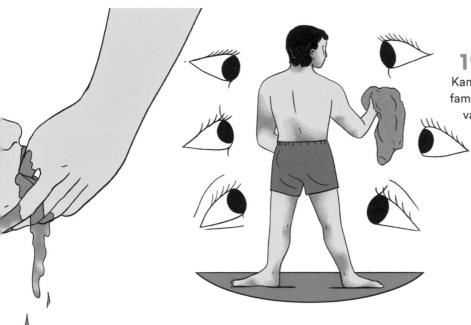

1985 El modelo Nick Kamen protagoniza una famosa campaña de pantalones vaqueros que inaugura la representación erótica masculina en la publicidad televisiva.

1986 La española María José Patiño se presenta al campeonato de vallas de España y lo gana. Esta victoria provoca que los organizadores, que la habían animado a que se retirara, filtren a la prensa que no había pasado la verificación cromosómica de sexo para poder seguir compitiendo en la modalidad femenina. Este test, que vino a sustituir a la inspección visual de los genitales de las deportistas en décadas anteriores, se reveló insuficiente para reflejar la diversidad de género y ajustarla a la categoría de hombre-mujer. Años más tarde, el test fue retirado gracias a la lucha de Patiño.

1986 El artista plástico, *performer* y escritor chileno Pedro Lemebel —apellido tomado de su madre en un gesto de alianza con lo femenino— lee su manifiesto «Hablo por mi diferencia» en una asamblea política de izquierdas en Estación Mapocho de Santiago. Lemebel llegó a la cita con zapatos de tacón y el símbolo comunista de la hoz y el martillo pintado en la cara. Un año más tarde fundaría con el poeta Francisco Casas el dúo artístico Las Yeguas del Apocalipsis. Francisco y Lemebel llevarían a cabo acciones de protesta, muy rompedoras para los círculos intelectuales chilenos, ligadas a la reivindicación de la diversidad sexual y el apoyo a las víctimas del sida.

1984 Después de haberse unido al colectivo LGTB sudafricano, Simon Nkoli, junto a otros 20 hombres, es encarcelado por su lucha contra el *apartheid*.

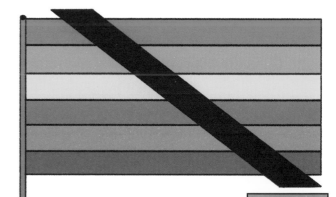

1988 En Inglaterra, durante el Gobierno de Margaret Thatcher, entra en vigor el polémico artículo 28, destinado a prohibir todo diálogo normalizador acerca de la diversidad sexual.

1989

Década de 1980

La década del plomo y las flores: activismo lésbico en América Latina

Era la madrugada del 9 de julio de 1984 en Santiago de Chile. Debido al toque de queda militar impuesto por la dictadura, la gente que salía de marcha solía quedarse dentro de los bares. Así habían hecho Mónica Briones, una artista abiertamente lesbiana, y una amiga, que se asomaron a una ciudad que despertaba. De improviso, un hombre, de pelo corto y aspecto militar surgió de la nada y empezó a golpear a Mónica al grito de «¡Así quería encontrarte, lesbiana!». Su amiga, ante la inacción de los transeúntes, no pudo hacer nada y Mónica murió en la calle debido a una fractura de cráneo. Según la versión oficial, al principio aceptada por la familia, Mónica fue atropellada por un coche que se dio a la fuga, pero, según personas próximas a esta, como Cecilia Riquelme, el asesino fue un policía cuya novia, de nombre Natalia, habría tenido una aventura con Mónica. Este hecho hizo que se formara el primer colectivo lésbico chileno, Ayuquelén, que, según el escritor Pedro Lemebel, «por muchos años llevó el estandarte menstrual de Mónica Briones». La familia presentó una querella en 1985 para que el caso se investigara como asesinato, pero se cerró diez años más tarde por falta de pruebas.

Los ecos del asesinato de Mónica Briones llegaron a México, lugar en el que, tres años más tarde, en 1987, se iba a celebrar el Primer Encuentro de Feministas Lesbianas de América Latina. Una de las anfitrionas del encuentro sería la directora de teatro y poeta Nancy Cárdenas, una figura fundamental de México. Después de una serie de éxitos teatrales, Nancy Cárdenas aparece, en 1974, en uno de los programas con más audiencia del país para hablar de su condición de lesbiana y de los derechos laborales y sociales de las personas LGTB. Esa intervención, esencial para el nacimiento del movimiento LGTB en México, fue seguida de otras en las que Cárdenas se muestra inteligente, audaz y creativa, ya sea criticando el carácter homófobo del psicoanálisis, encabezando las primeras manifestaciones, montando obras de

temática gay o denunciando las continuas redadas a bares de ambiente mexicanos.

Norma Mogrovejo señala los problemas del movimiento lésbico en países como Argentina, Chile o Nicaragua: el rechazo de los movimientos marxistas, así como su dependencia del movimiento feminista y de unas organizaciones LGBT dominadas por hombres gais. También destaca la doble violencia que sufren las lesbianas y que ha cristalizado en los asesinatos, en la región de Limache, de las adolescentes María Pía Castro (2008), Nicole Saavedra (2016) y Susana Sanhueza (2017), recogidos en el documental *Camionas. Crímenes de lesbofobia en la V región*.

El poderoso hombre de la valla publicitaria

Ocho de la mañana. El hombre joven y musculado del anuncio, en calzoncillos, sujeta en primer plano un yogur y realiza una sensual mueca para intentar recoger con la lengua un poco del líquido que se le escapa. Delante de él, un tercio de las mujeres de la parada de autobús recordarán que se han quedado sin yogur y comprarán esa marca. Una vez en casa, la situación es muy distinta: al marido se le cae el yogur en la camisa y, además, no recoge la mesa. Cuando las luces de la mesilla se apaguen, el hombre del anuncio volverá a aparecer en sueños y un tercio de las mujeres de la parada agradecerán las fantasías prefabricadas.

La publicidad, forma visual por excelencia del capitalismo, recicla temas de muchas fuentes. Cuando a mediados de la década de 1980 decide explotar el cuerpo de los hombres, toma elementos tanto de la cultura visual gay como de otros fenómenos culturales. Por ejemplo, las revistas adolescentes (de las fotonovelas románticas se pasa al comentario de las vidas de las superestrellas juveniles), la creciente sexualización de las novelas románticas, la aparición de los *strippers* (como los Chippendales) o el éxito de *Playgirl* (la revista erótica para mujeres que combinaba recetas, reportajes e historias picantes). En televisión, la representación del cuerpo masculino erótico empezó en 1985 cuando el modelo Nick Kamen protagonizó un famoso anuncio de vaqueros en el que se desvestía en una lavandería imitando en su pose a James Dean, pero aportando una novedad: su cuerpo estaba ahí para ser mirado (y disfrutado) por las mujeres.

A pesar de ello, varias décadas de cuerpos masculinos en publicidad nos han enseñado que su tratamiento es muy distinto al de las mujeres: raramente aparecen partes de su cuerpo aisladas, tampoco perspectivas que mengüen su importancia, sino más bien todo lo contrario: en posición vertical y de control, a veces incluso sosteniendo la mirada. La publicidad no puede dejar de vendernos la erótica del hombre poderoso.

«¡Ha dicho "gay"!» Cómo Margaret Thatcher decidió acabar con el colectivo LGTB

Es 1988 y, en el Reino Unido, la palabra *homosexual* está en busca y captura. Gracias al artículo 28 (una enmienda a la Local Government Act de 1986), Thatcher y los suyos prohíben «actuar o difundir material con la intención de promocionar o normalizar la homosexualidad». Palabras como *promocionar* nos ofrecen una imagen bastante clara de lo que la homosexualidad constituía para el Partido Conservador: no se trataba de una orientación sexual, sino de una suerte de religión con sus propios cruzados.

El artículo 28 forma parte de una estrategia de acoso y derribo hacia la progresía desde el frente conservador. El partido de Thatcher observaba con temor cómo ciertas ciudades caían bajo el control de algunos de los miembros más progres del Partido Laborista. Con bulos como el que afirmaba que algunos ayuntamientos laboristas habían acordado poner por delante a los homosexuales en las listas de acceso a las viviendas sociales, los *tories* mataban dos pájaros de un tiro. Por un lado, conseguían que se desconfiase de las políticas laboristas y, por otro, situaban al colectivo homosexual como un chivo expiatorio.

El artículo 28 provocó que numerosas instituciones educativas eliminaran sus grupos de apoyo a estudiantes LGTB, que se abstuvieran de intervenir en casos de *bullying*, que se diera carpetazo a toda educación sexual distinta. Contó con el ferviente apoyo de numerosos grupos religiosos de variado perfil —cristianos, evangelistas, musulmanes—, así como de periódicos de gran tirada. Los artistas e intelectuales, sin embargo, reaccionaron furibundos ante al artículo 28: David Hockney, quizá el pintor británico por excelencia, amenazó con no volver a exponer jamás en el país si la enmienda seguía en marcha; el grupo Chumbawamba lanzó un sencillo titulado *Smash Clause 28! Fight the Alton Bill!* (1988), cuyas ganancias fueron a parar a grupos de apoyo al colectivo LGTB, y Boy George se sumó a la oposición con su tema *No Clause 28*.

El artículo 28 no sería revocado hasta 2003, después de numerosos intentos y contando aún con apoyos políticos y sociales de perfil conservador.

Del beso al calabozo: cómo las «besadas» se convirtieron en herramienta de protesta

Tras la muerte del dictador Franco en 1975, del fallido golpe de Estado del teniente coronel de la Guardia Civil Antonio Tejero en 1981 y de la desarticulación de una segunda conspiración golpista en 1985, parece que España, bajo el liderazgo del PSOE, se convierte ya en un país democrático. Sin embargo, la clase militar y las llamadas fuerzas del orden siguen respirando el aire de otros tiempos, y los policías que presencian el beso entre Esther y Arantxa en 1986 no dudan en detenerlas y conducirlas, con su amigo Jesús, a las dependencias policiales. Allí pasarán dos largos días, detenidas por escándalo público, aunque, una vez acusadas por el fiscal, los cargos serán «insultos, amenazas y malos tratos a policías nacionales». Por su parte, los tres jóvenes interpusieron una denuncia a los policías, en la que los acusaban de malos tratos y de detención ilegal. La vista se celebró con la sala atestada, con una gran presencia de movimientos feministas. El fiscal limitó su acusación a faltas de desacato, amenazas leves y malos tratos de palabra, por los que solicitó multas de seis mil pesetas para cada procesado. El proceso se alargó durante muchos años más, pero la justicia dio la razón a Arantxa, Esther y Jesús, y condenó a los policías. Desde entonces, el acto de besarse en público se ha convertido en una herramienta de protesta frente a sistemas, colectivos o individuos que niegan la libertad de orientación sexual. Famosas han sido las «besadas» convocadas bajo el lema «El amor no se cura», la celebrada en Barcelona durante la visita del papa Benedicto XVI, la llevada a cabo en el metro de Madrid —motivada por el correo electrónico de un empleado de seguridad que instaba a los revisores a aumentar sus peticiones de tíquets «a músicos, mendigos y gais»—, o el espontáneo beso que David Fernández y Gregor Eistert se dieron ante la concentración neonazi del colectivo de ultraderecha Hogar Social Madrid. Ante los insultos proferidos por una manifestante, los jóvenes regalaron un beso de película a los asistentes a la concentración. Su gesto fue frenado por un policía, que se encargó también de expulsarlos de la zona. Los vecinos de Malasaña pidieron a las fuerzas de seguridad que «echaran de la plaza a los neonazis, y no a los chicos. A ver si no tenemos derecho [...] a besar a quien queramos».

La libertad como apisonadora: la tolerancia del círculo intelectual francés hacia la pedofilia del escritor Gabriel Matzneff

Matzneff alcanza la fama literaria en la década de 1970 con una obra, *Les moins de seize ans* (1974), en la que afirma sentirse sexualmente cautivado por niños y niñas muy jóvenes, de entre diez y dieciséis años. Aunque hoy pueda parecer increíble, la de los setenta es una década en la que la pedofilia no cuenta con el rechazo del que es objeto en la actualidad. Inmersos en un concepto de *liberación sexual* que hacía más hincapié en la libertad que en el consentimiento, destacados intelectuales franceses llegaron a firmar, bajo el paraguas de la libertad sexual general, un manifiesto en favor de una mayor permisividad hacia las relaciones entre adultos y niños. El manifiesto fue apoyado por Matzneff, pero también por figuras tan relevantes como Simone de Beauvoir o Jean-Paul Sartre.

Durante toda su carrera, Matzneff escribió abiertamente sobre sus viajes a Filipinas, destinados al consumo de prostitución infantil, sobre sus relaciones con niñas de doce y trece años, y hasta hizo apariciones públicas acompañado de estas, con el apoyo casi unánime de la clase intelectual y política francesa. En 1987 recibe el premio Mottart, François Mitterrand lo invita a grandes recepciones, Jacques Chirac le otorga la condecoración de Oficial de Honor de la Orden de las Artes y las Letras (1995). Matzneff es fichado por Gallimard, y el crítico literario Bernard Pivot lo entrevista en su mítico programa *Apostrophes*, donde Matzneff es invitado a comentar sus artes para seducir a menores. Pese al espectáculo, la Académie confirmará su apoyo al literato al premiarle de nuevo en 2009 con el premio Amic, y la élite intelectual francesa lo refrendará con el premio Renaudot en 2013.

Solo en 2020 la conducta de Matzneff será considerada delictiva. Francesca Gee, que mantuvo una relación con el escritor cuando ella tenía quince años, había instado a la editorial Gallimard a retirar en 1983 su retrato adolescente de la cubierta de *Ebrio del vino perdido*, así como las cartas que el escritor incluyó en el libro como «prueba» del amor que la Francesca adolescente sintió por él. Gee no solo no logró su objetivo, sino que Gallimard reeditaría el libro con su retrato en cubierta y describiría la novela como una obra «sobre la pasión amorosa, el donjuanismo y el placer». En 2004, Gee contó su historia en un manuscrito que fue rechazado por el mundo editorial. Aunque en Albin Michel el editor Thierry Pfister estuvo dispuesto a publicarlo, el comité editorial no lo aceptó. Pfister explicó que ciertos miembros de este tumbaron el texto con la excusa de que Matzneff formaba parte de Saint-Germain-des-Prés, la industria editorial francesa concentrada en dicho vecindario parisino. Tuvo que ser una editora, Vanessa Springora, quien en su libro *El consentimiento* (2020) dejara al aire las costuras de Matzneff. La relación de este con Springora, cuando esta tenía trece años, fue permitida y alentada por el círculo intelectual francés de la época y se convirtió en un terrible trauma para Springora: «Su paso por mi vida fue devastador. Décadas más tarde continúa [...] contando a su manera los estragos que hizo en mi vida. Más allá de mi aventura personal, he intentado contar también cómo era la Francia de aquellos años».

La publicación de *El consentimiento* supuso una auténtica bomba, que obligó a la fiscalía de París a abrir una investigación sobre Matzneff.

Las mil y una mentiras del sida

Cuando el hombre se despertó, después de una noche de pasión con una misteriosa y sexy desconocida, fue al baño del hotel y encontró escrita una frase con carmín: «Bienvenido al club del sida». Os suena, ¿verdad? Este tipo de leyendas empezaron a proliferar a mediados de la década de 1980, cuando el sida ocupaba las primeras planas de los periódicos, y muchos de ellos harán referencia a los peligros de mantener relaciones sexuales con extraños. Aunque existe una versión masculina de este relato, la figura de la mujer que contagia una enfermedad de forma deliberada como venganza contra los hombres se hunde en las raíces en nuestra cultura. Según el profesor Gonzalo Tobajas, estas leyendas remiten a la imagen del demonio en forma de mujer tentando a los hombres, y tienen uno de sus antecedentes más inmediatos en María Tifoidea, la cocinera Mary Mallon, a quien se acusó de contagiar el tifus a más de cincuenta neoyorquinos entre 1900 y 1907.

A pesar de esa lectura de género, el sida tuvo en un hombre, Gaëtan Dugas, su versión de María Tifoidea. Dugas era un asistente de vuelo canadiense y fue uno de los primeros pacientes en someterse a un estudio relacionado con el sida. Su historial sexual, examinado por el centro de control de pandemias de California, permitió trazar y comprobar la transmisión sexual entre personas. El estudio se publicó en 1984 y, por un error tipográfico, su denominación pasó de ser el «paciente O», es decir, de fuera (*Outside*) de California, al «paciente 0», esto es, el paciente cero: el responsable de propagar la enfermedad en Estados Unidos. A consecuencia de ello, fue vilipendiado en la prensa y en alguno de los primeros relatos sobre la enfermedad. Por medio de leyendas populares y de la prensa, el estigma de la enfermedad no solo se extendió a los hombres gais y las mujeres promiscuas, sino que empezó a señalar a las personas bisexuales. Estas fueron consideradas como vectores de contagio, como el puente por el que una enfermedad tenida por perversa entraba en los hogares heterosexuales o en los círculos lésbicos. Esta idea de los bisexuales como seres promiscuos incapaces de controlarse pasará a ser un importante motor de «bifobia» durante las siguientes décadas.

La lucha radical de Simon Nkoli

Simon Nkoli se dio otra vuelta en el catre. Llevaba meses tumbado en la enfermería psiquiátrica de la Pretoria Central Prison, víctima de una profunda depresión. En 1984 había sido acusado, junto con otros veinte activistas, de participar en la lucha contra el *apartheid* en Sudáfrica y de haberse manifestado en contra de uno de sus numerosos sistemas de opresión: los altos precios de los alquileres. Esa huelga de inquilinos llevó a una brutal represión policial: cuarenta personas fueron asesinadas y tres policías murieron, lo que desencadenó la detención de Nkoli y de otros miembros del United Democratic Front (UDF). Si bien el resto hizo un frente común, su camaradería no incluyó a Nkoli: durante el largo juicio que siguió a su detención y frente a sus compañeros de prisión, aquel no solo había reconocido públicamente su homosexualidad, sino también su activismo LGTBQ, lo que había llevado a que muchos quisieran desvincularlo de la defensa colectiva. Además, la organización sudafricana que luchaba por los derechos de los homosexuales (a la que pertenecía Nkoli), formada en su mayoría por blancos, decidió no apoyarle, pues consideraba que su detención no estaba relacionada con las libertades sexuales. Hijo de granjeros, hombre de color en la Sudáfrica del *apartheid*, demasiado político para el activismo homosexual y demasiado homosexual para el activismo político, Nkoli acababa de ser diagnosticado VIH positivo en la cárcel.

En ese largo proceso judicial, convertido en una figura pública y apoyado por organizaciones LGTBQ internacionales, Nkoli puso sobre la mesa el papel de los derechos de las personas LGTBQ en la formación del nuevo Estado tras el *apartheid*, lo que convirtió a Sudáfrica en uno de los primeros países en condenar la discriminación por orientación sexual. A su vez, junto con su amiga, la cineasta y activista Beverley Palesa Ditsie, fue uno de los organizadores del primer desfile del orgullo en todo el continente, llevado a cabo en 1999 en Johanesburgo. Allí, Nkoli declaró: «Soy negro y soy gay. No puedo dividir esas dos partes. […] Son una única lucha». El legado de Simon Nkoli es recordado hoy en todo el mundo.

O sí, o no, o todo lo contrario: las Sex Wars feministas

El aterrizaje de la nave nodriza de la pornografía en la década de 1970 no satisfizo a todas las terrícolas por igual. Las hubo que acudieron a su encuentro, como en esas películas de alienígenas de los años cincuenta, con carteles con *smileys* y mayúsculos WELCOME. Otras, de talante más suspicaz, esperaron a que la compuerta de la nave se abriera y, en cuanto vieron al alienígena, le dispararon a bocajarro con la esperanza de acabar con él. Sin embargo, por desgracia para algunas y suerte para otras, ningún disparo pudo acabar con la pornografía. Lo que sí que se hizo, hasta la extenuación, fue discutir sobre ella.

En la década anterior hablamos del *boom* de *Garganta profunda* y de la llegada del cine X a las salas comerciales. Hasta ese momento la pornografía había sido una producción muy minoritaria, clandestina, destinada a proyectarse en reuniones masculinas o en burdeles. Su normalización coincidió con la segunda ola del feminismo, y desde el movimiento se articularon dos discursos que acabaron polarizándose y cavando la profunda zanja que lo ha dividido hasta la actualidad.

Las primeras en reaccionar fueron las fundadoras, en enero de 1977 y en San Francisco, del Women Against Violence in Pornography and Media (WAVPM). Entendían la pornografía desde el concepto de «neuroplasticidad», es decir, el porno no era solo una ficción, sino una escuela. Las imágenes que nos mostraba acababan introduciéndose en nuestra psique y en nuestra cama, hasta configurar nuestras fantasías y nuestra forma de entender el sexo. Y el papel de la mujer en una pornografía hecha por y para hombres no era precisamente liberador. Las WAVPM consiguieron reunir a más de seiscientas personas en una manifestación contra el porno, organizaron encuentros en librerías y universidades. Su objetivo era hacer comprender las consecuencias desastrosas de las imágenes de la pornografía, hacer frente a los responsables de su difusión —cines, videoclubes— y acabar con la asociación entre violencia y sexualidad: nada de mujeres atadas, forzadas, torturadas. Según lo veían ellas, «el porno era la teoría, la violación la práctica».

El movimiento antipornografía estaba formado en su mayor parte por feministas lesbianas, que dominaban los discursos del movimiento en ese momento. A su causa se unió la exestrella del porno Linda Lovelace, que aseguró que su entrada en la pornografía había sido ajena a su voluntad. La actriz llegó a declarar en la comisión antipornografía de Ronald Reagan que quienes asistían a la proyección de *Garganta profunda* estaban viendo su violación. Aunque las WAVPM estaban alejadas de los sectores conservadores y religiosos, su lucha tuvo también el apoyo de estos. Esta rara alianza y una retórica que caía en lo antimasculino y vinculaba el coito heterosexual y la sexualidad del hombre con la violencia y la dominación hicieron que entre las filas del feminismo surgiera un discurso contrario, más flexible: el «feminismo *pro-sex*».

Las feministas *pro-sex* entendían la oposición a la pornografía como censura. Rechazaban las leyes antiobscenidad y creían que el porno podía constituir un territorio de experimentación. Mientras las WAVPM y mujeres afines se oponían a prácticas como el sadomasoquismo, al considerar que el sexo debía ser siempre «un intercambio entre iguales», las *pro-sex* estaban dispuestas a ver de qué iba aquello de los roles: no en vano fundaron las Samois, el primer grupo lésbico sadomasoquista, donde imperaban los papeles de *butch* y *femme*. Desde esta visión más abierta del porno y sus posibilidades, Annie Sprinkle fue la autora más productiva (rodó más de cien películas en las que cristalizaban fantasías de muy diverso pelaje). Para muchas, el problema era que sus filmes constituían más una forma de arte que una puerta hacia la excitación. La historia y la pornografía *mainstream* ya habían diseñado nuestras fantasías y había poco espacio para introducir deseos novedosos.

En 1982 se produce la ruptura definitiva, cuando las feministas antiporno se indignan ante su exclusión en el debate sobre feminismos organizado en Barnard College. La razón, dicen las organizadoras, es que ellas ya dominan de manera general el discurso del feminismo estadounidense, y que su radicalidad ofrece pocas posibilidades de debate.

El movimiento antipornografía estaba formado en su mayor parte por feministas lesbianas, que dominaban los discursos del movimiento.

Hoy, y sobre todo desde la aparición de internet, la cuestión del papel del porno en nuestras fantasías se ha vuelto todavía más peliaguda. La realidad es que la llamada «pornografía de la violación» es una de las más consumidas y que las violaciones en grupo se han convertido en una práctica muy habitual. Por otra parte, directoras como Erika Lust siguen empeñadas en hacer del porno un territorio accesible y disfrutable por las mujeres. Y también hay quien opina, muy a su pesar —en palabras de una famosa humorista española—, que «pone más ver la hierba crecer que ver porno feminista». Y asimismo están quienes, sin estigmatizar las fantasías de las mujeres educadas en el heteropatriarcado, pero buscando un modo más feminista de hacer porno, se centran más en las bambalinas que en la pantalla y se aseguran de establecer un espacio de seguridad para actrices y técnicas, pagar sueldos dignos y consensuar previamente cada escena. Un ejemplo es *Sex School*, dirigida por Anarella Martínez Madrid.

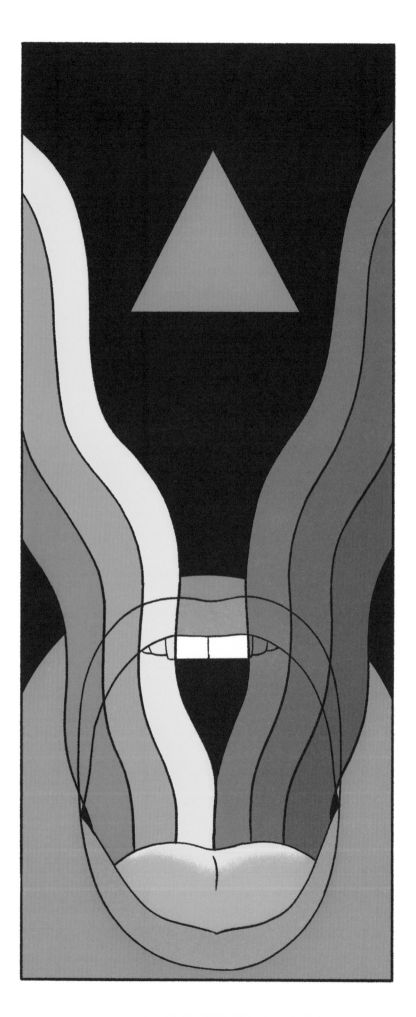

ACT UP, la revolución en medio de la tormenta

El verano de 1981 lo cambió todo. El sol aún brillaba amablemente en algunas zonas gais de Estados Unidos, como el barrio Castro de San Francisco o los muelles alrededor de Christopher Street (Nueva York). Sin embargo, un rumor crecía: una extraña dolencia estaba afectando a hombres jóvenes homosexuales. Era un síndrome desconocido, que sorprendía a los médicos por su capacidad para bajar las defensas y provocar la aparición de enfermedades poco comunes. En junio de 1981 aparece el primer informe de la pandemia, que será conocida primero como GRID (Inmunodeficiencia Relacionada con los Gais) y, a partir de 1982, como sida (síndrome de inmunodeficiencia adquirida). Para el imaginario colectivo, será desde el primer momento una enfermedad de transmisión sexual de la comunidad gay. A partir de ese verano, las muertes se multiplicaron: gais, transexuales, bisexuales, lesbianas, personas de color y blancas, homosexuales de clase media y personas *trans* de clase obrera. Puede afirmarse que, durante la década de 1980 y gran parte de la de 1990, desapareció a escala mundial toda una generación de personas LGTBQ cuyas voces y activismos habrían producido un presente distinto.

La década de 1980 no solo acarreó pérdidas, sino que también provocó luchas. En las ciudades con mayor población gay aparecieron las primeras iniciativas de apoyo, que no lograron suplir la falta de protección institucional de un mundo que vivía el auge de la derecha (Reagan en Estados Unidos y Thatcher en el Reino Unido). En 1987, la tensión y el duelo dieron paso a la rabia cuando un emotivo discurso del dramaturgo Larry Kramer animó a un grupo de personas a idear un plan de choque contra la pandemia. ACT UP nació dos días después y dedicó gran parte de sus esfuerzos iniciales a presionar para que la investigación y, sobre todo, el acceso a medicamentos se acelerase. En ese proceso, revolucionaron el activismo por los derechos sexuales y renovaron éticamente la lucha LGTBQ. Con una estructura horizontal, con miembros procedentes del arte y con una enorme base dispuesta a poner sus cuerpos en la lucha, ACT UP boicoteó actos políticos, hizo sentadas, acosó a dirigentes y funcionarios, interrumpió misas y telediarios nacionales. Además, recordó de manera reiterada y simbólica el número de muertos causados por el sida. Sus victorias públicas fueron esenciales para acelerar la investigación y la aplicación de tratamientos. Sus éxitos no fueron solo institucionales, pues ACT UP construyó también una forma de activismo solidario: allí se fraguaban amistades, se cantaba, se lloraba y, también, se ligaba.

La enfermedad era un estigma que se extendió a toda la comunidad LGTBQ y que multiplicó enormemente la discriminación. En el relato que fabricaron los medios y los políticos, las minorías sexuales se enfrentaban a la mayoría moral heterosexual. En países como Francia, en el que la homosexualidad se despenalizó en 1981, la alegría de la libertad fue interrumpida por los titulares de prensa sobre el sida. La desinformación sobre la transmisión del virus, el carácter de plaga contemporánea, así como el hincapié que se hacía en el número de parejas sexuales y no en el carácter de las prácticas llevadas a cabo, crearon un ambiente irrespirable. A pesar de ello, el movimiento LGTBQ

Según el Centro para el Control y la Prevención de Enfermedades, la transmisión del VIH (virus de inmunodeficiencia humana), el virus que causa el sida, se produce solo a través de ciertos líquidos corporales como «la sangre, el semen, el líquido preseminal, las secreciones rectales, las secreciones vaginales y la leche materna», al entrar en contacto con «las membranas mucosas, con tejidos lesionados de la otra persona», o inyectados directamente en el torrente sanguíneo mediante una aguja. Las membranas mucosas se encuentran dentro del recto, la vagina, el pene y la boca, por lo que desde hace décadas se recomienda el uso del condón.

se fortaleció: las lesbianas estuvieron en primera línea desde el principio y presentaron el sida como una crisis que afectaba a toda la comunidad. Esta camaradería acortó la separación política entre lesbianas y gais, y muchas mujeres lesbianas alcanzaron puestos de relevancia en la política LGTBQ durante la década de 1990.

Su política de educación sexual a largo plazo, combinada con tácticas de guerrilla y protesta a corto plazo, aceleraron los procesos para la prevención, investigación y acceso a la medicación. A pesar de ello, el movimiento entró en decadencia a partir de 1992. Esto se debió al enorme desgaste emocional acumulado y a las tensiones internas que existían entre las dos ramas de ACT UP: la que quería centrarse en cuestiones relacionadas con la enfermedad y la que querían ampliar la lucha a temas como el racismo, el sexismo o el acceso a la vivienda de las minorías. ACT UP fue, por tanto, una de las semillas del movimiento *queer*, y en su lucha contra la homofobia, la enfermedad y el estigma abrieron nuevos debates sobre prácticas y sexualidad.

La transmisión del VIH, sobre todo en la actualidad, no significa desarrollar las enfermedades oportunistas relacionadas con el sida, ni tan siquiera que el nivel de anticuerpos no se pueda revertir. Hoy en día existen tratamientos que consiguen que el nivel del virus sea indetectable y, por tanto, intransmisible.

Maryam Khatoon Molkara
o la necesidad de cerrar los relatos

Sus pies resuenan en el pasillo. Su cuello está lleno de moratones y su ropa masculina desgarrada. Camina descalza. Sus zapatos atados al cuello implican, según enseña el Corán, que busca refugio. Maryam Khatoon Molkara es una mujer transexual de treinta y tres años profundamente religiosa. Su país, Irán, está viviendo dos procesos complejos a la vez: una revolución islámica y un conflicto bélico con Irak. A pesar de sus heridas, Maryam se dirige a una de las entrevistas más importantes de su vida. Ha logrado una audiencia con la máxima autoridad política y religiosa del país: el ayatolá Jomeini. ¿El objetivo de su entrevista? Conseguir la libertad para someterse a una reasignación de sexo y vivir legalmente como mujer en Irán.

Conforme Maryam se acerca a la puerta ataviada con traje masculino —toda la vida se ha visto obligada a llevar ese disfraz en público—, oye la voz del ayatolá maldiciendo a los guardias de seguridad que la han maltratado. La razón es que han confundido sus pechos —desde hace tiempo se hormona de forma clandestina— con explosivos ocultos y su visita con un intento de atentado.

Caminando por el pasillo, Maryam recuerda el largo camino recorrido para llegar hasta ese día. El modo en que había entretejido una red de contactos con figuras religiosas, sus numerosas cartas a las autoridades, las entrevistas con miembros de la familia real, el fallido viaje a París, ciudad en la que el ayatolá estaba exiliado. A lo largo de todos esos años, Maryam había construido pacientemente un relato de su vida que la teología pudiera sostener. Estaba preparada para explicar su caso ante el ayatolá, incluidos los últimos y oscuros años en los que, durante la revolución islámica, la habían despedido de su trabajo en televisión y le habían impuesto seguir un tratamiento psiquiátrico y recibir altas dosis de hormonas

masculinas para potenciar un aspecto viril. La entrevista fue un éxito. Jomeini lanzó una fetua, un decreto que decía: «En el nombre de Dios. El cambio de sexo no es un problema religioso, es decir, es permisible, si es autorizado por médicos acreditados».

Hasta aquí, la versión «romantizada» de la vida de Maryam Khatoon Molkara, uno de esos relatos épicos en los que muchas veces caemos en Occidente: mujer transexual consigue que país islamista legalice y practique las operaciones de reasignación de sexo. Sin embargo, en palabras de la propia Maryam y de otros activistas de países islámicos, no deberíamos quedarnos con esa versión de la historia. A pesar de la fetua, y como pasa en muchos países en los que la legislación se adelanta a las costumbres, la vida de Maryam y la de otras mujeres como ella no fue fácil. Un ejemplo: desanimada por las técnicas quirúrgicas practicadas en Irán, Maryam decidió, diez años más tarde, operarse en Tailandia. Para realizar este viaje tuvo que adoptar el aspecto masculino que constaba en su pasaporte, ya que la ley iraní obliga a que la cirugía anteceda al cambio de papeles.

A pesar de la fetua, y como pasa en muchos países en los que la legislación se adelanta a las costumbres, la vida de Maryam y la de otras mujeres como ella no fue fácil.

Otros analistas, como M. Alipour, han señalado que esa fetua resulta muy paradójica, ya que legaliza la transexualidad en un país en el que los homosexuales están condenados a muerte. De esta forma, la única opción para el colectivo LGTB está expresada en términos de identidad de género binaria —o eres hombre, o eres mujer—, nunca de orientación sexual o de espectro de género más amplio. Esto puede conducir a que determinadas personas del colectivo, ante una represión que puede ser letal, opten por una medicalización que no desean.

Pese a la fetua de 1984, el colectivo transgénero iraní sigue actualmente sometido a una flagrante violencia institucional y social.

1990

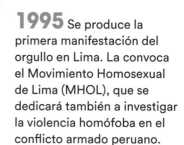

1990 Se empieza a emitir el primer programa de sexualidad en una televisión generalista española: *Hablemos de sexo*. Presentado por la doctora Elena Ochoa y dirigido por uno de los pesos pesados de la televisión patria, Chicho Ibáñez Serrador, el programa, emitido los lunes a las 22.40, era un consultorio riguroso pero aséptico en el que se trataron temas por entonces impensables para la televisión generalista, como la masturbación, la anorgasmia o la sexualidad en la tercera edad.

1991 Brad Pitt inaugura la *female gaze* erótica con su papel de irresistible vaquero en *Thelma & Louise*.

1995 En medio de la pandemia del sida y con una sociedad hipervigilante acerca de la sexualidad ajena, se funda el grupo estadounidense procastidad Silver Ring Thing (SRT), impulsado por cristianos evangélicos y apoyado económicamente por la administración Bush. Junto con otros grupos como True Love Waits, SRT promueve la abstinencia sexual hasta el matrimonio y simboliza este compromiso con el llamado «anillo de pureza». En su afán por atraer a jóvenes, organizan conciertos de rock y hip hop cristianos y suman a sus filas a iconos adolescentes como los Jonas Brothers, Miley Cyrus —sin comentarios— o Selena Gomez. Un estudio de la Universidad de Columbia informó de que el 88 por ciento de los portadores del anillo de castidad habían tenido sexo antes del matrimonio y que el principal efecto de este compromiso es la postergación del sexo vaginal, al que reemplazan por el sexo anal sin preservativo. El dúo cómico Garfunkel and Oates tiene un tema desternillante a este respecto, «The Loophole», cuyo estribillo repite «Fuck me in the ass 'cause I love Jesus». Buscadlo en YouTube.

1995 Se produce la primera manifestación del orgullo en Lima. La convoca el Movimiento Homosexual de Lima (MHOL), que se dedicará también a investigar la violencia homófoba en el conflicto armado peruano.

1996 Se produce la primera reunión de personas LGTBQ en Hong Kong, identificadas bajo el término *tongzhi*. En esa reunión plantean un modo de luchar alejado de las tácticas individualistas y contraculturales del movimiento gay occidental.

Yep, I'm Gay

1991 Un grupo de neonazis entra en el parque de la Ciudadela de Barcelona y asesina a Sonia Rescalvo Zafra, mujer transexual que ejercía la prostitución en el lugar.

1992 Toñi, Desirée y Miriam, tres adolescentes de Alcàsser, son secuestradas y asesinadas de camino a una fiesta de su instituto celebrada en una discoteca de Picassent.

1992 Félix González-Torres, artista de origen cubano emigrado a Nueva York, instala en las calles de la ciudad una serie de inmensas vallas publicitarias. Estas muestran una cama, con signos de haber sido abandonada hacía poco por los cuerpos de dos amantes, y aluden a la muerte de Ross Laycock (en 1991), pareja de González-Torres recientemente fallecida por sida. El subtexto homoerótico de la obra de González-Torres, su inserción de una intimidad romántico-sexual gay en el espacio público y su duelo abierto por el amante fallecido a causa del sida desafían la moral republicana estadounidense. González-Torres morirá, también de sida, solo cinco años después.

1997 La cómica estadounidense Ellen DeGeneres decide sacar del armario al personaje principal de su teleserie, lo que se convierte en un punto culminante de la visibilidad lésbica de la década.

1998 Se desata el «escándalo Lewinsky», con el *impeachment* al presidente Bill Clinton a causa de su aventura con la becaria de veintidós años y el perjurio de este. Posteriormente, Clinton admitiría haberse «equivocado» al negar sus relaciones sexuales con Lewinsky, ya que para él que le hicieran una felación no era mantener relaciones sexuales. Muchos apoyaron a Clinton, y se impulsó una investigación que acabó por sacar a la luz la hipocresía de ciertos representantes republicanos que votaron a favor de la destitución del entonces presidente: muchos habían mantenido aventuras extramaritales. Años después, el asunto sigue generando opiniones variopintas: ¿se trata de un caso de intimidad sexual que no debió trascender, tienen los políticos que ser ejemplares de puertas para adentro, hay siempre un abuso de poder en las relaciones jefe-empleada? Lo único claro es que el peor juicio mediático y social se lo llevó, faltaría más, la chica de la historia, Monica Lewinsky. Humillada por la prensa y catalogada de arpía, la hoy activista contra el ciberacoso afirmó en una entrevista a *Vanity Fair* haber sido «la paciente cero del *bullying* digital».

1999

Década de 1990

Obscenidad en *prime time*

En 1990 aparece en la televisión española *Hablemos de sexo*, el primer programa dedicado a la sexología. Emitido los lunes por la noche, era un consultorio en el que se abordaron temas por entonces impensables para una televisión generalista, como la anorgasmia o la sexualidad en la tercera edad. Sin embargo, el tratamiento era tan aséptico que jocosamente se decía que Félix Rodríguez de la Fuente narrando el apareamiento de la cabra montesa era más poético que la doctora Ochoa hablando de dos adolescentes cachondos en la parte de atrás de un Seat Panda.

Frente a este discurso, la aparición de las cadenas privadas en nuestro país a partir de 1989 va a transformar la representación de la sexualidad en la televisión de una manera obscena y minuciosa. Desde *talk shows* en los que el público acaba convertido en espectáculo gracias a sus miserias sexuales hasta programas de cotilleo, sobre todo a partir de *Tómbola* (1997), que recrudecía la dialéctica de la prensa rosa. Junto con ellos, el *late night Esta noche cruzamos el Mississippi* (1995-1997), el cual, si bien dio voz y explotó la marginalidad sexual, fue uno de los máximos inquisidores del caso Arny. En febrero de 1995, se desató una verdadera caza de brujas de homosexuales famosos —cantantes, cómicos— en relación con un pub gay de Sevilla en el que supuestamente algunos menores ejercían la prostitución. Aunque la mayoría de los imputados fueron declarados inocentes por la Audiencia Provincial de Sevilla, el daño moral y económico fue enorme. El presentador Jesús Vázquez, en la cumbre de su fama entonces, lo llamó el «último intento de los reaccionarios de aplastar lo inevitable», en referencia a la oleada de activismo LGTB que llevaría, entre otras cosas, a la aprobación del matrimonio igualitario.

Y Brad Pitt agarró un secador

Cuentan que el arqueólogo Howard Carter, al asomarse a la cámara funeraria de Tutankamón y ser preguntado por lo que veía, solo respondió: «Cosas maravillosas». Si a cualquier espectadora heterosexual le hubieran permitido ver el estreno de *Thelma & Louise* por una rendija, probablemente hubiera dicho algo así. No solo por la calidad de los personajes de la guionista Callie Khouri, sino gracias a una escena muy concreta, fundacional de la *female gaze* cinematográfica. Laura Mulvey ya contaba en su artículo «Placer visual y cine narrativo» (*Screen*, 16, 3, otoño de 1975) que, según el paradigma de Hollywood, el papel de la mujer es el de objeto pasivo, mientras que los hombres son agentes activos. El hombre es el ojo con el que se identifica el público, mientras la mujer es la imagen ofrecida a ese ojo para su consumo. Sin embargo, *Thelma & Louise* estrenó una mirada feminizada y deseante dentro del cine *mainstream*, gracias a la figura que empaparía de capital erótico millones de carpetas adolescentes en los noventa. Hablamos del hombre de nuestros, vuestros, sus sueños: Brad Pitt.

Hasta 1990, Pitt había aparecido en culebrones como *Dallas*, pero el mundo del cine se le resistía. Su papel de autostopista en *Thelma & Louise* sería su trampolín como actor y *sex symbol*. Tras matar al hombre que ha intentado violar a Thelma (Geena Davis), ella y Louise (Susan Sarandon) se dan a la fuga. En su camino recogen a J. D. (Brad Pitt), un guapísimo estudiante que intenta regresar al instituto haciendo autostop. Aunque su historia huele a mentira le hacen sitio en el coche, y Thelma se entrega a un coqueteo poco sutil con él. Más tarde ambos comparten habitación, y allí J. D. confiesa ser un vulgar atracador. Thelma, fascinada, quiere saber más. Y J. D., ataviado solo con sus tejanos y su sombrero de vaquero, agarra un secador, como si fuera un revólver, y escenifica para ella uno de sus atracos. Aún hay más: para que los pectorales de Pitt lucieran más brillantes, Ridley Scott encargó pulverizarlos con Evian.

En *Off the Cliff. How the Making of Thelma & Louise Drove Hollywood to the Edge* (2017), Becky Aikman nos cuenta que «La audiencia fue capaz de verle a él a través de los ojos de ella». *Thelma & Louise* hizo mucho más que ser una buena película: estrenó un punto de vista radicalmente femenino, en el que el objeto hipersexualizado era Pitt. Ya en 2019, en *Érase una vez en... Hollywood*, Quentin Tarantino homenajearía aquella escena con un largo plano de Pitt subido a un tejado, sin camiseta, arreglando una parabólica. Como si el tiempo no hubiera pasado, amigas.

Alcàsser y el pánico sexual

Ni las Olimpiadas de Barcelona ni la Expo de Sevilla..., 1992 será recordado como uno de los años más negros de la historia de España, el de un crimen cuyo tratamiento mediático saturó de basura las pantallas de los televidentes españoles.

El crimen de Alcàsser se produjo el 13 de noviembre de 1992. Miriam, Toñi y Desirée, adolescentes de catorce y quince años de Alcàsser, se dirigían a una fiesta en la población vecina de Picassent. Tres kilómetros de carretera autonómica que las chicas quisieron cubrir en autostop según era costumbre. Sin embargo, aquella noche no llegaron a la discoteca, ni regresaron a sus casas. Tras dos meses y medio de búsqueda, dos apicultores encontraron sus cadáveres semienterrados en el barranco de La Romana. Los cuerpos revelaron que habían sido sometidas a toda clase de torturas, lo que generó un pánico social que los medios se encargaron de alimentar.

El tratamiento mediático narró el caso con dinámicas más propias de la ficción y convirtió la tragedia en una teleserie. Se construyó un relato coral, plagado de personajes a los que se entrevistaba por puro morbo —famoso es el programa de Nieves Herrero en el que se citó a casi la totalidad del pueblo—, con sus dosis de intriga y «conspiranoia», con hipótesis descabelladas sobre los motivos del crimen y, por supuesto, con un subtexto moral que empapaba cada conversación. «Chicas jóvenes, en busca de diversión, acuden por la noche a una fiesta y son asesinadas por dos hombres malvados.» Ese era, de manera sucinta, el relato de los hechos. ¿Qué suponía este relato para las mujeres de toda una generación? Padres que no dejaban salir a sus hijas de casa, toques de queda y discursos proteccionistas. El terror se transformó en un acotamiento de fronteras para las mujeres, no en un análisis de la violencia machista y de sus herramientas de prevención: educación, generación de nuevos roles en cine y publicidad, refuerzo de la actitud igualitaria. Igual había sucedido dos décadas antes con los crímenes de Peter Sutcliffe en Yorkshire: tras las múltiples violaciones y feminicidios cometidos por un desconocido, la policía decidió imponer un toque de queda... a las mujeres. Ya entonces en Inglaterra, cientos de mujeres enfadadísimas salieron a la calle clamando un eslogan, «Reclaim the night», fruto de años de confusión social en cuanto a dónde situar la culpa y la prevención. Muchos años después, y con la explosión del feminismo en España, adolescentes, jóvenes y madres se manifestarán para gritar: «La noche y la calle también son nuestras».

¿Puede ser el pueblo travesti?

En su estudio sobre la homofobia en el conflicto armado que asoló Perú entre 1980 y 2000, la estudiosa Rachel McCullough se pregunta si los travestis, pero también los gais y las lesbianas, pueden formar parte del proletariado. Esta reflexión, que hoy nos puede parecer sin fundamento, tiene su origen en la violencia sufrida por el colectivo LGTBQ durante la guerra civil de Perú (el «conflicto armado interno de Perú») a manos de grupos militares de izquierdas que controlaron grandes zonas del país y que lucharon contra el ejército de Fujimori.

Uno de los sucesos más conocidos de esa violencia fue la noche de las gardenias (o masacre de Tarapoto), acaecida el 31 de mayo de 1989. Seis integrantes del Movimiento Revolucionario Túpac Amaru (MRTA) —organización terrorista de extrema izquierda— entraron en un bar gay clandestino de la ciudad de Tarapoto, sacaron a ocho personas y las asesinaron frente a la tapia del bar. Días más tarde, a través de sus órganos oficiales, el MRTA, en su reivindicación del atentado, aseguró que todo «homosexual, drogadicto, ratero o prostituta enmendará su vida». McCullough señala que la violencia heterosexual que vivieron las personas LGTB peruanas estaba dirigida a afianzar la imagen del guerrillero macho y el ideal del pueblo trabajador, que era homogéneo y se construía en oposición al de los homosexuales y travestis. En sus estudios sobre la violencia homófoba de las guerrillas, el Movimiento Homosexual de Lima (MHOL) señaló que, tanto el MRTA como Sendero Luminoso, identificaron la homosexualidad como una expresión de la decadencia capitalista. Vista así, los colectivos LGTB eran susceptibles de sufrir su política de «limpieza social». A menudo, los propios ciudadanos colaboraban en estas «limpiezas», con su denuncia de locales clandestinos (como Las Gardenias) o de vecinas como Fransuá, una *trans* que regentaba un salón de belleza en Tarapoto y que fue asesinada en 1989.

Curiosamente, mientras desde las organizaciones de extrema izquierda se amedrentaba y castigaba a las personas LGTB, en 1993 una película de temática homosexual causa sensación a nivel nacional e internacional. Se trata de la oscarizada *Fresa y chocolate*, producida entre Cuba, México y España. El filme relata la historia de amor y amistad entre un comunista y un artista burgués en La Habana y reflexiona sobre la discriminación sufrida por el colectivo LGTB en los círculos revolucionarios de izquierdas.

Tongzhi o la lucha por la igualdad

Tongzhi es una identidad no heterosexual que cobra importancia en la década de 1990 en China, Hong Kong y Taiwán y que invita a pensar la sexualidad desde un punto de vista no occidental. El término *tongzhi* tiene su origen en la antigüedad y remite a «personas que comparten el mismo corazón». A lo largo del siglo XX se politiza y, con la llegada de la República Popular China, se convierte en sinónimo de «camarada» para caer en desuso por motivos políticos. A finales de la década de 1980 es rescatado y popularizado en el primer festival de cine gay de Hong Kong.

En la actualidad, *tongzhi* hace referencia a una identidad LGTBQ estratégica, que reivindica derechos, pero siempre tratando de encajar en la cultura local, no enfrentándose a los valores familiares. A este respecto, el sociólogo Wah-shan Chou, en su estudio sobre parejas LGTBQ, señala que en la cultura china no se «sale del armario», sino que «se entra en casa», es decir, la pareja del mismo sexo es aceptada en el núcleo familiar de manera tácita, sin que el tema de la homosexualidad se haga explícito o se debata.

En la década de 1990, los países sinoparlantes atraviesan cambios similares, entre los que podemos destacar la progresiva despenalización de la homosexualidad o la aparición de internet como vehículo de comunicación de las minorías sexuales. Sin embargo, también existen notables diferencias: en China todas las ONG han de ser aprobadas por el Estado, por lo que los colectivos *tongzhi* se articulan en torno a la lucha contra el VIH o se disfrazan de iniciativas culturales. En Hong Kong y Taiwán existen diferentes asociaciones de activistas *tongzhi* que, como afirma Travis S. K. Kong, luchan por construir una identidad que resulte aceptable socialmente y basada en los principios de buena ciudadanía. Estos ideales han llevado a que, dentro del movimiento *tongzhi*, las tácticas de confrontación sean inusuales. Según Travis S. K. Kong se ha creado una división entre buenos y malos *tongzhi*: «los malos» estarían compuestos por los que no pueden consumir (los de clase obrera o campesinos), los que llevan a cabo prácticas penalizadas (sexo callejero, prostitución, sadomasoquismo) o aquellos que se saltan la monogamia. Este estudioso se pregunta: «¿Puede el movimiento *tongzhi* luchar por la inclusión en el *mainstream* y, a la vez, ofrecer un reto a los patrones heterosexuales en la vida íntima?». Con una enorme diferencia cultural, muchos de los movimientos LGTB europeos que peleaban esos años por acceder al derecho del matrimonio intentaban responder a esas mismas preguntas.

Sonia y Cristina: la historia de dos mujeres

A principios de la década de 1990 se cruzan las historias de dos mujeres transexuales importantes: Sonia Rescalvo Zafra y Cristina Ortiz Rodríguez (conocida por su nombre artístico: La Veneno). Sonia Rescalvo, nacida en Cuenca en 1946, huyó de su familia a los dieciséis años y recabó en Barcelona, actuando en el Paralelo. En 1991, Sonia tenía cuarenta y cinco años y era víctima de un amplio espectro de discriminaciones. Sin domicilio fijo, Sonia dormía la noche del 6 de octubre en uno de los templetes del parque de la Ciudadela de Barcelona en el que ejercía la prostitución.

Esa fatídica noche, un grupo de jóvenes neonazis accede al parque con la intención de dar violentas palizas y asesina a Sonia. En 1992, la policía catalana detiene a los autores, la mayoría adolescentes. Las detenciones, sin embargo, se producen en un ambiente hostil: la policía quiere «limpiar» la ciudad para las Olimpiadas, y la presión sobre el colectivo transexual se multiplica. Según Gerard Coll-Planas, el asesinato de Sonia y la represión de la prostitución callejera llevaron a la formación del Colectivo de Transexuales de Cataluña (CTC).

El mismo año en que Sonia es asesinada y su brutal muerte recibe cobertura mediática, Cristina Ortiz se marcha a vivir a Madrid. Un año más tarde, en 1992, decide empezar su transición y comienza a ejercer la prostitución. Ofrece sus servicios en el parque del Oeste de Madrid, un entorno en el que dará su salto a la fama cuando sea descubierta por una reportera callejera. Con un físico y una personalidad exuberantes, mezcla de una actitud *camp* y una sabiduría popular atávica, La Veneno colabora de manera continuada en programas nocturnos, grabando canciones y ejerciendo de gran vedete. Con La Veneno se gesta un personaje que, a la vez que refuerza ideas preconcebidas sobre las mujeres transexuales, las subvierte. A finales de la década, su fama declina y uno de sus novios la acusa de estafa y es condenada a tres años de cárcel, que cumple en un módulo masculino. A su salida, en 2006, las secuelas físicas y psicológicas son evidentes, y acusa a distintos funcionarios de prisiones de haberla torturado. A partir de entonces vive una fama intermitente, que culmina con la publicación de su biografía en 2016 por la escritora Valeria Vegas, el mismo año que fallece. La serie sobre su vida hace que toda una nueva generación de personas LGTBQ conecte con su historia y se inicia un proceso de canonización popular. Sonia y Cristina son las únicas transexuales con una placa conmemorativa propia en España.

El *lesbian chic*

Ann Northrop, una de las fundadoras del grupo crítico Lesbian Avengers, afirmó que «las lesbianas son los *hula hoops* de los noventa». La frase se refería a la moda seguida por distintos productos mediáticos de incluir a personajes lésbicos en sus tramas o portadas: entre 1994 y 1997 un 40 por ciento de los productos televisivos *prime time* estadounidenses tuvieron un episodio en el que se abordaba la homosexualidad. Un ejemplo que ilustra este fenómeno se produce en agosto de 1993 cuando la revista *Vanity Fair* incluyó en su portada a la cantante k.d. lang siendo afeitada por Cindy Crawford, una imagen que se convirtió en icónica. Esta representación propia de la cultura *mainstream* se va a conocer como *lesbian chic*: un modo de representación que abría la puerta a lo *mainstream* pero que, según Ann M. Ciasullo, daba una visión blanqueada y no amenazante del lesbianismo. Frente a la lesbiana furiosa y militante feminista o a la lesbiana masculinizada, las revistas y los programas de televisión se llenan de lesbianas pulcras. Este cambio de representación se produce cuando, en líneas generales, las políticas institucionales LGTB dejan tener al sida como uno de sus elementos centrales y pasan a concentrar sus esfuerzos en el matrimonio igualitario, al que consideran una lucha menos identitaria. En los medios de comunicación aparecen también imágenes de nuevas familias con padres y madres del mismo sexo y surge el concepto de *sameness*: parecerse a los heterosexuales es un requisito para lograr la igualdad y, según Ciasullo, la lesbiana masculinizada, pero también la racializada o la obrera, era una imagen demasiado cargada de estereotipos para ser útil en esa lucha. Además, tal como señala Ron Becker esta visibilidad coincide con las tensiones raciales de Los Ángeles en 1992 y la necesidad de buscar un nuevo tipo de consumidor, de clase alta, educado y progresista.

Del mismo modo, una actitud demasiado militante podría acarrear la condena al ostracismo: en 1997, Ellen DeGeneres, con su personaje en la *sitcom Ellen*, decide salir del armario en la ficción frente a Laura Dern, quien también interpretaba a una lesbiana en la serie. El episodio, cuya grabación tuvo que ser suspendida por sufrir un aviso de bomba, se convirtió en uno de los más vistos de la serie. Sin embargo, tras su emisión, la popularidad del programa cayó en picado. Los nuevos temas lésbicos que introducía no eran vistos con buenos ojos. A Laura Dern, un rostro popular en aquel momento, dejaron de llamarla para participar en rodajes durante más de un año.

La perestroika y las sombras del destape ruso

Julio de 1986: Estados Unidos y la Unión Soviética, tras décadas de Guerra Fría y en línea con sus nuevas políticas de acercamiento, patrocinan un programa televisivo llamado *Puentes*, en el que ponen a debatir a mujeres de ambos países. Una señora de Boston de mediana edad se acerca al presentador y explica que, en su país, la mayoría de los anuncios tratan sobre sexo. Le gustaría saber si en el país comunista ocurre lo mismo. Una mujer rusa del público, Lyudmila Ivanova, se apresura a responderle: «No, no tenemos sexo y, además, estamos completamente en contra de ello». Una camarada la corrige: «Sí tenemos sexo, lo que no tenemos son anuncios de televisión». El público estalla en risas y la frase, rápidamente popularizada, va a resumir la época que estaba a punto de acabar: la de una sociedad que acallaba la sexualidad mediante la autodisciplina. No en vano, la aparición de una serie de diálogos en torno al sexo —desde la pornografía hasta la contracepción— será uno de los grandes cambios culturales que identifiquen la aper-

tura y posterior derrumbe del régimen comunista ruso: la perestroika.

Podríamos decir que, en la década de 1990, el pueblo ruso pasó del sueño revolucionario al sueño húmedo. Los anteriores mecanismos censores se desvanecen y el Estado vive un proceso de desintegración. Los ojos tenían hambre de sexo y existían pocas regulaciones para frenar la marea de cuerpos, la mayoría femeninos, que se exhibían en los concursos de belleza, las revistas y las nuevas películas, como *La pequeña Vera*, de 1988. La Unión Soviética se encarnaba en la historia de su protagonista (una adolescente desencantada y promiscua) y convirtió a su actriz principal, Natalya Negoda, que posó para las portadas internacionales de *Playboy*, en la primera *sex symbol* del país. Además de la pornografía, la venta de juguetes eróticos y los debates sexuales en prensa, terminaron de erotizar la cultura popular rusa de esta década.

Sin embargo, feministas como Tatyana Mamonova denunciaron el carácter machista de las nuevas

representaciones y la falta de control de una pornografía que invadía todo tipo de espacios públicos. Muchos intelectuales se desesperaron al ver que la nueva revolución sexual no era sino una revolución comercial que explotaba a las personas. A su vez, la profunda crisis económica que siguió a la caída del comunismo obligó a muchas mujeres y a algunos hombres de los antiguos países del Este a ejercer la prostitución.

Para la historiadora de la sexualidad Dagmar Herzog, a estos fenómenos hay que sumar el vacío ideológico que produjo la caída del comunismo, pronto rellenada por grupos reaccionarios que reivindicaban elementos tradicionales basados en valores étnicos o visiones nostálgicas del comunismo. Muchos de esos movimientos, presentes en Rumanía, Polonia o Hungría, hicieron de la homofobia uno de sus signos de identidad. Debido a esto, una gran par-

En la década de 1990, el pueblo ruso pasó del sueño revolucionario al sueño húmedo.

te de la población LGTBQ de los antiguos países del Este no se benefició de la apertura cultural y siguió siendo retratada sobre la base de estereotipos ofensivos. De este clima adverso surgieron varias generaciones de activistas que encontraron nuevas formas de alianza, como, por ejemplo, las asociaciones culturales. Estas estaban alejadas de las demostraciones públicas de identidad que tenían éxito en Occidente —como el desfile del orgullo— y que no acababan de funcionar.

La erotización cultural de las antiguas repúblicas soviéticas durante la década de 1990 nos demuestra que una revolución sexual y el cambio de costumbres que conlleva no tiene por qué hacer tambalear el machismo y la homofobia. Es más, puede convertirse en una tormenta perfecta de abusos cuando se produce una orgía en la que participan capitalismo, globalización y explotación sexual.

Viagra, la pastilla de la masculinidad

Durante la década de 1990 se produce un cambio a la medicalización de la sexualidad masculina, con la aparición de implantes e inyecciones destinados a combatir la impotencia.

En 1998, tras una potente campaña publicitaria, el Gobierno de Estados Unidos da su visto bueno a la pastilla más famosa del siglo XX: el viagra. En cuanto aparece en el mercado, millones de grageas azules vuelan de las estanterías a los bolsillos de los hombres de mediana edad. El nombre de este milagro moderno, *viagra*, es un neologismo que mezcla las palabras *vigor* y *Niágara*. Más visual imposible. Para la estudiosa feminista Meika Loe, experta en el fenómeno viagra, este medicamento es la prueba de cómo la biotecnología trabajó duro para consolidar el poder del hombre heterosexual y evitar uno de los mayores enemigos de la masculinidad en crisis: el pene flácido.

Después del desfase económico de los ochenta y la figura del *yuppie* triunfador, los noventa están sembrados de símbolos de una masculinidad en decadencia. Los cines se llenan de mantis religiosas que devoran a los hombres y la prensa dedica una extensa atención a la ecuatoriana Lorena Bobbitt, que en 1993 había castrado a su marido abusador. Angus McLaren, en su libro sobre la historia de la impotencia masculina, describe esos discursos de temor ante el resquebrajamiento del poder masculino como un fenómeno global durante los noventa. Esta percepción de pérdida de potencia viene propiciada por los grandes cambios sociales y las nuevas amenazas externas que desafían al hombre.

En Egipto y Palestina, por ejemplo, los periódicos se hacen eco de unos rumores que declaran que el Mossad ha puesto en circulación chicles con hormonas femeninas destinados a inhibir la libido y la producción de semen. En África central y occidental, surgen historias de mujeres y hombres con facultades mágicas, capaces de robar los penes con un simple apretón de manos. Mientras tanto, en países como China, Tailandia o la India, se extiende entre los inmigrantes una enfermedad psicológica conocida como «koro». Esta consistiría en un cuadro de ansiedad generado por la sensación de que el pene y los testículos se reducían hasta desaparecer en su caparazón como tortugas.

El pene de los hombres occidentales no empequeñecía, pero sí que parecía incapaz de funcionar según las expectativas sociales. Se exigía disponibilidad constante y erecciones más allá de los cuarenta. Según McLaren, la revolución del viagra consistió en tratar la impotencia como una cuestión hidráulica: el pene necesitaba más sangre. Con ello no solo disminuyó la ansiedad de los hombres heterosexuales de mediana edad, sino que la sexualidad masculina se redujo a erección y penetración. En ese camino, además, se afianzaron los papeles tradicionales del matrimonio heterosexual: el hombre tenía que tomar la iniciativa sexual con un pene duro y la mujer debía aspirar al coito como único intercambio sexual. Para McLaren, el fondo de la cuestión sería que los hombres heterosexuales estaban sintiendo una emasculación —resquebrajamiento de la identidad masculina— debida a una serie de enemigos exteriores: la pérdida de puestos de trabajo, el auge del feminismo o los movimientos LGTB. Frente al «hombre nuevo» —feminista, confuso, cosmopolita y más abierto a la experimentación—, las farmacéuticas prometían la vuelta a una vieja, muy masculina y, ahora sí, fiable erección. Como muestra de ello, la revista *Playboy* saludó al nuevo medicamento con estas palabras: «El pene ha vuelto. Los sesenta pusieron al clítoris en el centro del escenario y transformaron al pene en un símbolo de la opresión masculina. Después de treinta años de tiranía clitoriana, millones de horas de *cunnilingus* y de orgasmos fabricados con pilas, viagra nos ofrece un regreso a un sexo centrado en el pene, "el gran dios Polla"».

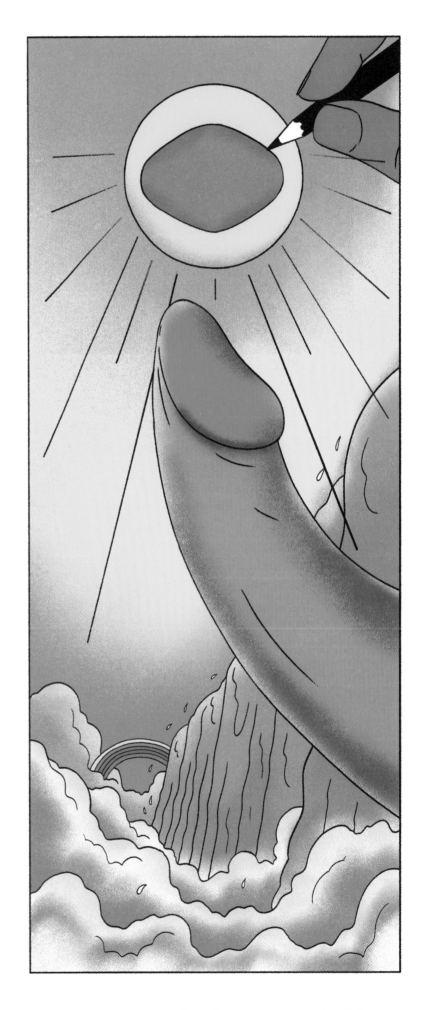

Madonna:
de «Like a Virgin» a embajadora del BDSM

Chuck Klosterman comenta en su libro *Sex, Drugs and Cocoa Puffs* (2003) que, cuando los intelectuales se ponen a hablar de iconos sexuales del siglo XX, el nombre más mencionado es Madonna. A nadie se le escapa que esta ha establecido el sexo como su seña de identidad con un explosivo cóctel cuyos ingredientes ha reformulado a lo largo de su carrera: iconografía religiosa, multiculturalidad, *bondage*, country o *new age*. Sin embargo, a Madonna el término *icono sexual* le queda aún más estrecho que el corsé que Jean-Paul Gautier le diseñó para el *Blond Ambition World Tour* de 1990. La artista, criada en los suburbios de Detroit cuando esta ciudad aún era una de las mayores fabricantes de automóviles, nunca se ha reducido a mero objeto. Es una cantante con vocación de agitadora cultural y con frecuencia su apasionada lucha contra los tabúes le ha traído problemas. Sin embargo, nada de eso la ha frenado.

Madonna alcanza la fama durante la década de los ochenta: su single «Like a Virgin» la entrona en las listas de éxitos y ella misma se encarga de destacar durante la gala de Navidad de la MTV. Ataviada como una novia, la cantante desciende de una enorme tarta e improvisa una suerte de baile erótico. Es 1984 y Madonna ha hecho una primera declaración de intenciones: no es ninguna virgen. Cinco años más tarde, el erotismo seudorreligioso del vídeo de «Like a Prayer» le cuesta un contrato millonario con Pepsi, y estrena la década de 1990 en medio de una gran polémica por las imágenes de «Justify My Love». El videoclip es censurado por la MTV y otras cadenas: *ménage à trois*, bisexualidad, sadomasoquismo... Ya no es una jovencita llena de encajes revolcándose, sino una mujer hecha y derecha que abandera su sexualidad de tal modo que espectadores, gestores y patrocinadores sienten vértigo. Hasta el papa Juan Pablo II se enfrenta a la artista.

¿La respuesta de Madonna? Lanzar una obra que casi acaba con ella: *SEX*.

Este fotolibro, cuyo título deja poco a la imaginación, contiene una serie de desnudos de la cantante en blanco y negro, y para muchos es la entrada de Madonna en la pornografía: las fotografías rezuman sadomaso, felaciones, *bondage*. Toda una imaginería puesta al servicio de la fantasía que la convierte en una embajadora cultural de la experimentación sexual. Y ella misma se encarga de aclarar las intenciones del libro en el prólogo: todo lo que está a punto de leer es un sueño. Y es que *SEX*, además de sus imágenes explícitas, contiene relatos, poemas y comentarios, muchos de ellos redactados como si se tratara de una carta a una revista pornográfica. Madonna habla sobre la fantasía de tener pene, sobre la necesidad de derribar tabúes, sobre la intención política de su identidad hipersexualizada. *SEX* la convierte en una figura autofabricada de la cultura popular, un pastiche de *kitsch*, pornografía y multiculturalidad. Las críticas le llegan desde todos los frentes, incluida la prensa musical.

Fietta Jarque afirma sobre *SEX* que a Madonna, como símbolo sexual, le hace falta una dosis de vulnerabilidad.

No es extraño que los iconos sexuales de la década siguiente sean más ingenuos: Britney Spears sí parece una colegiala en su álbum *...Baby One More Time* (1999), jugando a una fantasía heteronormativa mucho más prefabricada. Sin embargo, la veterana reina del pop no dejó que nos quedásemos con esa imagen de Britney: en los premios MTV de 2003 se encargó de estampar un beso con lengua en la boca del nuevo icono adolescente. La sorpresa del público solo se vio superada por la cara de Justin Timberlake, entonces pareja de Spears, cuyo gesto glacial reveló su postura. Una década después, Madonna animaba a Spears a repetir su morreo. Y es que, como afirma en *SEX*: «Mucha gente tiene miedo a decir lo que quiere. Y por eso no consigue lo que quiere».

SIGLO XXI

2000

2006 La ciudad de Jerusalén acoge la segunda celebración del WolrdPride. Lo que es criticado por asociaciones LGTBQ árabes como una estrategia de *pinkwashing*.

2001 La policía egipcia irrumpe en mayo en El Cairo en una fiesta ilegal gay que se celebra en el *Queen Boat*, lo que provoca una fuerte reacción internacional.

2006 La escritora francesa y extrabajadora sexual feminista Virginie Despentes publica su *Teoría King Kong*, hito literario en cuanto a la construcción del deseo y sus vericuetos. «La fantasía de la violación existe. Estoy segura de que son muchas las mujeres que prefieren masturbarse fingiendo que eso no les interesa, antes de saber lo que les excita. Esas fantasías de violación no me vienen *out of the blue*: se trata de un dispositivo cultural omnipresente y preciso, que predestina la sexualidad de las mujeres a gozar de su propia impotencia».

2007 Se publica el libro *Whipping Girl. El sexismo y la demonización de la feminidad desde el punto de vista de una mujer trans*, de la activista *trans* Julia Serano. La obra populariza el término *cisgénero* o *cissexual*, abreviado como *cis*, en referencia a las personas no *trans*, es decir, aquellas personas que están conformes con el género con el que fueron asignados-asignadas al nacer. Su origen se remonta hasta 1914, cuando aparece en la obra del sexólogo Ernst Burchard. A mediados de la década de 1990 se generaliza en los foros de internet de activismo *trans* y expertos como la bióloga Dana Leland Defosse y el activista Carl Buijs lo utilizan.

2008 El primer largometraje basado en la serie *Sexo en Nueva York* se convierte en la comedia más taquillera del año. La serie llevaba una década trasladando al público las historias de cuatro mujeres blancas y acomodadas que tratan de conciliar amor romántico y carrera profesional, soltería y sexualidad activa. Con un tono ligero a caballo entre el melodrama y la comedia romántica, el cóctel protagonizado por Carrie Bradshaw enamoró a telespectadoras de todo el mundo. La serie llevó a la pequeña pantalla y al gran público temas como los juguetes sexuales, los derechos reproductivos, la promiscuidad y la experimentación lésbica.

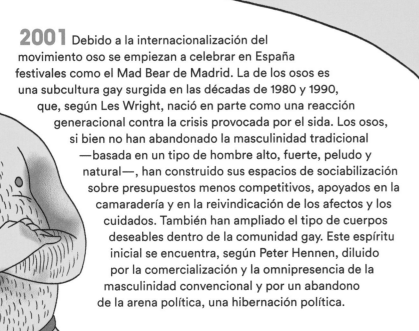

2001 Debido a la internacionalización del movimiento oso se empiezan a celebrar en España festivales como el Mad Bear de Madrid. La de los osos es una subcultura gay surgida en las décadas de 1980 y 1990, que, según Les Wright, nació en parte como una reacción generacional contra la crisis provocada por el sida. Los osos, si bien no han abandonado la masculinidad tradicional —basada en un tipo de hombre alto, fuerte, peludo y natural—, han construido sus espacios de sociabilización sobre presupuestos menos competitivos, apoyados en la camaradería y en la reivindicación de los afectos y los cuidados. También han ampliado el tipo de cuerpos deseables dentro de la comunidad gay. Este espíritu inicial se encuentra, según Peter Hennen, diluido por la comercialización y la omnipresencia de la masculinidad convencional y por un abandono de la arena política, una hibernación política.

2002 El periódico *The Boston Globe* saca a la luz numerosos abusos a menores perpetrados en el seno la Iglesia de Boston. Las agresiones sexuales por parte de sacerdotes y curas es una constante global que la Iglesia se ha esforzado siempre en tapar.

2004 La activista y fotógrafa Zanele Muholi inaugura su primera exposición, *Visual Sexuality*, en Johanesburgo. La muestra es un retrato de la comunidad LGTB de Sudáfrica, a cuya visibilización se consagra toda la obra de la hoy muy reconocida creadora.

2003 Se celebra por primera vez en Irán el Festival de la Voz. Cincuenta personas LGTBQ se reúnen en un chat anónimo para compartir sus experiencias. Con el mismo espíritu, blogs como IraQueer ejercerán como consultorios sobre seguridad digital y física para personas LGTBQ del país.

2008 El teórico Paul B. Preciado, autor de obras como *Testo yonqui* o *Manifiesto contrasexual*, organiza en Donostia el congreso FeminismoPornoPunk (FPP), referente de la llamada «pospornografía» en nuestro país.

2009

Década de 2000

Los 52 de El Cairo: sexualidad y globalización

El 11 de mayo de 2001, en El Cairo, se produjo uno de esos acontecimientos que sirven para constatar las contradicciones de los discursos contemporáneos sobre sexualidad. El *Queen Boat*, un barco que albergaba un casino ilegal y que era conocido por sus animadas fiestas —dignas de una ciudad cosmopolita como El Cairo—, fue víctima de una redada policial. Aunque la policía liberó a los extranjeros y a las mujeres, se detuvo a todos los varones egipcios, que fueron brutalmente torturados en prisión. Los apresados en el *Queen Boat* se sumaron a otro grupo de ciudadanos detenidos semanas antes en el transcurso de una campaña policial de lucha contra el vicio. Un total de cincuenta y dos hombres fueron acusados de *fujur*, que se podría traducir como «libertinaje» y que aludiría a las conductas homosexuales entre hombres en las que no media el dinero. Una acusación que podía acarrear penas de entre tres y cinco años de cárcel.

El estudioso Jedidiah Anderson, que ha analizado ampliamente la cobertura del caso, cuenta que, para una gran parte de la prensa europea y estadounidense, la cuestión se convirtió en un asunto de derechos humanos. Mientras tanto, los medios de comunicación árabes y la prensa egipcia dieron un tratamiento muy escabroso al tema y difundieron imágenes de los detenidos, a los que tacharon de pertenecer a una secta satánica. Según la prensa egipcia, realizaban bodas gais y veneraban al poeta homoerótico Abū Nuwās (siglo VIII) como si fuera un profeta. Muchos de esos medios aseguraban que la famosa fiesta del *Queen Boat* reflejaba la debilidad de una sociedad que había cedido ante los valores occidentales, ajenos.

La globalización cultural, que lo es también de los valores y las libertades sexuales, ha producido la confrontación de dos discursos: por un lado, el de los nacionalismos autoritarios, que han calificado la homosexualidad como antiárabe o antiafricana, y, por otro, la del activismo occidental de los derechos sexuales como valores humanos universales, cuya posición recibió por esos años una serie de críticas. Una de las más famosas fue la del profesor Joseph Massad, que expuso que en los países árabes no existiría nada parecido a la identidad gay, sino que habría un homoerotismo soterrado y permitido que no entraría en conflicto con los puntos de vista locales. Para Massad, las distintas asociaciones internacionales LGTBQ, todas dirigidas por hombres blancos —lo que llama «internacional gay»— trataban de imponer sus puntos de vista occidentales, mediante la creación de conflictos y la transformación de incidentes como el del *Queen Boat* en rebeliones con tanto significado como la de Stonewall.

Si bien las teorías de Massad han sido muy contestadas, resulta interesante pensar cómo la expansión internacional de la lucha por los derechos LGTBQ ha reforzado otra frontera, la que divide Occidente como paraíso LGTBQ y Oriente como infierno. Esa separación, reforzada por los ajusticiamientos de homosexuales por parte del Estado Islámico durante la siguiente década, no se ha visto tampoco enturbiada por la violencia contra la comunidad LGTBQ en Occidente, como la vivida en la matanza de la discoteca Pulse en Orlando en junio de 2016, en la que murieron cuarenta y nueve personas —la mayoría de origen hispano— o en el auge de ataques homófobos en las principales ciudades europeas. Así pues, si algo nos ha descubierto la globalización sexual del nuevo milenio es que la homofobia es un virus con gran capacidad de adaptación cultural.

Cuando los violadores llevan sotana

En 2002, el periódico *The Boston Globe* sacaba a la luz las decenas de casos de abusos sexuales cometidos por la Iglesia de Boston desde la década de 1980. Unos setenta sacerdotes pederastas fueron llevados ante el estrado, y se relataron casos tan espeluznantes como el de John Geoghan, párroco de Weston, que había forzado al menos a ciento treinta menores. Muchas de las víctimas eran de entornos muy precarizados: fue el caso de Patrick McSorley, cuya madre, diagnosticada de esquizofrenia, no lo tenía fácil para hacerse cargo de la familia. Patrick sufrió abusos durante años, al igual que los siete hermanos Dussourd, a cuya madre soltera y empobrecida se acercó Geoghan con la falsa pretensión de ayudarla con los niños. Una infancia vulnerable es la tónica habitual en los casos de abuso: en 2004 el Tribunal de Morón (Argentina) condenó al sacerdote Julio César Grassi por diecisiete casos de abuso sexual de menores; sus víctimas estaban a su cargo en la fundación Felices Los Niños. Tres años después se condenó al sacerdote Mario Napoleón Sasso por abusar de las niñas que acudían a su comedor comunitario.

A la usual precariedad de las víctimas se añade otra constante: la gran duración de los abusos, a menudo por la reticencia de la Iglesia a abrir investigaciones y a colaborar con la justicia. Por ejemplo: en 2002, en Chile, Francisco José Cox renunció a su actividad como sacerdote tras nada menos que diez años de denuncias. El agresor de Phil Saviano, el sacerdote David Holley, comenzó a abusar de él en 1970 y no fue detenido hasta 1993. Según Saviano, hoy coordinador de la Survivors Network of those Abused by Priests (SNAP), «hacerse sacerdote es un buen escondite para los pederastas». En 2018, los españoles Josep Maria Tamarit, Noemí Pereda y Gemma Varona —especialistas en derecho, psicología y criminología, respectivamente—, iniciaron un estudio sobre los numerosísimos abusos cometidos en el seno de la Iglesia española y la actitud de esta frente a ello. Todos coincidieron en la nula colaboración de la Iglesia en el esclarecimiento de la pederastia en España. Expertos en victimología añaden que la Iglesia no solo trata de enterrar estos casos, sino que, al hacerlo, impide la reparación económica a las y los supervivientes de unos abusos que generan depresión, conductas autolesivas, adicciones, ideas de suicidio, etcétera. Noemí Pereda añade que, según su investigación, el 42,1 por ciento de estas agresiones incluían la penetración y que en más de un 65 por ciento de las ocasiones los abusos se prolongaron durante años.

Routers y utopías: internet como comunidad global LGTBQ

Hubo un tiempo en el que los *routers* chillaban como grillos, se tardaba mucho en conectar con los servidores y se tenían que utilizar los ordenadores disponibles en los locutorios. Delante de un teclado manoseado y una pantalla parpadeante, estos espacios eran lugares esenciales para una gran parte de la juventud LGTBQ global: desde un chaval bisexual de la España rural hasta una lesbiana en una megalópolis china. Allí se iniciaba una de las búsquedas más importantes de su vida, aquella basada en la identidad y la pertenencia: la búsqueda de una comunidad virtual conformada a base de páginas web oficiales de distintos colectivos, blogs personales, los primeros servidores de chats y listas de correos sobre diversidad sexual.

El impacto y la función de internet en las luchas LGTBQ globales ha dependido de muchos factores. En Europa y Latinoamérica, sirvió para profundizar y crear vías de comunicación alternativas. Colectivos ya asentados (como el grupo lésbico LeSVOZ en México o el Grupo Gay de Bahía) emplearon internet para generar redes locales, dialogar, responder dudas y difundir información. Por otro lado, en los países asiáticos, internet sirvió para hacer relecturas *queer* de la enorme industria pop asiática, así como para difundir productos culturales LGTBQ considerados underground. Un ejemplo sería Les+, el único magacín lésbico en mandarín producido en China, o la novela *Ocurrió en Pekín*, un relato homosexual explícito creado y difundido online convertido en fenómeno global. En otros países, como los de Oriente Próximo, la lucha LGTBQ se desarrolló sobre todo en la red, debido a las diferentes persecuciones a las que sus activistas se enfrentan. En 2003 se celebra por primera vez en Irán el Festival de la Voz, en el que cincuenta personas LGTBQ se juntaron en un chat, sin desvelar sus nombres, para compartir experiencias.

Las limitaciones de esta herramienta a escala global son indudables y la más evidente es que internet está lejos de ser accesible de modo universal. De este modo, internet refleja los intereses de sus principales usuarios LGTB: hombres gais, jóvenes, urbanos y educados. Así, internet también crea exclusiones, como la de las personas que viven en ámbitos rurales. Especialistas de todo el mundo señalan el carácter de refugio de internet, pero también de escondite del ciberespacio: el «ciberarmario» crea un espacio relativamente seguro y confortable, pero puede evitar la movilización y la actuación en el ámbito local. Esa relativa seguridad se ve a la vez mermada por los insultos, las amenazas y la violencia verbal que muchas personas LGTBQ reciben en internet, incluso en foros cerrados en los que se infiltran personas homófobas.

Zanele Muholi documenta la comunidad LGTB del *posapartheid* sudafricano

Muholi nace en 1972, en pleno *apartheid*. No consigue tener una cámara hasta que es adulta, pero desde que la consigue sabe muy bien qué hacer con ella: se convertirá en activista, en una fotógrafa con finalidad política cuyas imágenes serán de una estética exquisita y artesanal. A los treinta años funda el Foro para el Empoderamiento de la Mujer, destinado a mejorar las condiciones laborales de las mujeres negras lesbianas de las áreas rurales. Mientras gestiona el foro, Muholi estudia fotografía en Newtown (Johanesburgo) y empieza a documentar con su cámara la vida de la comunidad LGTB sudafricana: sus fotografías se llenan de parejas que construyen su intimidad desde la alegría y el optimismo, pese a las violencias que sufren en el espacio público. Y es que en Sudáfrica el final del *apartheid* es solo aparente: el poder sigue en manos del hombre blanco, una herencia del colonialismo que mantiene un férreo *statu quo*. La comunidad blanca goza de una economía y unos medios muy superiores a la negra, y la segregación no ha dejado de tener vigencia, aunque no sea impuesta de forma institucional. Dentro de un contexto de opresión y pobreza, el colectivo LGTB negro se lleva la peor parte, pues el peso de la tradición religiosa africana se suma a la homofobia y al machismo, en muchos casos herencias coloniales. Tal vez la muestra más terrible

de cómo la norma heterosexual intenta imponerse sean las llamadas «violaciones correctivas»: agresiones sexuales en grupo por parte de hombres a mujeres lesbianas, basadas en la creencia de que la penetración las sanará de su sexualidad «desviada».

En su intento de generar un repositorio de las imágenes y vivencias de los miembros de la comunidad, Zanele alumbrará distintas exposiciones —la primera es *Visual Sexuality* (2004)—, con gran repercusión internacional, y se embarcará en proyectos como el inmenso *Faces and Phases*, en marcha desde 2006, con el que trata de documentar la existencia de las mujeres lesbianas y *trans* de Sudáfrica. En sus propias palabras, su intención es «reescribir la historia negra, *queer* y *trans* del país por medio de las imágenes, para que el mundo sepa de la existencia y la resistencia del colectivo LGTB sudafricano ante los crímenes de odio». En sus últimas series, Zanele vuelve la cámara hacia sí misma para reivindicar su negritud y sus raíces africanas. En 2009, la entonces ministra de Arte y Cultura, Lulu Xingwana, se manifestó en contra de su trabajo. Tres años más tarde, alguien entró en el piso que Muholi compartía con su pareja y robó su trabajo de los últimos cinco años: veinte discos duros entre los que había imágenes de funerales de crímenes de odio. Muholi consideró este acto un boicot a su actividad, pues no desaparecieron otros objetos de valor.

Posporno: discurso político, pornografía fallida

En un artículo para *Pikara Magazine*, la pensadora feminista Clara Serra afirma que «si la pornografía excita, lo hace porque apela a ese lugar oscuro que está previamente construido». Con esta frase, Serra otorga una definición certera del deseo y la fantasía sexual: estos no son algo construido por nosotros, sino una herencia cultural. Desde la década de 1970, con la normalización del cine porno gracias a filmes como *Garganta profunda*, un sector del feminismo ha tratado de apropiarse de lo pornográfico. Sin embargo, el objetivo de este experimento no es excitar, sino hacer política: subvertir roles y anhelos dentro del sexo audiovisual con el fin de que la realidad se contagie. El concepto de «pospornografía», como se conoce a esta vertiente, proviene del artista neerlandés Wink van Kempen, que lo usó para definir las creaciones sexualmente explícitas cuyo objetivo no era masturbatorio, sino paródico o crítico. Y... ¿si la despojamos del placer sexual, es la pornografía pornografía, o solo un producto cultural de la disidencia?

En España, el llamado posporno alcanza en la década de 2000 su mayor presencia. El colectivo Girls Who Like Porno, formado por María Llopis y Águeda Bañón, se encarga de dinamizar el diálogo en su página web. Desde allí reclaman otra pornografía, más allá del trinomio hetero-gay-bi.

En 2008, el teórico Paul B. Preciado, autor de obras como *Testo yonqui* o *Manifiesto contrasexual*, organiza en Donostia el congreso FeminismoPornoPunk (FPP). Allí se reúnen figuras relevantes del panorama posporno internacional, como la veterana Annie Sprinkle y el fotógrafo Del LaGrace Volcano, y artistas activistas del panorama estatal, como Llopis, las Post-Op y Diana J. Torres, creadora del llamado «pornoterrorismo». Este se define como «un puente entre *performance* y acción directa desde la sexualidad en el contexto capitalista».

Volviendo a Serra: «Tendría mucho cuidado con hacer una distinción por la cual las feministas debemos impugnar el porno y quedarnos con el posporno. Básicamente porque me parece que eso es quedarnos sin pornografía. Y hay algo políticamente subversivo en el placer y la afirmación del deseo femenino que podría quedar arruinado por el camino».

Así, que nadie se sienta una feminista o revolucionaria fallida si no disfruta de las propuestas del posporno: el deseo ya estaba ahí, agazapado en nuestra psique, acorazado por años y años de patriarcado. Y el deseo, además de constituir un evidente objeto de análisis, está hecho para disfrutarlo.

La instrumentalización de la lucha LGTBQ: del *pinkwashing* al homonacionalismo

Aswat es una de las organizaciones *queer* y feministas más activas del mundo árabe. Nacida como una lista de correo para poner en contacto a lesbianas en Israel y en Palestina, se ha convertido en un punto de encuentro entre personas que sufren distintos tipos de opresión: la homofobia y el colonialismo de la ocupación de Israel. Aswat han generado una gran cantidad de material en árabe y online sobre derechos LGTBQ, con glosarios o manuales de consejos para, por ejemplo, salir del armario con la familia. Aswat ha sido, además, un grupo muy activo contra las políticas de *pinkwashing* del Gobierno de Israel.

El término *pinkwashing* hace referencia a una táctica de distracción mediante la que un Gobierno, un partido político o una institución subrayan su apoyo al colectivo LGTBQ, con el fin de restar importancia y de disimular otro tipo de represiones. El principal ejemplo es el Gobierno de Israel, que se ha presentado como un defensor de la causa LGTBQ frente a las políticas de otros países árabes, mientras mantiene la violencia sobre el pueblo palestino. Las tácticas de *pinkwashing* se han visto materializadas en la marcha anual del orgullo de Tel Aviv o en la victoria de la cantante israelí Netta Barzilai de Eurovisión. Ambos acontecimientos se produjeron a la vez que se perpetraban matanzas y se producían incursiones armadas en Palestina.

Estas tácticas tampoco son extrañas en Europa o en Estados Unidos, donde, utilizadas por la derecha populista, reciben el nombre de «homonacionalismo». Este término, creado en 2007 por la feminista Jasbir K. Puar, hace referencia a la reivindicación de la diversidad sexual y los derechos LGTBQ para justificar políticas racistas y xenófobas, en particular contra el islam. En las últimas décadas, en Europa y en Estados Unidos, y dentro de la lógica del endurecimiento de las políticas antiinmigración, se han multiplicado los discursos que describen a los inmigrantes árabes como homófobos que ponen en juego las libertades occidentales. Esta batalla cultural estuvo protagonizada por el candidato gay neerlandés de extrema derecha Pim Fortuyn, así como por Milo Yiannopoulos, un agitador derechista que creó una plataforma LTGBQ a favor de Trump, con la idea de que un candidato progay debe llevar una política antiislamista diferente de la de los demócratas. Mientras tanto, en Francia, una encuesta de una red social gay revelaba que, en 2017, al menos un tercio de sus usuarios iba a votar a la ultraderechista Marine Le Pen, que llevaba años apelando a los votantes LGTBQ a pesar de su campaña contra el matrimonio igualitario. ¿Sus razones? La prometida estabilidad económica y su lucha contra una inmigración que asociaban a la homofobia.

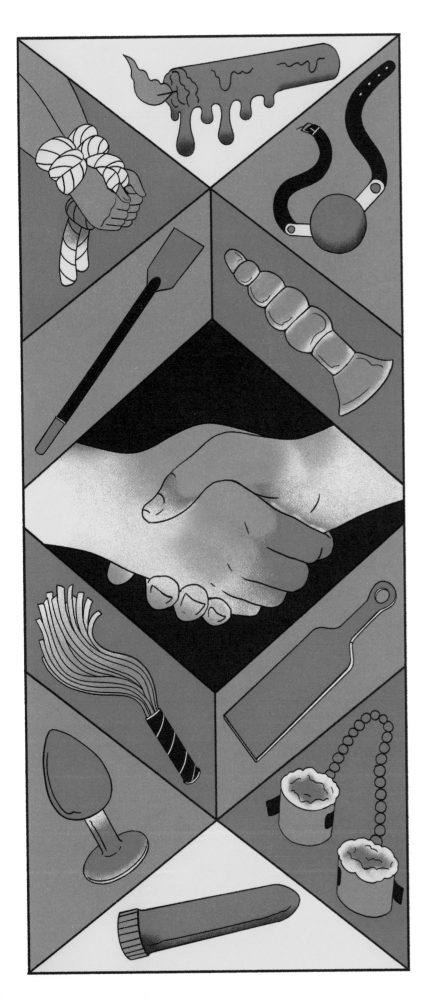

Sadomasoquismo y BDSM: de la pulsión al consenso

Hablar de sexualidad sin tratar el sadomasoquismo y el BDSM está descartado. Lo complejo es situarlos dentro de un eje cronológico, porque los roles sádico y sumiso parecen haber estado ahí desde siempre. El término *sadomasoquismo*, de hecho, aparece ya en el siglo XVIII, en la obra de Sade. Considerado como patología hasta el *Manual diagnóstico 5*, el sadomasoquismo se entiende hoy más como una práctica que como una pulsión enfermiza, sobre todo gracias a la normalización del BDSM y sus apariciones en la cultura popular. El límite está en la necesidad y el consenso.

La dominación del sadomasoquismo contiene determinadas prácticas y todo un amplio abanico en torno a la humillación y la sumisión. Aquellas erotizan las represiones típicas de la educación victoriana y reproducen gestos como el *caning* (azotes con varas). Aunque antes era algo minoritario, hoy no hay *sex-shop* que no venda artículos relacionados con el sadomasoquismo. La subcultura del *leather*, el fetichismo del cuero, llena este de accesorios y lo dota de una estética muy particular, y, aunque es la más conocida, no todo practicante del sadomaso se siente atraído por ella.

La genealogía del sadomaso tiene sus propias épocas: la de la vieja guardia y la de la nueva guardia. La primera comienza en torno a 1970 y está protagonizada por el colectivo gay, con *The Leatherman's Handbook* como libro de cabecera y la exigencia de no acercarse al sadomasoquismo como juego o experimentación. En la vieja guardia se rechazaba la posibilidad del *switch* —el participante versátil—, de forma que dominante y sumiso eran identidades fijas. Además, en la vieja guardia no eran muy fans de la *safeword*, la palabra acordada entre dominante y sumiso que este último puede invocar.

Y es durante la vieja guardia, en 1971, cuando nace The Eulenspiegel Society (TES). Todo comienza con Pat Bond, un profesor de música que, en un tabloide pornográfico (*Screw*), lanza la piedra que acertará de pleno en las sensibilidades de muchos de sus lectores. Esta es un anuncio que dice: «¿Masoquista? ¿Feliz? ¿Es incurable? ¿Ayuda la psiquiatría? ¿Se puede tener una vida satisfactoria? Existe la liberación de la mujer, de los negros, de los gais. ¿No es el momento de vincularnos?».

Aunque al principio la sociedad está formada solo por sumisos, pronto se vota para que entren los sádicos. Por supuesto, el sadomasoquismo es un juego de —al menos— dos personas. La Eulenspiegel editará también la revista *Prometeus* para informar y reflexionar sobre sadomasoquismo y para servir como tablón de anuncios por palabras.

Hasta ahora hemos hablado en masculino, pues, en sus inicios, el sadomasoquismo fue territorio de hombres homosexuales. Sin embargo, dado el contexto politizado en el que nace, pronto aparece The Society of Janus, en la que las mujeres tienen un papel importante. Sucede en 1974, en California, y en su seno surge Cardea, del que cuatro años más tarde saldrán las Samois. Esta asociación, la primera enteramente lésbica dentro del sadomasoquismo, será impulsada por figuras como Pat Califia y Gayle Rubin y se encargará de fomentar la aceptación de esta práctica dentro del feminismo.

La apertura del sadomasoquismo a las mujeres es el origen de una evolución más compleja. En torno a la década de 1990 nace la llamada nueva guardia, inclusiva y mucho más preocupada por el consenso que la vieja guardia. Aquella se abre al mundo hetero y lésbico y abandona la rigidez de roles y compromiso: se acepta a quienes se consideran *switch* y es posible enfocar las sesiones como un juego y no como un modo de entender las relaciones sexuales. Estas cuestiones darán lugar al BDSM. Pero ¿en qué se diferencia este del sadomasoquismo?

Como ya insinúan las siglas, BDSM es mucho más que sadismo y masoquismo: la B es de Bonda-ge, la D es de Disciplina y Dominación, la S es de Sumisión y Sadismo, la M es de masoquismo. Desde sus inicios, la comunidad BDSM va a poner el acento en la necesidad de consenso, introduciendo la ética como una parte importante de este tipo de relaciones. La *safeword* cobra importancia y siempre está a disposición de la parte sumisa. Esta preocupación llevará al concepto de SSC (Seguro, Sensato y Consensuado) que servirá de guía a la hora de enfocar las sesiones de BDSM. Este goza hoy de mucha aceptación social (hitos de la cultura popular como *Cincuenta sombras de Grey*, de E. L. James, lo han normalizado entre el público, con una gran presencia en los clubes de *swingers*). Aunque el BDSM tiene una amplia capacidad performática, a menudo acaba resultando más atractivo como marco en el que reproducir las relaciones de poder existentes. Algunos estudios han confirmado que existe una diferencia de género dentro del BDSM y señalan que solo en un tanto por ciento muy bajo las mujeres eran dominantes. La misma tendencia revelan los éxitos del *mainstream* relacionados con el sadomaso —el cómic *Historia de O*, de Guido Crepax, y las películas *Nueve semanas y media*, de Adrian Lyne, y *Cincuenta sombras de Grey*, de Sam Taylor-Johnson—, que siempre retratan a la mujer como la parte dominada de la relación.

Parece claro que, lejos de retar la norma social, a menudo las prácticas consideradas «alternativas» se limitan en realidad a reproducirla: resulta inevitable que el patriarcado configure el deseo de las mujeres, que nos haga anhelar unas prácticas determinadas y no otras, que se introduzca en aquello que consideramos marginal o disidente. No hay por qué renunciar al deseo por saberlo construido más allá de nuestra voluntad, pero es importante conocer a qué parte de nuestro cerebro interpela: a aquella en la que el deseo preexiste como un andamio casi imposible de derribar.

Cerrando el paraguas *queer*: nuevas formas de lucha

¿Nos podemos identificar con una etiqueta que busca borrar las etiquetas? Esta es una de las primeras preguntas que surge cuando nos aproximamos a las experiencias *queer*, un término que parte del activismo callejero y de la deconstrucción teórica. Originalmente el término *queer* haría referencia en inglés a algo «extraño» y se transformó con el tiempo en un insulto homofóbico que se podría traducir por «rarito», para acabar siendo reapropiado y reutilizado por el colectivo LGTB. Tal como se usa hoy está plagado de contradicciones que pueden resultar muy productivas en política: es un término antiidentitario, pero también hace referencia a un enorme grupo de personas; es utópico, pero está pegado a las luchas cotidianas; es difícil de definir, pero tiene una historia muy precisa.

En líneas generales, el término-paraguas *queer* surge en la década de 1980 con el trabajo conjunto de activistas VIH, de lesbianas feministas y de gais radicales que se unieron en la lucha contra la pandemia del sida y sus repercusiones en la comunidad LGTB. Esta lucha cristaliza en la década de 1990 con las acciones directas de grupos como Queer Nation, The Transexual Menace, The Lesbian Avengers (en Estados Unidos) y las de OutRage! (en el Reino Unido). Por medio de «besadas» en centros comerciales y tácticas de *outing* (sacar del armario, por ejemplo, a políticos reaccionarios desvelando su sexualidad), estos grupos denunciaron las políticas de los distintos gobiernos conservadores en esos países. Esa lucha amplió las reivindicaciones LGTB hasta incluir críticas al racismo o a la clase social. Este ir al origen de las opresiones coincide con un momento en el que la política institucional de los grandes grupos de presión LGTB pasa a ser más convencional y a estar más centrada en la consecución del matrimonio igualitario y en promover la tolerancia. Debido a ello, identificarse como *queer* estaría relacionado, políticamente, con la idea de salirse de las tácticas de asimilación e institucionalización de los colectivos LGTB y de la política basada en la identidad gay y lesbiana.

La identidad y superar sus limitaciones es otro de los elementos importantes del paraguas *queer*. A la vez que se producía un enfrentamiento con el poder, los activistas transformaron (y deconstruyeron) las identidades individuales y colectivas de las personas que participaban en ellas y popularizaron el término *queer*. A pesar de que los límites de esa identificación son muy difusos, podríamos decir que identificarse como *queer* haría referencia a personas que no están conformes con el actual orden sexual, personas que no se ajustan y que combaten las definiciones de género y sexo, el sistema binarista —que nos divide en hombre/mujer, femenino/masculino, homo/heterosexual, gay/lesbiana— y, de manera general, personas que desafían las normas heterosexuales. Junto con ello, y muy en la línea de la teoría que surge en la universidad en esos años (la «teoría *queer*»), se aboga por señalar que las categorías «homosexual» y «heterosexual» no son estancas, cerradas o naturales. J. Halberstam afirma que las identidades están construidas con materiales

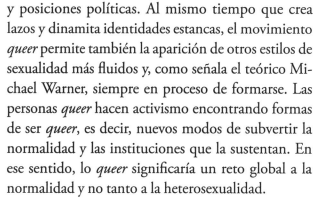

El término-paraguas *queer* surge en la década de 1980 con el trabajo conjunto de activistas VIH, de lesbianas feministas y de gais radicales que se unieron en la lucha contra la pandemia del sida y sus repercusiones en la comunidad LGTB.

muy distintos y no se pueden reducir a ser heterosexual/homosexual, por lo que subraya que con *queer* se hace referencia a aquellas sexualidades que no se definen por el género de su objeto de deseo. De manera amplia, Halberstam califica como *queer* a las minorías sexuales entendidas como no gais y no lesbianas (transexuales, transgénero, sadomasoquistas, fetichistas, *drag queens/kings*...). Esa unión de distintas sensibilidades ha dotado al término *queer* de un carácter solidario, que haría referencia a una comunidad de personas no heterosexuales que comparten problemas

y posiciones políticas. Al mismo tiempo que crea lazos y dinamita identidades estancas, el movimiento *queer* permite también la aparición de otros estilos de sexualidad más fluidos y, como señala el teórico Michael Warner, siempre en proceso de formarse. Las personas *queer* hacen activismo encontrando formas de ser *queer*, es decir, nuevos modos de subvertir la normalidad y las instituciones que la sustentan. En ese sentido, lo *queer* significaría un reto global a la normalidad y no tanto a la heterosexualidad.

La propuesta *queer* y el activismo derivado de él han recibido numerosas críticas. Entre las más socorridas están la de que esta aproximación no respeta las diferencias entre gais y lesbianas o la de que, aplicado en otros contextos culturales, sería una herramienta no muy útil que impondría una visión occidental a fenómenos culturales tradicionales que no lo necesitan. La teoría fruto de estas prácticas ha sido calificada como «obtusa» y «clasista». Durante los últimos años, ciertos grupos de la izquierda tradicional y una parte del movimiento feminista han convertido al colectivo *queer* es un chivo expiatorio de todo lo que va mal en la sociedad: el movimiento *queer* es capaz de dividir a la clase obrera y de borrar a las mujeres durante la misma semana gracias a sus alianzas con la industria farmacéutica (por la medicalización de las personas transgénero) y la red mundial de proxenetismo (por su apoyo a los derechos de las trabajadoras sexuales). Estos últimos y disparatados ataques nos recuerdan las palabras de Halberstam, que afirmaba que debemos dejar de utilizar el término *queer* como un paraguas para las minorías sexuales y empezar a usarlo para englobar propuestas de políticas sexuales radicales.

«I'm straight, but shit happens»: la erosión de la heterosexualidad masculina

Si existe algo parecido al cemento dentro de nuestra cultura sexual, omnipresente e invisible, monolítico y asumido, es la heterosexualidad masculina. Los hombres heterosexuales se encuentran en la cúspide de nuestra cultura: tienen programas televisivos en *prime time* y protagonizan la mayoría de las noticias. Esta presencia cultural está relacionada con el alto valor jerárquico de la masculinidad y con el hecho de que la heterosexualidad siempre ha sido considerada un fenómeno natural y biológico, no una construcción cultural. La heterosexualidad, asumida como natural, se ha presupuesto en todo tipo de personas. Construida contra la homosexualidad y contra toda clase de actos considerados desviados, la solidez de la heterosexualidad empieza a resquebrajarse en la época contemporánea.

En la segunda mitad del siglo XX, el feminismo reflexiona sobre la heterosexualidad como una institución política que asienta la opresión femenina, al decir de Adrienne Rich. Por otra parte, Judith Butler afirma que no existe nada natural en la heterosexualidad, que entiende como una serie de actos repetidos y representados continuamente. Asimismo, el movimiento gay reivindica la sexualidad como parte esencial de la identidad cultural y acaba desnaturalizando la heterosexualidad. En esa línea, en 1993, Michael Warner acuña el término *heteronormatividad*. Con este hace referencia a las instituciones, normas y prácticas que legitiman la heterosexualidad como natural. La heteronorma sería un mecanismo que domina toda la cultura, que universaliza y que privilegia el deseo heterosexual.

Estas reflexiones irán acompañadas por estudios o representaciones culturales que hablan sobre los límites de la heterosexualidad masculina y que marcan un cambio con respecto a los discursos tradicionales. Por ejemplo, desde la década de 1990, se acuña una categoría, los MSM («Men who have Sex with Men»), referida a los hombres que no se consideran gais, pero que mantienen relaciones sexuales con otros hombres. Dentro del amplio abanico de los MSM estarían los llamados *down-low*: hombres afroamericanos que mantienen relaciones sexuales con hombres pero no se identifican como gais y son reservados con sus prácticas.

En una línea similar, a partir de la década de 2000 se popularizan las historias denominadas popularmente «bromance». El término es una mezcla de *brother* y *romance*, en referencia al alto nivel de intimidad en la amistad entre dos hombres, que, en el caso del *bromance*, compartirían un vínculo profundo pero no sexual. El *bromance* se populariza en películas sobre hombres solteros disfuncionales como *Te amo, brother*.

En 2015, la feminista Jane Ward publica el libro *Not Gay. Sex between Straight White Men*. Ward parte de la idea de que el contacto homosexual constituye un elemento esencial de la cultura de los hombres heterosexuales blancos y afirma que se produce no solo en instituciones devaluadas como las cárceles sino en fraternidades y urbanizaciones de clase alta. Para Ward, la aparición de nuevas etiquetas como la de «heteroflexible» nos habla del carácter accidental y sin sentido de ciertos actos sexuales que no tienen por qué afectar a la identidad sexual. Para estas nuevas generaciones, las fronteras entre identidades no estarán tan marcadas para excluir la experimentación.

La masculinidad heterosexual, considerada hegemónica, es una de las manifestaciones sexuales y sociales más arraigadas en nuestro imaginario y la que parece que acepta menos variaciones. A pesar de su carácter monolítico, no debemos desestimar el valor de erosión de las nuevas costumbres y los nuevos discursos. Porque, como decía un usuario de la página web <urbandictionary.com> a la hora de hablar de sus experiencias sexuales: «I'm straight, but shit happens» ('Soy hetero, pero estas mierdas pasan').

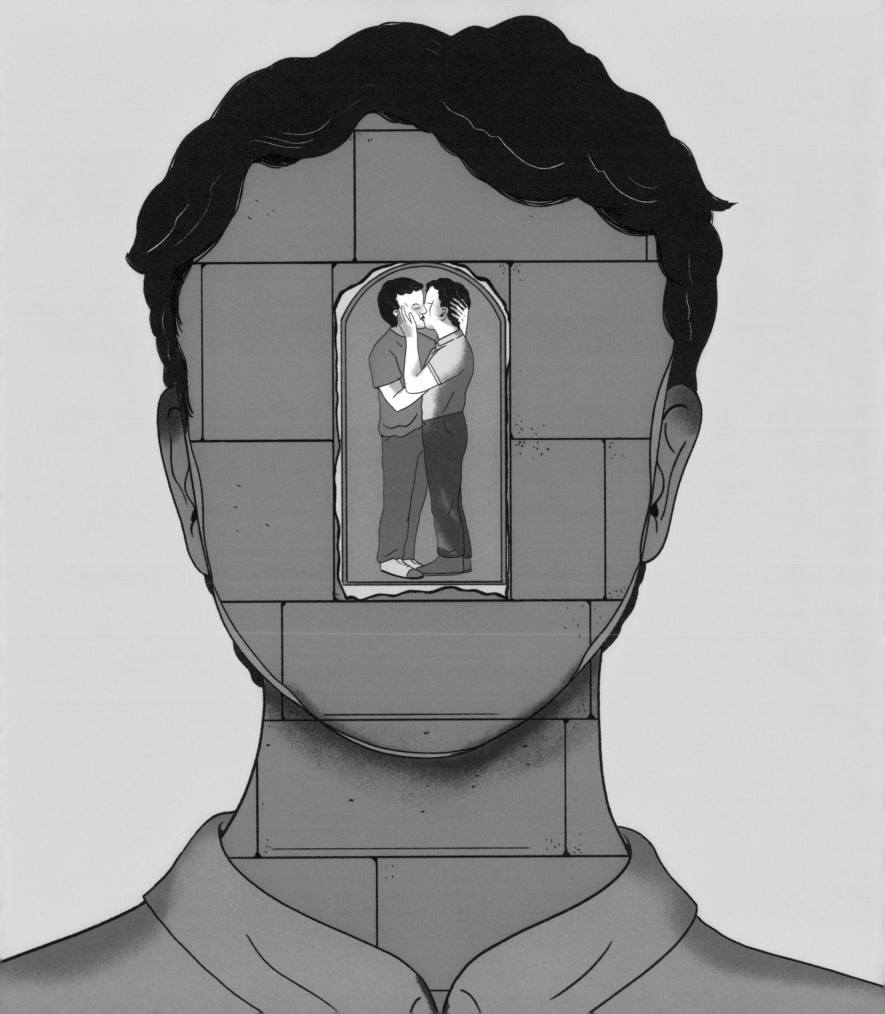

2010 La segunda temporada de RuPaul's Drag Race (RuPaul) corona a Tyra Sanchez como ganadora, por representar de manera excepcional los valores de «Charisma, Uniqueness, Nerve & Talent» (CUNT). Este programa de telerrealidad, evento televisivo LGTBQ por excelencia cuya popularidad marca toda la década, logrará crear su propio estrellato y hará del *drag* una forma artística presente en la cultura mayoritaria a escala internacional. A pesar de que el programa ha suscitado polémica por defender una visión del *drag* muy conservadora y mostrar ciertas reticencias a la participación de mujeres *trans* (RuPaul mantenía que el *drag* se centra en hombres *cis* vestidos de mujeres), su éxito ha abierto la televisión al reflejo de vidas de personas de color homosexuales. Además, programa tras programa, no ha dejado de lanzar un mensaje subversivo: el género es artificial, una obra que representamos cada día y en la que podemos ser tan creativos como queramos. En 2021 se estrenaba la versión española del programa.

2012 Se aprueba en Estados Unidos la terapia preventiva contra el sida (PrEP, profilaxis previa a la exposición) en adultos que no estén diagnosticados con VIH pero que tengan posibilidad de contraerlo.

2014 La actriz Laverne Cox, estrella de la serie *Orange Is the New Black*, protagoniza la portada de la revista *Time*. Es la década de la engañosa visibilidad *trans*.

TIME
THE TRANSGENDER TIPPING POINT

2016 El suicidio de la italiana T. C., acosada en redes con insultos y burlas, tras la viralización de un vídeo sexual grabado por su expareja, abre el debate sobre la pornovenganza y sus consecuencias para la vida social y la salud psicológica de las mujeres.

2017 El diario opositor ruso *Novaya Gazeta* lanza las primeras noticias sobre la detención de gais en la República de Chechenia. El país, considerado inexpugnable por algunas organizaciones humanitarias, habría aplicado fuertes medidas represivas contra los homosexuales e incluso habría instigado a las propias familias a que acabaran con sus miembros homosexuales. Las escasas noticias que nos han llegado hablan de hombres detenidos, entre cuarenta y cien, cuyos móviles no solo fueron utilizados como pruebas de su homosexualidad, sino también para acceder a su red de contactos. Se tiene constancia de que estos hombres sufrieron detención y tortura en un campo de concentración en la región de Argún y de que fueron obligados a denunciar a otras personas. Algunos de ellos se suicidaron, otros están desaparecidos y otros fueron asesinados por sus familias. Las distintas oleadas de detención de homosexuales han alcanzado incluso a figuras públicas como el cantante Zelim Bakáyev, desaparecido desde agosto de 2017.

2012 Aterriza en nuestro planeta Tinder, la nave nodriza de las relaciones sexoafectivas en el mundo digital.

2013 El III Foro Intersex Internacional firma en La Valeta la declaración de Malta, que tiene como uno de sus ejes principales el respeto a la integridad y la autonomía física, así como el derecho a la autodeterminación de género. Uno de los campos de batalla esenciales de la comunidad *intersex* es acabar con las intervenciones quirúrgicas que se producen en los primeros meses del nacimiento con el fin de normalizar la anatomía genital del recién nacido. Junto con ello se denuncia el aborto selectivo de los fetos identificados como *intersex* y se exige la despatologización de la condición, así como la flexibilidad del sexo en el registro civil.

2015 Una encuesta de YouGov, firma internacional de investigación de mercados y análisis de datos basada en internet, señala que la mitad de los jóvenes ingleses entre dieciocho y veinticuatro años afirman no ser cien por cien heterosexuales.

2017 Se publica el libro *99 preguntas clave sobre ChemSex*, obra de los médicos Ignacio Pérez Valero y José Luis Blanco Arévalo encargada por GESIDA (Grupo de Estudio de Sida). Entre sus capítulos hallamos, por ejemplo, uno dedicado a las interacciones entre las drogas usuales en las *chemsex* y los fármacos antirretrovirales.

2019 Gabriela Wiener, escritora peruana residente en Madrid, estrena su obra de teatro *Qué locura enamorarme yo de ti*, en la que repasa sus experiencias e ideas sobre la relación poliamorosa que mantiene con el escritor Jaime Rodríguez y la activista Rocío Bardají. Por medio de esa pieza teatral, Gabriela subraya que la exclusividad sexual no es necesaria para crear lazos afectivos significativos y presenta el «poliamor» como un tipo de relación basada en el consentimiento mutuo, la comunicación abierta y la igualdad de género. Con un carácter muy humano y cotidiano, Wiener analiza también los límites de su relación: las crisis de pareja, la aparición de los celos y el peso del amor romántico y la monogamia presentes en los boleros y en los cuentos de hadas.

2019

Década de 2010

PrEP y otras variaciones en torno al sexo seguro gay

El concepto de «sexo seguro» siempre ha sido reinterpretado y contaminado por prejuicios morales. Por ejemplo, en los primeros días del sida la importancia de los fluidos se combinaba con discursos sobre los excesos sexuales de la década de 1970 y políticas de cierre de espacios como saunas gais que eran vistas como focos de infección. En 1983, aparece en Nueva York una de las primeras publicaciones que hablaban del sexo seguro: *How to Have Sex in an Epidemic*. El libro de Michael Callen y Richard Berkowitz, fue escrito en medio de una situación tremendamente compleja: en el centro de una crisis sanitaria, y sin demasiada información científica. A pesar de sus errores —como centrarse en los estilos de vida más que en los actos sexuales y recomendar la masturbación—, este texto fue uno de los primeros en presentar una visión positiva del sexo en plena pandemia.

Ante la inacción de los gobiernos, el tema del sexo se convirtió en un campo de batalla cultural de primer orden durante los ochenta y pasó a ser un tema político para grupos como ACT UP: follar protegidos era un modo de hacer política y ética en común. A finales de esa misma década, el tema del sexo seguro se institucionalizó por medio de una serie de campañas gubernamentales internacionales. En España, la más famosa fue la de 1990: «Póntelo. Pónselo». Su *spot* sobre una clase de instituto acabó en los tribunales. En todas estas campañas, el público homosexual estaba implícito: se tardó dieciséis años (2006) en promover una campaña gubernamental destinada a ese sector de la población.

La institucionalización del concepto de «sexo seguro» ha acabado reduciendo este al uso del condón. Si bien se trata de un elemento clave, diferentes estudiosos, como Brian Heaphy, han señalado que es un asunto más amplio relacionado con la responsabilidad, la autoestima, la sensación de pertenencia a una comunidad o los imaginarios sexuales. Bien es cierto que, desde mediados de 1990 y con una serie de avances como el uso de antirretrovirales que han cronificado el sida, se ha producido la multiplicación de representaciones sobre el sexo sin protección, conocido como *barebaking* —«a pelo»—, lo que ha provocado un amplio debate sobre el tema.

Estos actos y representaciones se han visto, a su vez, modificados por la aparición de una serie de drogas profilácticas conocidas como «terapias PrEP», que evitan la transmisión del VIH y prometen revolucionar el sexo homosexual. Si, por un lado, las terapias de prevención como las de la farmacéutica Truvada han llevado a acuñar epítetos peyorativos como el de «Truvada whores», en referencia a gais muy activos sexualmente debido al uso de aquellas, por otro, el escritor y activista VIH Miguel Caballero ha hablado en contra de esa medicalización del sexo gay en «El macho antirretroviral». Caballero señala cómo el PrEP, en determinadas comunidades, crea una diferenciación entre gay responsable e irresponsable. Afirma: «Lo que sí me gustaría es que fuéramos más críticos con los discursos que estamos ayudando a crear en torno a esas pastillas, si damos por hecho que quien no las toma es "peligroso", "no es normal", "no es responsable". El peligro es que estemos reproduciendo las taxonomías que décadas atrás nos han tratado a nosotros como desechos».

De las casamenteras a las *dating apps*

La de 2010 es la década de la generalización de las *dating apps*, destinadas a encontrar a alguien con quien tomar café, practicar sexo oral o subir al altar. La pionera fue Badoo, en 2006, destinada a la búsqueda de pareja, con opciones tan estrafalarias como la de localizar a «tus clones» basándose en el reconocimiento facial de tus fotos. ¿Deseas concebir hijos clavaditos a ti? Lo tienes fácil. Hay apps más conservadoras, herederas de las agencias matrimoniales: Meetic, eHarmony, Plenty of Fish (POF) y OkCupid tienen la compatibilidad como prioridad, por lo que hacen rellenar un extenso formulario y recomiendan evitar los filtros de belleza —al amor se acude con las cartas sobre la mesa—. La ambición de estas aplicaciones, auténticos repositorios de heteronormatividad, es crear relaciones estables: en eHarmony se anuncian como los celestinos de seiscientos mil matrimonios. Sin embargo, la aplicación que tocará el cielo del ligoteo digital es Tinder: es gratuita y sencillísima de usar, prescinde de formularios y va directa al hueso duro de la atracción: la imagen. El gesto lateral de pasar las fotos de los usuarios de Tinder como en un bufet se ha hecho universalmente famoso. Con el dedo índice reproducimos las dinámicas del capitalismo: la oferta desmesurada, el siempre-más, la falta de tiempo, la decisión superficial... No nos pongamos exquisitos: para una noche de sexo solo se necesitan ganas y un condón.

A Tinder le han salido versiones lésbicas, como Wapa o HER, y variantes feministas como Bumble o Adopta un Tío. En esta última solo las mujeres pueden iniciar las conversaciones y hasta tienen un blog (LAB) con información sobre poliamor, *squirt*, BDSM, etcétera: un espacio para la mujer moderna. Sin embargo, hay una aplicación de ligue que no solo ha transformado el modo en que nos relacionamos en el terreno sociosexual, sino también la representación identitaria de todo un colectivo. Hablamos de Grindr, la versión gay de la aplicación más famosa: un catálogo del que gais ciclados e hipermasculinos han expulsado toda forma de feminidad o pluma y han creado un panorama de estética heterosexual y de raza blanca. Son usuales las exigencias del tipo: «Pluma no, nenazas no, solo machos, asiáticos no». Y aún más: los hay que buscan en Grindr compañeros sexuales dentro del armario. Mientras la generación X hace del mundo un lugar más *queer* y del género un territorio más fluido, Grindr es un espacio tomado por la mística del macho. ¿Una misión para la siguiente década? Emplumar Grindr, desterrar al macho.

Bisexualidad: de la invisibilidad a la generación más bi de la historia

La activista bisexual Robyn Ochs escribió, quizá, una de las definiciones más amplias del término *bisexualidad*: «Me llamo a mí misma bisexual porque reconozco que tengo en mí misma el potencial para sentirme atraída, romántica o sexualmente, hacia personas de más de un sexo o género, no necesariamente al mismo tiempo, de la misma manera o en el mismo grado». Esta definición, que intenta subvertir el binarismo y presenta la atracción como un fenómeno fluido, resume muchos de los puntos de partida del movimiento bisexual.

Desde la década de 1970, el movimiento bisexual ha intentado crear un espacio político e identitario dentro del movimiento LGTBQ, para lo que ha forjado fuertes alianzas con el feminismo *sex-positive*. Para la estudiosa Shiri Eisner, autora de *Bi. Notes for a Bisexual Revolution* (2013), este espacio se definiría por su amplitud e inclusividad, ya que considera que el término *bisexual* es un paraguas bajo el que se puede crear una solidaridad entre todo tipo de identidades y sensibilidades: desde las personas fluidas hasta los que se cuestionan su sexualidad o los «otros» bisexuales, como los casados dentro del armario.

Una gran parte del activismo bisexual se ha centrado en luchar contra ciertos prejuicios que forman la base de la bifobia, entre los que podemos destacar la promiscuidad, por el que los bisexuales son descritos como hipersexuales y promiscuos. Dentro de esa lógica, son considerados parejas desleales —incapaces de contentarse con un género— y de alto riesgo en cuanto a la transmisión de enfermedades venéreas, lo que sirve para afianzar su fama de narcisistas y superficiales. El profesor Christian Klesse señala que, además de este prejuicio, existe la creencia de que la bisexualidad no existe: o es una fase de transición o es un autoengaño (en realidad la persona es gay o lesbiana), lo que remitiría a la idea de que los bisexuales «permanecen en un estado de inmadurez, incapaces de averiguar su (supuesta) verdadera orientación». Otro de los prejuicios es que los bisexuales tienen el privilegio de poder elegir entre ser heterosexuales o gais/lesbianas y que, por ello, siempre elegirán un estilo de vida heterosexual. En relación con el colectivo LGTBQ, las personas bisexuales pueden ser vistas como aliados poco fiables o traidores.

La profesora de psicología Corey Flanders, que ha estudiado la salud mental de personas no monosexuales, ha señalado dos causas básicas para los altos niveles de estrés que viven ciertas personas bisexuales: la primera es la de la invisibilidad. En general solemos identificar la orientación sexual de una persona según el género de su pareja (si es que la tiene), lo que pueden llevar al borrado bisexual, es decir, a la omisión de la bisexualidad, que como orientación tendría menos marcadores sociales. Junto con la invisibilidad, Flanders también ha señalado la falta de una comunidad bi fuerte capaz de desarrollar una identidad positiva, lo que supondría una fuente de autoestima.

A lo largo de las dos primeras décadas del nuevo milenio, y con el uso masivo de las redes sociales, el silenciamiento bisexual ha empezado a romperse, en particular entre la generación conocida como «millennial» (los nacidos entre 1981 y 1996) que ha creado un animado debate online alrededor de la bisexualidad y la importancia de la autoidentidad.

La trampa de la visibilidad *trans*

Uno de los grandes temas que marcaron la década de 2010 fue el de la visibilidad *trans*. La lista de nombres y hechos relacionados con la presencia mediática *trans* es interminable y se produce en ámbitos culturalmente muy alejados: desde la apertura de Miss Mundo a las participantes *trans* (en 2018 Angela Ponce gana Miss España) hasta el emocionante discurso de la directora Lana Wachowski al recibir un premio humanitario. A esa lista de nombres tenemos que sumar a Chelsea Manning, la exmilitar responsable del filtrado de documentos de WikiLeaks, que se enfrentaba a un calvario en la prisión en 2013. En el otro extremo del espectro político, la antigua medallista y matriarca de la saga de las Kardashian, Caitlyn Jenner, ocupaba la portada de *Vanity Fair* con el anuncio su transición en 2015. La década, que terminó en 2020 con una potente declaración del famoso actor Elliot Page, estaba llena de noticias y logros sobre personas *trans* que se visualizaron en la portada de la revista *Time* protagonizada por la actriz Laverne Cox que resumía la celebración mediática del colectivo: «The transgender tipping point» ('El punto de inflexión *trans*').

La variedad de experiencias de las personas *trans* se había visto tradicionalmente reducida a una serie de ficciones mediáticas que trataban a este colectivo como bromas, asesinos o freaks. Esta tendencia empieza a cambiar gradualmente durante la década de 2010, con series como *Pose* (2018), con la telerrealidad —por ejemplo, la portuguesa Nadia Almada ganó el *Gran Hermano* británico de 2004— y, sobre todo, con internet. En las redes sociales, miles de personas *trans* (de cualquier edad, condición social y número de seguidores) han narrado sus experiencias por medio de fotos o vídeos cortos.

El especialista Anson Koch-Rein, en su artículo sobre el auge de la representación *trans* —«Representing Trans. Visibility and Its Discontents»— exponía lo engañoso que puede ser considerar esa década como la de la visibilidad *trans*. Para este autor la mayoría de las representaciones que acabamos de mencionar estaban construidas desde una mirada que no era *trans*. Debido a esto, la mayoría de las imágenes de personas *trans* que han sido difundidas por los medios de comunicación mantienen el binarismo hombre-mujer: representan a personas hipermasculinas o hiperfemeninas y ocultan todo tipo de rasgos que puedan ser considerados ambiguos —a excepción de, por ejemplo, la imagen de los hombres embarazados, como es el caso de Thomas Beatie.

Además, Koch-Rein señala que, si bien las representaciones son importantes porque hablan de vidas que merecen ser vividas, para muchas personas *trans* esa hipervisibilidad puede resultar problemática por constituir una fuente de violencia. Al mismo tiempo y de manera paradójica destaca que esta proliferación de representaciones no ha hecho disminuir la violencia tránsfoba que afecta de manera desproporcionada a las personas en situación precaria y, en particular, a las de color. Koch-Rein concluye que la visibilidad no puede igualarse sin más a la aceptación social o institucional, sobre todo si tenemos en cuenta que muchos de esos relatos se producen en un mundo que vive el auge de populismos de derechas como el de Donald Trump. España, por desgracia, es un ejemplo de este tipo de debates. Los virulentos ataques que el colectivo *trans* está sufriendo —en redes sociales, desde la clase política y desde determinados sectores del feminismo— sobre la base de la conocida como ley *trans* dejan poco espacio para celebraciones.

«¡Eh, mira, la chica de la foto!»: *sexting* y pornovenganza

Desarrollo tecnológico, machismo, falta de educación sexual y laguna legislativa: estas son las cuatro patas de la pornovenganza, una de las caras más negras de la hipercomunicación digital. El acoso social y hasta mediático al que son sometidas las víctimas de la pornovenganza puede conducir a la depresión y al suicidio. Destrozar una vida está a un solo *share* de distancia. Ya en 2012 A. T., adolescente canadiense, se ahorcó debido al acoso sufrido tras la viralización de un vídeo en el que enseñaba los pechos —¡los pechos!—. Antes de quitarse la vida, publicó un vídeo en el que explicaba el sufrimiento psicológico al que había estado sometida. Sin embargo, no parece que su llamada de atención tuviera repercusión. Tres años más tarde, en Italia, T. C. vio cómo un vídeo íntimo grabado por su expareja saltaba de teléfono en teléfono e invadía la prensa y el debate público. T. C. recibió amenazas de muerte, fue acosada en la calle, tuvo que abandonar su trabajo y su pueblo. Denunció a los hombres que habían filtrado el vídeo, a las empresas que habían permitido su difusión. Hasta inició un proceso de cambio de nombre, que nunca concluyó. Y no lo hizo porque, pese a que el juez dictaminó que su derecho al olvido merecía el borrado exhaustivo del vídeo en internet, también la condenó a pagar las costas del juicio. Al fin y al cabo, ella tenía la culpa: ella había consentido ser grabada. T. C. se suicidó esa misma semana.

Hay tantos casos que necesitaríamos otro libro para enumerarlos. Sin embargo, todos tienen unos ingredientes comunes: una rampante misoginia y una visión de la sexualidad y del placer femenino como algo vergonzoso que debe ser castigado. En el caso de V., una trabajadora de Iveco que se quitó la vida tras ver cómo un vídeo grabado junto a su expareja se difundía por su empresa, los expertos lo tienen claro. El sexólogo Iván Rotella afirmó que «si se hubiera tratado de un hombre, habría risas y le llamarían campeón» y entendió la muerte de V. como «una alarma más de nuestra evidente sociedad machista». Sin embargo, no todo es oscuridad: la estudiante yucateca Ana Baquedano, víctima de una pornovenganza, se convirtió en una activista contra la difusión de imágenes íntimas y consiguió que se legislara contra la pornovenganza en Yucatán. Aunque estos avances en la legislación son imprescindibles, solo revelan otra triste realidad: que el fondo del asunto solo se resolverá con una educación en valores que respete el deseo de hombres y mujeres por igual, algo que, parece, no termina de llegar.

Sexo, drogas y espacio privado: luces y sombras de las *chemsex*

Al igual que el *cruising*, las *chemsex* son un producto de la subcultura gay urbana, siempre ligada a las grandes ciudades. Para que el sexo con desconocidos sea posible, se precisa de una gran cantidad y variedad de estos.

Al principio, en las décadas de 1969-1970, los encuentros sexuales grupales podían producirse tras una celebración, en una feliz variación del típico «¡Todos a mi casa!». Sin embargo, desde las décadas de 2000 y 2010 —pasados los años más amargos del sida y ya popularizado internet—, el panorama sexual cobra nueva forma con las *chemsex*: reuniones acordadas online y celebradas en el ámbito privado, en las que el uso de las drogas y el sexo se perfilan como dos grandes atractivos. Las *chemsex* o PnP (Party and Play) pueden durar varias jornadas e implicar a un elevado número de parejas sexuales. Las drogas —ilegales y legales— se usan para lograr una mayor estimulación, desinhibición y capacidad sexual: MDMA (éxtasis), mefedrona, GHB (éxtasis líquido), ketamina, *popper*, viagra... El menú es amplio y la noche, joven. Ahora bien, además de lo obvio –placer sexual y placer estupefaciente–, ¿qué ofrecen las *chemsex* a quienes intervienen en ellas?

Para empezar, aunque el *cruising* y la *chemsex* estarían relacionadas por ser dos experiencias sexuales colectivas, se situarían en dos lados muy distintos del espectro. El *cruising* es contestatario: invade el espacio público, se apropia de él. Las *chemsex*, sin embargo, proporcionan anonimato e intimidad. El especialista Kane Race, en su obra *Pleasure Consuming Medicine. The Queer Politics of Drugs*, habla de cómo en estos encuentros se elimina la mirada ajena y el juicio público (y la ansiedad que este conlleva) y de cómo las drogas reducen la culpabilidad del deseo gay en quienes sufren homofobia interiorizada, pues estos últimos pueden abandonarse al placer sin verse fustigados por la voz metomentodo de la heteronorma.

Las asexualidades tienen muchos sabores

Las asexualidades y la gran variedad de personas que no han experimentado atracción sexual siempre han estado presentes en nuestra historia. Durante el siglo XX, este tipo de comportamientos van a ser examinados bajo el microscopio médico, el cual transformó la falta de deseo en un síndrome: el trastorno del deseo sexual hipoactivo (TDSH). Apoyadas en ese tipo de discursos médicos se elaborarán una serie de etiquetas como la de «lesbian bed death», un concepto de los ochenta sobre la supuesta disminución de la actividad sexual en las relaciones lésbicas estables. Al mismo tiempo, las relaciones heterosexuales se van a llenar de consejos y cachivaches sexuales para aligerar la monogamia. Dentro de la misma lógica, la industria farmacológica lanzó en 2015 el Addyi, el «viagra femenino», una pastilla de «color rosa», cuyo principio activo es la flibanserina, destinada a acabar con el fantasma de la frigidez. (Eso sí, solo antes de la menopausia, ya que después no haría efecto.)

A principios del nuevo milenio, y frente a esa sexualidad compulsiva, surgen las identidades asexuales alrededor de una serie de iniciativas como la Asexual Visibility and Education Network (AVEN), la primera comunidad online de asexuales. Fundada por David Jay en 2001, la AVEN cobrará especial protagonismo en la década siguiente por su labor de visibilidad, educación y reivindicación. Aunque el nuevo milenio es una época de matizaciones, ¿cómo podríamos definir la asexualidad? La AVEN.es señala que «asexual es la persona que no experimenta atracción sexual hacia otras personas». Para Ela Przybyło, lo importante de esta definición es que concibe la asexualidad como una orientación sexual de carácter involuntario, lo que le hace ganar visibilidad y complicar las otras orientaciones (homosexual, heterosexual o bisexual): se puede ser asexual y homosexual. Al mismo tiempo, los discursos asexuales diferencian la atracción romántica de la sexual y señalan que este último aspecto no es ni esencial ni obligatorio para las relaciones íntimas e interpersonales. A partir de esa definición, el discurso asexual está lleno de interesantes matices con una rica terminología asexual:

- Ace: modo coloquial de referirse a la asexualidad.
- Alosexual es lo opuesto a asexual. Es decir, una persona alosexual es aquella que experimenta atracción sexual hacia otras personas.
- Amatonormatividad: la asunción de que el amor romántico es una experiencia válida y deseada universalmente. Este concepto perpetúa la afobia, es decir, la discriminación y el silenciamiento de las personas asexuales a las que se considera enfermas, rotas o egoístas. Esta afobia puede tomar muchas formas: sexo coercitivo, intervención médica o psicológica, fetichización de las personas asexuales o preguntas impertinentes.
- Arromántico (coloquialmente, «aro»): es una persona que experimenta un interés bajo en las relaciones románticas y prioriza las de amistad.
- Atracción: término básico para la comunidad asexual, sobre todo en la diferenciación entre atracción sexual y romántica. Junto con esos dos grandes ejes se incluye la atracción intelectual, la estética, la sensual y el «arrobamiento», que es definido por la AVEN.es como «una atracción que no es ni romántica ni sexual, una atracción afectiva no romántica intensa o peculiar». Lo interesante de esa desvinculación con la atracción sexual es cómo las orientaciones pueden cruzarse: puede haber homosexuales heterorrománticos (un chico gay que tenga una relación sentimental muy profunda con una de sus amigas) y, a su vez, heterosexuales homorrománticos (hombres que construyan sus sentimientos solo alrededor de otros hombres).

- Demisexuales: personas que solo experimentan atracción sexual después de formar un vínculo emocional. Este término, que haría referencia a una asexualidad romántica, es interesante porque nos indica que la asexualidad no es monolítica y no está definida por los actos sexuales: los asexuales pueden (o no) masturbarse, del mismo modo que pueden sentir repulsión hacia el sexo, indiferencia o ser favorables a distintos actos por diferentes razones (como tener una pareja).
- Gris-sexualidad: según AVEN.es nos hablaría de personas que «experimentan atracción sexual hacia otras solo bajo unas limitadas y específicas circunstancias u ocasiones», es decir, se sitúan en el espectro entre asexual y alosexual, pero definidos por una atracción baja. Entre los ejemplos se encuentran personas que solo sienten atracción sexual por cuestiones de correspondencia (demisexuales) o los que solo la experimentan con desconocidos.

Para Ela Przybyło, las diversas experiencias asexuales entroncan plenamente con los movimientos *queer* —entendidos como intimidades revolucionarias— por el modo en que subvierten ciertas expectativas heterosexuales: al refutar el concepto establecido de «salud sexual», al subrayar la fluidez y al rechazar una cultura sexualizada que erotiza de manera compulsiva a determinados grupos sociales y niega la expresión sexual a otros (personas con diversidad funcional, personas *trans*, ancianos...). Además, al negar que el sexo constituye la base de las relaciones significativas, el activismo asexual ha señalado nuevos modos de intimidad y ha creado una paleta de nuevos conceptos con los que ver la realidad con más colores y sabores.

El placer está servido: del *tuppersex* al *satisfyer*

Corre la década de 1960 y Avon revoluciona la economía de las mujeres de clase media de Estados Unidos. Su sistema de ventas «a puerta fría» llevó a las amas de casa la herramienta para generar sus propios ingresos. ¿La clave? Un auténtico filón que hasta entonces se había pasado por alto: una atención personalizada, de mujer a mujer, en la que la complicidad endulza el amargo pastel de la transacción comercial. La vendedora habla con la potencial compradora de ojeras, de la dichosa arruguita del entrecejo... Y no solo de eso, porque las ojeras llevan al insomnio y este a la preocupación por los hijos y a las exigencias de las tareas del hogar, a la inquietud ante el marido que no se comunica, al miedo a la aparición de la «otra», a la tristeza ante la perspectiva del envejecimiento. Cosas de las que las mujeres solo hablan con otras mujeres, charlas amparadas bajo la excusa de tal o cual crema. El modelo de Avon será copiado por otras empresas como la del Tupperware: pintarse los labios y conservar las sobras de la cena en la nevera

parecen ser dos preocupaciones clave para las mujeres. Sin embargo, muy pronto otro asunto se revelará como el más popular de cuantos emulan el modelo Avon: el placer.

Uniendo la venta «a puerta fría» y la búsqueda de placer nace en la década de 1980 el célebre *tuppersex*, reuniones de amigas que quedan en la casa de una de ellas y reciben la visita de una invitada muy especial: esta porta una maleta llena de chismes pensados para el disfrute femenino y, con el tiempo, evolucionará de mera comercial a profesional de la sexología. Así, el *tuppersex* se establece como la forma en que las mujeres de clase media entran en contacto con el sexo de un modo hasta entonces poco habitual. La encargada del *tuppersex* alienta o dirige la conversación y anima a las reunidas a hablar de sus dudas sobre el placer y los modos de obtenerlo, sobre lo que les gusta o disgusta... El diálogo se produce en la intimidad del espacio doméstico, en «un cuarto propio» creado para acoger conversaciones que no

tienen lugar en otro contexto. Son citas lúdicas y enriquecedoras, en las que los productos sexuales funcionan como un hilo vertebrador de las conversaciones pero no son, ni mucho menos, el centro del asunto: empresas como Placer Consentido ofrecen hoy talleres de manos de expertas, que, según su fundadora, la sexóloga y coach Laura Castro, buscan «contribuir a una sexualidad libre de estereotipos de género y de mitos».

Y hubo que esperar hasta 2019 para que un recién llegado revolucionara el diálogo sobre juguetería sexual y placer femenino. Hablamos del succionador de clítoris, mundialmente conocido por su nombre comercial: el *satisfyer*. Pero ¿qué tiene este juguete para revolucionar así el gallinero del placer? Para empezar, una metodología innovadora: no se trata de un estimulador al uso, sino que se basa en la emisión de pulsaciones sónicas que excitan el clítoris sin tocarlo. Proporciona el orgasmo en un tiempo récord, tanto que corre el peligro de resultar

adictivo y —las comparaciones son odiosas— deslucir cualquier otro tipo de placer sexual, motivo por el que diversas sexólogas como Cristina Callao consideran el aparato la *fast food* de los orgasmos, animando a alternarlo con otro tipo de prácticas de masturbación. Gracias a las redes sociales, el *satisfyer* estuvo pronto en boca de todas y, un poco más tarde, en las cada vez más preocupadas mentes de ellos. Sin embargo, el verdadero logro del *satisfyer* no fue solo físico: por unos treinta euros puso sobre la mesa el asunto del placer femenino, cuestionó la omnipresencia del coito como centro de las relaciones sexuales y reactivó el diálogo entre mujeres sobre cómo son o les gustarían que fueran sus orgasmos. Se convirtió en *trending topic* y, con su éxito, legitimó un interés público y una actitud menos pudorosa hacia el autoplacer. Hasta fraguó su propia épica: una mujer robó cuarenta ejemplares del succionador para repartirlos entre sus amigas. Una Robin Hood del placer clitoriano.

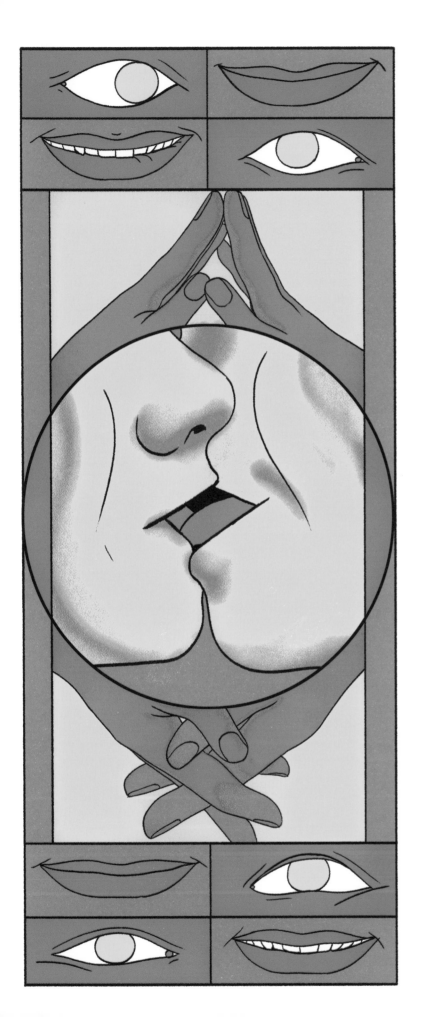

El caso de La Manada y el debate sobre el consentimiento sexual

Estamos en 2019 y, en RTVE, se celebra el debate de candidatos que precede a las elecciones generales. Como representante del PP tenemos a Cayetana Álvarez de Toledo, mujer de origen aristócrata, pico de oro y cerebro de barro. En lo que se convertiría en el punto culminante del debate, Cayetana saca a colación la propuesta de ley sobre consentimiento sexual que aparece en los programas del PSOE y de UP, situados en el centro-izquierda y la izquierda, respectivamente.

«Dice [su programa]: "Garantizaremos con el código penal que todo lo que no sea un sí es un no". ¿De verdad van a garantizar eso? ¿Un silencio es un no? ¿Ustedes dicen que un silencio es un no? Una duda: ¿de verdad van diciendo ustedes sí, sí, sí hasta el final?»

Tanto la propuesta de ley como la pregunta, que Cayetana repitió igual que un mantra a lo largo del debate, se enmarcaban en un contexto muy concreto: el de la violación de una joven de dieciocho años a manos de cinco hombres durante las fiestas de San Fermín de 2016. El debate sobre si dicha relación había constituido o no una agresión ocupó los informativos durante meses. Y, en él, una palabra bullía en boca de periodistas, agentes políticos, público y gente de a pie, para cobrar en cada uno un sabor y una textura diferentes: «consentimiento».

Ahora bien, ¿qué es exactamente el consentimiento y cuál ha sido su camino hasta convertirse en la piedra filosofal de las relaciones sexuales en el mundo moderno?

El consentimiento es, sobre todo, un término vinculado con el mundo penal. Se entiende que una relación sexual no es consensuada cuando existe una resistencia, una oposición explícita a esta. En consecuencia, la no resistencia, la no oposición, implicaría consentimiento. Sí, eso que oyen aullar en sus oídos son las alarmas del sentido del común. Como se ha esgrimido desde el feminismo, el consentimiento, según esta definición, no va de la mano ni del deseo ni de la voluntad. Es algo similar a la aceptación pasiva, al sometimiento, que sitúa a la mujer en un papel opuesto al del hombre y, otra vez, genera una dinámica enfrentada: el hombre propone; la mujer, en todo caso, consiente.

Esta visión sitúa el deseo (¡EL DESEO!), que debería ser el acicate a la hora de mantener relaciones, en un plano tan alejado que ni siquiera lo vemos. Que desde el Siglo de las Luces mantengamos el consentimiento como criterio para juzgar una relación sexual habla muy mal de nosotros.

Un ejemplo.

En el mencionado caso de La Manada el juez Ricardo González, uno de los tres magistrados del caso, preguntó a la superviviente si se había opuesto de alguna forma a los agresores. Ella, con total sinceridad, afirmó:

—No hablaba, estaba con los ojos cerrados y no hacía nada.

—¿Hizo algún gesto, alguna manifestación que pudiera indicar a los acusados que no quería mantener relaciones sexuales? —insistió el magistrado.

—No, no hablé, no grité, no hice nada. Entonces..., eh..., que yo cerrara los ojos y no hiciera nada lo pueden interpretar como..., eh..., como que estoy sometida o como que no.

González optó por la absolución al estimar, como la defensa de los cinco acusados, que para que un hombre entienda que una mujer no desea mantener relaciones el «no» debe ser explícito: ha de resistirse, forcejear, gritar. Esto ignora todos los matices que hay dentro del consentir, se aparta del entendimiento real de la relación histórica entre hombres y mujeres, mediada por la educación de género, y, para colmo, elimina el deseo del diálogo sobre las relaciones sexuales. Las razones por las que una mujer puede no negarse de forma explícita a una relación sexual son tan variadas como defender su integridad física, no negarle la satisfacción a su pareja (hasta el siglo XX ni siquiera se contemplaba la violación dentro del matrimonio, pues se estimaba que el marido podía dar por sentado el consentimiento de la esposa), haber expresado un deseo previamente y considerar que este no debe ser traicionado, la intervención de sustancias consumidas de forma voluntaria, como el alcohol o las drogas, o involuntaria, como es el caso de la burundanga. Además, en casos de violencia sexual como el de La Manada, hay un claro contexto intimidatorio —cinco hombres, un espacio opresivo y aislado— que dicho magistrado elige ignorar. Y parece ser que tanto este como Cayetana Álvarez de Toledo toman al hombre por un sociópata, incapaz de reconocer el deseo y la voluntad en la otra parte: si una mujer no se resiste de forma explícita, aunque se quede quieta como una estatua o una estrella de mar, entonces la relación sexual es válida. Porque, por lo visto, lo de ser activa y expresar deseo y disfrute es un jeroglífico imposible de descifrar para los varones.

Por fortuna, una vez que el caso de La Manada llegó al Tribunal Supremo, los magistrados consideraron que la actitud heroica por parte de la superviviente no era necesaria; que su sometimiento y su falta de deseo eran obvios, sin que tuviera que explicitarlos poniendo su vida en riesgo. El Tribunal Supremo elevó la sentencia de abuso a agresión y la pena de prisión de nueve a quince años.

En 2020, después de que surgiera la necesidad de transformar el «no es no» en «solo sí es sí», la propuesta de ley con la que iniciamos el texto se materializó en la ley Montero, elaborada por el Ministerio de Igualdad español para aunar legalmente consentimiento, voluntad y deseo.

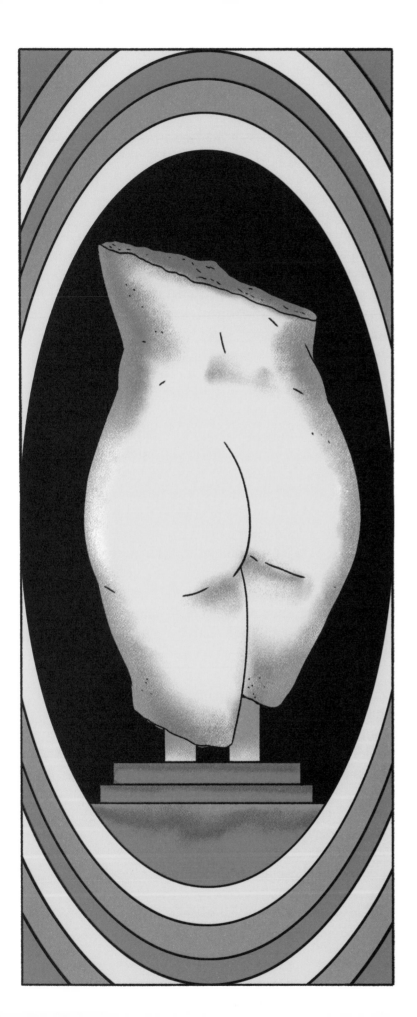

Auge y caída del *gluteus maximus*: del *twerking* a la distancia social

Si existe en Occidente una metáfora que hayamos utilizado comúnmente sobre el acto sexual, sin duda es el baile. ¿Qué tenía en mente en 1913 el papa Pío X cuando declaró el tango inmoral? Follar. ¿Qué hacían Fred Astaire y Ginger Rogers cuando bailaban en las viejas películas de Hollywood de la década de 1930? Follar. Cada época ha tenido sus modas con respecto al baile, el cual, agarrado o suelto, ha servido como un modo de vivir el erotismo. Vista en perspectiva, la década de 2010 fue una época gloriosa de los bailes procaces, sobre todo gracias la popularización del *twerking*, baile que tiene al culo, al músculo *gluteus maximus*, como uno de sus grandes protagonistas.

El *twerking* es un tipo de baile basado en danzas del África occidental, como el Mapouka de Costa de Marfil, pero su fama actual vino desde Nueva Orleans. En esa ciudad y durante la década de 1980, alrededor de la cultura local del hip hop, también llamado *bounce*, surgen una serie de movimientos de culo y pelvis caracterizados por seguir los ritmos del rap. Las piernas suben y bajan, los glúteos se relajan y rebotan. En 2005, el huracán Katrina provoca una verdadera diáspora de residentes de Nueva Orleans que sirven de correa de transmisión del *twerking*. Gracias a YouTube, será muy pronto popularizado. Según especialistas como Kyra Gaunt, el *twerking* se relaciona con la cultura de las mujeres jóvenes afroamericanas por el modo en que el cuerpo, por medio del baile, materializa las canciones y sus ritmos (como en los juegos infantiles). Por supuesto, el *twerking* no entró en la cultura mayoritaria gracias a su valor para uno de los grupos sociales más frágiles —las mujeres jóvenes racializadas—, sino con una mascarada: la protagonizada por Miley Cyrus, que utilizó ese baile para enterrar su carrera como niña Disney en los premios MTV de 2013. Ya en ese momento, el *twerk* levantó todo tipo de críticas: hipersexualización, apropiación cultural...

Vayamos por partes: el *twerking* es un baile con lecturas eróticas tan claras que algunas estudiosas, como Margaret Hunter, lo han relacionado con, entre otros, los movimientos de las *strippers* o de las bailarinas de *pole dance*. Por eso, en el centro del debate siempre ha estado el peligro de la sexualización de las mujeres jóvenes. La crítica alrededor de la sexualización sostiene que la masiva presencia de representaciones sexuales mina la confianza y el poder de las mujeres jóvenes, que acaban reducidas a un rol relacionado con el sexo. La estudiosa Rosalind Gill señala que este pánico no afecta a todas las mujeres jóvenes por igual, sino que produce una especial ansiedad social cuando el *twerk* es reproducido por mujeres jóvenes, blancas, occidentales y de clase media; de ahí la potencia del acto de Cyrus. Por otro lado, estudiosas como Kyra Gaunt han señalado que el *twerking* no es solo mover el culo para parecer sexy, sino que forma parte de una larga tradición cultural que empodera a las mujeres de color al celebrarlas físicamente. Una tradición que ha sido apropiada por los músicos blancos en una asociación demasiado recurrente con la cultura negra para parecer más *cool* y sexuales. Los movimientos del culo eran el centro de esa cosmogonía, un elemento cargado de connotaciones sexuales que también hacía referencia a la fetichización del cuerpo de las mujeres de color, tal como mostraron unas polémicas fotos de Kim Kardashian para la revista *Paper* en 2014, en las que se resaltaba esa parte de su anatomía (véase la historia de Saartjie «Sarah» Baartman).

El *twerking* y los movimientos sexuales, vistos como elementos empoderadores, crearon una situación muy contradictoria: mientras Annie Lennox decía a voces que «el *twerking* no puede ser feminista», Beyoncé lanzaba un vídeo en 2016, *Formation*, en el que repasaba las luchas raciales en la historia estadounidense teniendo el *twerking* como fenómeno clave y herramienta política. Junto con ello, un colectivo de mujeres de color, Real Colored Girls, criticó a Beyoncé por «envolver el feminismo en las cadenas doradas del machismo del hip hop». El *twerking* se encontraba en medio de un debate infinito relacionado con la sexualidad y su disfrute: ¿puedo, siendo mujer, disfrutar de un baile muy sexual? ¿Para quién bailo cuando bailo *twerking*? ¿Qué valores feministas o machistas puede tener el *twerking*?

Esos debates estaban en pleno auge en 2020, cuando llegaron unas alarmantes noticias desde Wuhan: un virus de origen animal estaba extendiéndose entre la población, lo que había obligado a confinar a millones de personas. Con la expansión del coronavirus, los culos, ya convertidos en uno de los grandes iconos de la sexualidad de principios de milenio gracias al *twerking* y el «perreo», se vieron obligados a frenar su danza: la distancia social se imponía y los telediarios se llenaron de jóvenes alocados en discotecas saltándose el aislamiento para «perrear». Ahora los culos se escondían, se metían para dentro, evitaban tocar a las personas que nos cruzábamos en los pasillos de los supermercados. La coreógrafa Gia Kourlas publicó en *The New York Times* un artículo sobre cómo, de repente, de la noche a la mañana, nuestros movimientos cambiaron y pasamos a ser hiperconscientes de ellos, a limitarlos, a mantenernos alerta sobre la posición y el movimiento de nuestros cuerpos. Esperemos que pronto los culos, conquistadores de espacio público, vuelvan a ocupar su legítimo lugar.

El *twerking* es un baile con lecturas eróticas tan claras que algunas estudiosas lo han relacionado con, entre otros, los movimientos de las *strippers* o de las bailarinas de *pole dance*.

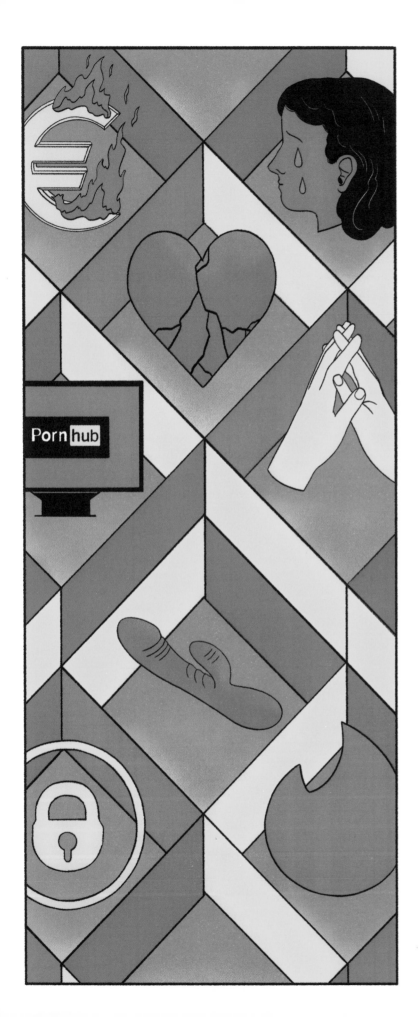

COVID-19: sexo y afectividad en un mundo aterrado

Los años 2020 y 2021 pasarán a la historia unívocamente ligados a la palabra *pandemia*. El 11 de marzo de 2020 la Organización Mundial de la Salud (OMS) reconocía la COVID-19 como pandemia, una enfermedad epidémica que se extiende rápidamente por todo el globo. Los estados, en un clima de desconocimiento e hipótesis, enfocan la situación desde ópticas tan diversas como ideologizadas. Los Estados Unidos de Trump y el Brasil de Bolsonaro, ejemplos de gobierno testosterónico y neoliberal, se esfuerzan en ignorar la emergencia sanitaria y priorizan la economía frente a la salud: mientras el primero afirma: «Un día, como un milagro, desaparecerá», el segundo tilda la pandemia de «histeria» y «fantasía». Azuzada por estos y otros mandatarios, y con gran difusión en las redes sociales, a la epidemia sanitaria no tarda en sumarse la de la desinformación. Mientras datos y noticias falsas saltan de móvil en móvil y hasta de medio en medio, las reservas de mascarillas y de geles hidroalcohólicos se agotan, los ciudadanos asustados abarrotan sus carros en los supermercados y la precariedad económica se dispara.

En España se vive un terrible drama con los contagios en las residencias de ancianos, y los y las sanitarias ven cómo sus jornadas se eternizan y cómo sus medios, sencillamente, no dan de sí. Se instalan hospitales de campaña, se regula la movilidad, se aísla a los infectados. El miedo y las cifras de muertes aumentan día a día: se impone el distanciamiento social y, finalmente, se recurre al confinamiento domiciliario. Las calles se vacían y el mundo vive pegado a las pantallas, aterrorizado, pendiente de cada nueva información. Los problemas mentales causados por el aislamiento y la ansiedad están a la vuelta de la esquina, y los efectos más inmediatos recaen sobre aquellos colectivos más vulnerables: las trabajadoras sexuales, con un oficio sin regular y, por tanto, ajenas a ayudas económicas, se ven forzadas a seguir trabajando si quieren recibir algún ingreso. Asociaciones como la Sex Workers Alliance Ireland (SWAI) crean un fondo de solidaridad para brindar apoyo económico en medio del desamparo social. Las mujeres que sufren maltrato de género son otro de los colectivos más afectados por el confinamiento, que crea las condiciones idóneas para que este tipo de violencia se potencie: la clausura del hogar, espacio de violencia, aumenta el control de los agresores y facilita su impunidad. Además, y según estudios de Miguel A. López y Lucas Platero, los adolescentes con sexualidades e identidades de género no normativas se enfrentan a grandes riesgos en su salud psicosocial debido al confinamiento, sobre todo en el caso de contextos familiares en los que su identidad es rechazada.

Ante el desastre, el intelecto de quienes están en situación de emplearlo se pone a trabajar, e interesantes reflexiones sobre la pandemia alcanzan la superficie. La periodista Nerea Pérez de las Heras, en un artículo para *El País*, asocia la nueva conciencia del espacio personal y sus límites a un posible avance en la consideración del consentimiento, piedra angular de las relaciones entre hombres y mujeres: «Ha hecho falta una pandemia, pero por fin se ha entendido que el mutuo acuerdo en todo lo referente al contacto físico es sagrado». Dentro del drama social, económico y sanitario que supone la pandemia, también hay, como en todos los dramas, grandes ganadores. Para empezar, la industria del autoplacer: *Cosmopolitan* señalaba que, durante los primeros meses del confinamiento, la venta de consoladores se incrementó un 23 por ciento en el Reino Unido. Otra estatuilla va para OnlyFans, plataforma de *streaming* que reúne miles de canales de contenido sin censura. Ante el confina-

Cosmopolitan **señalaba que durante los primeros meses del confinamiento, la venta de consoladores se incrementó un 23 por ciento en el Reino Unido.**

miento y sus límites, surgen nuevos creadores de contenido, muchos vinculados con la pornografía y el entretenimiento para adultos. Desde actores y actrices porno que deciden rentabilizar sus creaciones caseras para sobrevivir en tiempos de sequía hasta parejas que se ponen a grabar porno casero para obtener unos ingresos y, por qué no, entretenerse y entretener cuando la única posibilidad es esperar. El *Financial Times* explica que OnlyFans ha ganado más de cien millones de usuarios en un año. Sin embargo, las consecuencias para los creativos no han sido siempre óptimas: según *The New York Times*, la presencia en OnlyFans puede provocar que no te contraten, e incluso que prescindan de ti en los países donde el despido está liberalizado. Por otra parte, aquellos y aquellas sin relaciones amorosas, confinados en sus hogares y deseosos de compañía o, sencillamente, aburridos, aumentan sus visitas a aplicaciones de ligue como Tinder y OkCupid. Según un artículo de *El País*, las estadísticas de este tipo de app revelan una mayor duración de las conversaciones, así como un aumento del número de usuarios que buscan relaciones más largas frente a quienes desean sexo de una noche. Debido a las condiciones del confinamiento, se ha producido, pues, un descenso del *hook-up* (sexo casual) y se ha revalorizado el amor romántico. Si esta tendencia sobrevivirá en un mundo pospandémico resulta todavía un enigma. Por supuesto, ya hay apuestas: según la BBC, a la epidemia seguirá «una época de desenfreno sexual». Esperemos que, al margen del posible confeti pospandemia, quienes hemos vivido esta tragedia mundial seamos capaces de extraer algún aprendizaje y construir un futuro mejor. Lo vamos a necesitar.

Sobre los autores

Nacho M. Segarra (Castellón, 1976), después de una serie de desastrosas decisiones, ha aunado en su currículo las tres disciplinas con menos salida de la actualidad: es licenciado en Historia del Arte por la Universidad de Valencia, máster en Estudios Feministas por la Universidad Complutense y doctor en Periodismo por la misma universidad, con una tesis sobre estudios culturales y feminismo. Es además autor de dos libros *Ladronas victorianas* (Antipersona, 2017) —un ensayo sobre la cleptomanía y el nacimiento de los grandes almacenes— y *Herstory. Una historia ilustrada de las mujeres* (Lumen, 2018), junto con María Bastarós y la ilustradora Cristina Daura. Lleva años impartiendo cursos y seminarios sobre diversidad sexoafectiva en centros nacionales e internacionales, como la UNTREF de Buenos Aires. Uno de sus principales temas de trabajo son las representaciones culturales de la sexualidad tanto en la cultura popular, especialmente en las comedias románticas, como en las instituciones culturales. Es autor, junto con María Bastarós, de *Amor diverso*, itinerario LGBTQ (Thyssen Bornemisza, 2017), y ha programado un ciclo sobre amor diverso para el CCCB. Ha recibo un premio a la transferencia de conocimiento por su trabajo en la app turística con perspectiva de género Madrid, Ciudad de las Mujeres y ha colaborado con distintos medios como *El Salto, Vanity Fair, Yodona* o *El País*. Cuando no está escribiendo, intenta publicar artículos académicos JCR y pidiendo becas o plazas que nunca le conceden.

María Bastarós (Zaragoza, 1987) es historiadora del arte, gestora cultural y eterna aspirante a escritora. Ha trabajado para centros como el CAAM de Las Palmas o el Instituto Cervantes de Tánger, y comisariado exposiciones como *Muerte a los grandes relatos* (Matadero Intermediae, Madrid, 2018) y *Apropiacionismo, disidencia y sabotaje* (sala Juana Francés, 2018), además de ciclos de performance e instalación como *Inesperadxs: no, no me he equivocado de baño* (ETOPÍA Centro de Arte y Tecnología, Harinera Zgz, Centro de Historias, 2017). En 2015 creó la plataforma cultural feminista Quién Coño Es y la revista de crítica de arte vinculada a esta, que recibió el segundo premio MAV a la mejor iniciativa de autora menor de treinta y cinco años. En 2017 elaboró, junto con Nacho M. Segarra, *Amor diverso* (Thyssen Bornemisza), primer itinerario LGTB para un museo nacional. En diciembre de 2018 publicó su primera novela, *Historia de España contada a las niñas* (Fulgencio Pimentel), galardonada con el Puchi Award —otorgado por La Casa Encendida y la editorial Fulgencio Pimentel—, el premio Cálamo Otra Mirada y el premio de Narrativa de la Asociación de Críticos Valencianos (CLAVE). El mismo año publicó *Herstory. Una historia ilustrada de las mujeres* (Lumen) junto con Nacho M. Segarra y la ilustradora Cristina Daura. En 2021 trabajó como guionista para Globomedia y publicó la colección de relatos *No era esto a lo que veníamos* (Candaya). Desde la emergencia de la covid-19, gestiona Sentim les Llibreries, un proyecto en confluencia con las librerías de la Comunidad Valenciana. Sus artículos y textos de ficción han sido publicados en medios como *Verne, El Diario* o *Píkara Magazine*. En su casa tiene un cajón lleno de novelas a medio acabar que detesta.

Cristina Daura Mediano (Barcelona, 1988), después de estudiar ilustración en la Escola Massana de Barcelona y ver que con ese título realmente no iba a ningún lado, se dedica a trabajar de cualquier cosa que le dé para pagar el alquiler del estudio donde intenta pasar todas las horas posibles dibujando por amor al arte para fanzines y otras publicaciones, leyendo cómics, viendo series, bailando y ahogando las penas con risas en la calle. Por aquello de «quien siembra recoge», empieza a publicar y a encontrar proyectos en los que se respeta su visión gráfica del mundo. Así, ha trabajado para *El País*, *The New York Times*, *The New Yorker*, *Die Zeit*, el magazine del *Süddeutsche Zeitung*, *The Wire*, Lumen (editorial en la que en 2018 publica el libro ilustrado *Herstory*, también junto a Nacho M. Segarra y María Bastarós), Blackie Books, Planeta, diversos clubes de música, distintos grupos y cantantes de todo el mundo. Ha expuesto en Madrid, Barcelona, Nueva York, París, Londres y Hamburgo. Sus ilustraciones han sido valoradas por jugar entre una estética «infantil» y el cómic con la perversidad de alguien que no acaba de estar bien de la cabeza, pero en realidad es el resultado de mucha cafeína, obsesiones, emociones, cuentos turbios y mucha televisión mezclada con horas infinitas de música.

Este libro
terminó de imprimirse
en Barcelona
en octubre de 2021